Inhalt

Vorspeise

»Vor allen Dingen musste die irrige Ansicht überwunden werden,
Menschenfleisch sei ›anders‹ als etwa Kalbsbraten oder Rinderfilet:
sozusagen ›mit Seele durchsetzt‹.«
Günter Kunert, *Anthropophagie*

Die Presse schrie. Wir Konsumenten waren geschockt. Sind's noch
immer. In Rothenburg/Hessen gab's einen Mann, der Menschen aß.
Tatsache: Von einem gegessen hatte. Solch Speise vermutete man bislang in grauer Vorzeit, religiösem Wahn, auf Südsee-Inseln. Von dort
ist auch das Wort vom Kannibalen auf uns gekommen. »Das Tage-
buch des Christopher Kolumbus von seiner ersten Fahrt nennt kuban.
Caniba ›menschenfressendes Volk‹. Gleichfalls schon 1492 bildet er
span. *Canibales* … Lautwandel von *n* zu *r* gestattet unser Wort mit
dem Indianernamen K a r (a) i b e n zu verknüpfen, Wandel von *r* zu
l schlägt die Brücke von diesem zum ungefügen Gesellen *Caliban* in
Shakespeares *Sturm*.« Heut erklärt das Wörterbuch: Kannibalismus ist
der Verzehr der eigenen Art oder ihrer Teile.
Ethnologisch ist Kannibalismus nie eindeutig nachgewiesen worden.
Auch wenn ausgestellte Messer und Gabeln solche Existenz nahe legen
möchten. Daniel Defoe lässt seinen Kannibalen *Freitag* im aufkläreri-
schen Ideal umerziehen. Die menschenwürdige Gesellschaft sollte Ma-
xime sein. Und doch verweist ältere und ganz neue Literatur auf den
Umstand, dass Menschen auch Menschen verzehren (können). Allem
Gewissen zum Trotz.
Es war *Medea*, die ihrem Gatten die Kinder servierte. Christa Wolf
schrieb den Roman der Heldin. Für Heiner Müller war *Medea Material*. Das Volk erzählt von Kannibalen in der deutschen Heimat. *Hänsel
und Gretel* verliefen sich im Wald und gerieten an eine menschenfres-

sende Frau, die den Knaben erst noch ins Futter stellte. Ganz so wie die Bauern mästen. Die Märchen und Völker kennen solcher Variationen viele. Auch *Max und Moritz* werden letztendlich verspeist.

Unsere Alltagssprache kennt Kannibalismus als Ausdruck persönlichen Wohlbefindens: *Liebe geht durch den Magen. Ich habe dich zum Fressen gern.* Wem am Nebenmenschen liegt, der frisst ihn auch oder nährt sich von dessen Blut. Von Stämmen wird berichtet, dass sie für neue Kraft die gegnerischen Krieger speisen. Und Jean-Baptiste Grenouille, Createur de *Parfum*, wird am Schluss des Romans von allen so geliebt, dass nichts von ihm mehr übrig bleibt.

Sicher kennt die Chronik Fälle, wo Kannibalismus Überlebensstrategie ist. Wenn einem zum Leben nichts mehr bleibt, nimmt man auch die Schwächsten der eignen Art zur Nahrung. Tschingis Aitmatow: *Scheckiger Hund, der am Meer entlang läuft.* Heiner Müller: *Die Schlacht.* Günter Kunert erhebt *Anthropophagie* zur Staatsdoktrin. Und Jonathan Swift macht den bescheidenen Vorschlag: *Wie man verhindern kann, dass die Kinder der Armen ihren Eltern auf dem Lande zur Last fallen, und wie sie vielmehr eine Wohltat für die Öffentlichkeit werden können.* Mahlzeit!

Aufgefressensein: Dieses perfekte Verschwinden der Überreste nach dem Tod brachte nicht nur Kriminalautoren auf Ideen. Loriot lässt zum *Advent* des Försters Fleisch als Geschenk verteilen. Stanley Ellin serviert ihn als *Spezialität des Hauses.* Lord Dunsany braucht dazu *Zwei Flaschen Würze. Der Gourmet* des Bernhard Kempen liebt die Damen sexuell und kulinarisch. Nicht nur im Buche, auch im Theater speist man menschlich. Nicky Silver: *Fette Männer im Rock.* Wolfgang Schwab: *Übergewicht unwichtig: Unform.* Debbie Isitt: *Gatte gegrillt.* Im Kino wird das Fressen farbig. Godard: *Le Weekend.* Greeneway: *Der Koch, der Dieb, seine Frau und ihr Liebhaber.* Man sah *Grüne Tomaten* und *Delikatessen.* Man sah *Hannibal* und *Das Schweigen der Lämmer.*

Zumindest letztgenannte Filme beruhen auf Realität. Denn der Rothenburger Kannibale ist kein Einzelfall. »In der 40-jährigen Existenz der DDR registrierte die Kriminalstatistik insgesamt etwa 6100 Tötungsverbrechen und alle acht bis zehn Jahre wurde ein Mord oder Totschlag mit Kannibalismus nachgewiesen. Ähnliche statistische Verhältnisse kann man in anderen europäischen Ländern annehmen«, erklärt Hans Girod, Kriminologe. Die Hochrechnung ergibt: 1000 : 1. Auf 1000 Tötungsdelikte kommt ein kannibalischer Fall. Doch selbst dieser Promille-Bereich beweist, in Rothenburg wurde nicht erstmals in Deutschland ein Mensch verspeist. Die Recherchen zum Fakt zeigen mehr der kannibalischen Verbrechen als vordem vermutet – und fehlen auch einige bekannte Mörder, Monster, Menschenfresser in diesem Buche: Nikolaj Dzumagalajew zum Beispiel oder Nicolas Claux, le Vampir de Paris. Seitenzahlen, Abgabefristen und Geduld sind endlich.

Die Frage, ob und wie der abartig befriedigende (nicht der überlebensstrategische) Kannibalismus juristisch behandelt werden soll, wird nach jedem spektakulär bekannt gewordenen Fall neu diskutiert. Ohne Ergebnis. Dafür scheint das Tausendstel-Verhältnis denn doch zu selten.

Dieses Buch versammelt Realitäten: Menschen fraßen Menschen. Zumindest ihre Teile. Tranken Blut. Aus Lust. Aus Gier.

Wir haben recherchiert, Sie lesen. Aus welchem Grunde?

Henner Kotte / Christian Lunzer

Trinken: die Vampire

»Dann floss es endlich, beschämend träge, aber Blut, daran war kein Zweifel. Sehen Sie, sagte er, na. Na! und schnupperte. Komischer Jahrgang, sagte er. Gerade heißblütig sind Sie wohl nicht.«
Adolf Muschg, *Das Licht und der Schlüssel*

Blut ist ein besondrer Saft, nicht nur Mephistopheles ist dieses klar. Bereits der Urmensch hatte den Zusammenhang von Blut und Leben erkannt. Freundschaften werden (bis heute) mit Blut geschlossen. Blutsbrüder eben. Feinde erfahren Blutrache. Wir kennen Blutschuld. Blutzoll. Blutschande. Blutzeugen. Bluttaten.

Blut ist Lebenselexier. Die Antike und Plinius wussten, dass das Blut eines Menschen, der eines plötzlichen Todes stirbt, weitaus wirkungsvoller ist als das eines an Altersschwäche und Krankheit Verstorbenen. Heute sind Bluttransfusionen technisch realisierbar. Menschen spenden Blut um Leben zu retten. Es nimmt nicht wunder, dass Menschen in weniger wissenschaftlichen und weniger technischen Zeitaltern Blut tranken, um zu gesunden. Blutegel entzogen den Lebenssaft. Kein Relikt: Blutwurst verkauft auch heute jede Fleischerei. Nicht wenige, die auf das noch warme Blut bei der Hausschlachtung schwören. Hans Christian Andersen wohnte 1823 in Skelskör einer Hinrichtung bei und erzählt: »Ich sah einen armen Kranken, den seine Eltern einen Becher vom Blute des Hingerichteten trinken ließen, damit er von der Epilepsie geheilt werde.« Gleiches berichtet ein preußischer Oberstaatsanwalt: »Auf die Veranlassung meines Professors wohnte ich Anfang Januar 1859 der öffentlichen Hinrichtung einer Giftmischerin in Göttingen bei. Dieselbe erfolgte mit dem Schwerte. Als der Kopf vom Rumpf getrennt war und die Blutfontäne wohl eineinhalb Fuß emporsprang, durchbrach das Volk das von Hannoveraner Schützen gebildete Karree, stürzte sich auf das Schafott und setzte sich in den Besitz des Blutes der Hingerichteten, es auffangend und weiße Tücher darin eintauchend. Auf meine Frage wurde mir geantwortet, dass dieses Blut zur Heilung der Fallsucht verwendet werde.«

Gilles de Rais gestand 1440 Sagenhaftes. Der Gefährte der Jungfrau von Orleans missbrauchte und ermordete Hunderte Kinder. Lust empfand er, wenn die Opfer bluteten, aber noch lebten. Gräfin Erzebet Bathory soll im Blut von Jungfrauen gebadet haben. Damit, glaubte sie, könne sie ihre Jugend für immer bewahren. 600 Mädchen ließ sie dafür bluten. 1611 ist sie zu lebenslangem Zimmerarrest auf ihrer Burg in Cachtice verurteilt worden, die Zahl ihrer Toten ist weder dementiert noch bestätigt worden. Chroniken aller Länder berichten von Blutsaugern, die Lebende und Leichen schändeten. Auch heute ist der Blutdurst bei weitem nicht gestillt.

Die junge Frau, die 1985 kurz nach Thanksgiving ins Krankenhaus zu

Malabar/Florida eingeliefert wurde, zeigte Würgemale und Vergewaltigungsspuren und hatte 40 Prozent ihres Blutes verloren. 5 bis 6 Liter zirkulieren im gesunden Menschen. Doch die vorhandenen Wunden konnten das Opfer nicht so ausgeblutet haben. Einstichnarben zeigte die Vene in der Ellenbeuge. Das Mädchen erzählte Unglaubliches: Ein eleganter Herr mit Hut und Krawatte habe sie mitgenommen, und als sie seine Einladung zu einem Drink abschlug, würgte er sie zur Bewusstlosigkeit. Aufgewacht fand sich die Frau gefesselt auf einem Tisch, über ihr an der Decke eine Videokamera, der Mann vergewaltigte sie mehrmals brutal. Dann schob er ihr eine »schon vorbereitete Kanüle in die Vene des linken Armes und trank das daraus fließende, warme Blut. Er sei ein Vampir, sagte er, und deshalb müsse er das tun.« Der Täter, Brennan Crutchley, 39, war Informatiker, verheiratet und hatte ein Kind. Allein die Mordabsicht konnte ihm nicht nachgewiesen werden. Auch wenn viele Indizien auf weitere Opfer deuteten: Deborah Fitzjohn wurde in seinem Haus letztmalig lebend gesehen, ihre Leiche nie gefunden. Crutchleys sadistische Sexualpraktiken waren bekannt und viele der Frauen waren mit solchem Sex einverstanden gewesen. Und Blutentnahme, die nicht ursächlich zum Tode führt, erfüllt (auch gegenwärtig) keinen Tatbestand des Strafgesetzbuches. Allein dem Profiler Robert K. Ressler ist es zu danken, dass Crutchley eine angemessene Strafe erhielt.

Blut kommt von Herzen. Also gilt auch dem Herzen ihrer Opfer der Kannibalen gesteigerte Aufmerksamkeit. Der »Herzerlfresser« Paul Reisinger aus Kindberg in der Steiermark glaubte noch zu Ende des 18. Jahrhunderts ganz fest daran, dass der Verzehr von neun noch zuckenden Jungfrauenherzen ihm die Fähigkeit, sich unsichtbar zu machen und Glück im Spiel zu haben, verleihen würde. Er scheiterte an der Zahl und an der eigenen Inkonsequenz. Zwischen 1779 und 1786 tötete er sechs Frauen, war sich aber nur bei einem einzigen Opfer dessen Jungfräulichkeit sicher. Bei einem zweiten machte er selbst seine Chancen zunichte, da er das Mächen, bevor er es tötete, vergewaltigt hatte. Konsequenterweise wurde er erwischt, verurteilt und nach 100 Stockschlägen im Grazer Schlossberg in Eisen gelegt.

Seit alters her berichten Chroniken von Blutsaugern, *Von denen Vampiren*. Literarisch betrit der Vampir gleichzeitig mit *Frankenstein* die Szene. Im Wettstreite maßen sich Mary Shelley, ihr Gatte Lord Byron und William Polidori zum Jahreswechsel 1819, wer von ihnen Grusligstes erzähle. Byron gilt als erster Schöpfer des Vampirs und Polidori als Plagiator. Allein über diesen Gruselstreit entstand der filmische Horror »Gothic«. Heute sind Vampirstories kaum mehr zu zählen: Baudelaire, Gogol, Tolstoi. Bram Stoker, Anne Rice, John Sinclair. Die Untoten erwachen immer wieder und wollen uns Menschen ans Blut. Doch die Vampire mit spitzen Zähnen und schwarzem Umhang überlassen wir den Literaten. Wir berichten von den wahren Verbrechen im Namen des Blutes – leider, aus Platzgründen, nur über zwei Fälle; einen besonders bekannten, bei dem der vampirische Aspekt schon in der Gerichtsverhandlung unterdrückt wurde, zur »Ehrenrettung« gleichsam, und über einen besonders bizarren Fall aus der Geschichte der amerikanischen Serienkiller.

Nicht unerwähnt soll auch bleiben, dass es unter den Vampiren, als dem einzigen Spezialgebiet der Anthropophagie, auch weibliche Täter gibt, von der Unterhaltungsindustrie längst usurpiert siehe Vampirella. Die Australierin Tracey Wittigton beispielsweise ließ im Oktober 1989 ihr Opfer, den 42-jährigen Edward Baldock, so blutleer am Ufer des Brisbane zurück, dass Polizei und Gerichtsmedizin vor einem noch nie da gewesenen Rätsel standen.

Die erhofften magischen Fähigkeiten erwarb sie sich durch Baldocks Blut allerdings nicht, schon einen Tag später wurden sie und ihre Helferinnen verhaftet.

Wenn das Blut rauscht:

Peter Kürten

Ouvertüre: Christiane Klein

Peter Kürten (1883–1931), der Vampir von Düsseldorf, gehört sicher zu den bekanntesten Figuren der Kriminalgeschichte, und nicht nur der deutschen. Er war ein kleiner, nach außen völlig unauffälliger Mann, der wie ein subalterner Angestellter oder Beamter aussah und für seine Umgebung, zumindest bei Tag als freundlich-harmloser Zeitgenosse auftrat und in einer problemlosen Ehebeziehung lebte. Es überrascht daher nicht, dass für seine erste Bluttat ein Unschuldiger büßte. Erst durch Kürtens Geständnis 16 Jahre nach der Tat konnte der bis dahin ungeklärte Mordfall gelöst werden.

Die Gastwirtschaft des Peter Klein in Köln-Mühlheim an der Ecke Holwecker- und Wolfstraße hatte am 30. Mai 1913 gegen 11 Uhr abends gerade geschlossen. Es waren anstrengende Tage gewesen, man hatte den traditionellen Fronleichnams-Kirmes gefeiert und das Wirtsehepaar war noch in der Küche und im Schankzimmer mit Aufräumen beschäftigt. Ihre Tochter, die neunjährige Christiane Klein, schlief schon seit ein paar Stunden in ihrem Zimmer im Obergeschoß. Auch der einzige Logiergast, ein Herr Burscheid, hatte sich im Kabinett daneben zur Ruhe gelegt. Frau Klein war vor ihrem Mann fertig. Wie gewohnt wollte sie, bevor sie selber schlafen ging, noch einmal nach ihrer Tochter sehen. Sie öffnete die Tür zu Christianes Schlafzimmer und machte Licht. Das Mädchen lag quer über dem Bett, ihr Kopf hing über dem Bettrand. Aus einer grässlich klaffenden Wunde am Hals tropfte Blut in eine große Lache am Boden. Nur ein Schrei, dann fiel Frau Klein in Ohnmacht. Ihr Mann und der Gast von nebenan liefen zu Hilfe, aber eigentliche Hilfe war nicht mehr möglich.

Im Obduktionsbericht wurde festgestellt, dass das Mädchen, im Schlaf überrascht, zuerst bewusstlos gewürgt worden sein musste. Druckstel-

15

len am Hals ließen diesen Schluss zu. Dann waren ihm mit vier tiefen Schnitten von hinten Luftröhre und Halsschlagader durch ein nicht zu großes, aber scharfes Messer mehrfach durchtrennt worden. Christiane war sofort gestorben, ohne einen Laut geben zu können.

Die motivlose Tat musste mit großer Brutalität und äußerst schnell ausgeführt worden sein, es gab kaum Spuren, keine Fingerabdrücke, keine Hinweise auf ein gewaltsames Eindringen. Neben der Leiche lag blutverschmiert ein Taschentuch mit den Initialen P.K. Peter Klein? Der Verdacht gegen den Vater war unsinnig und wurde nie ernsthaft erwogen. Das Tuch gehörte jedenfalls nicht zum Haushalt, für die Polizei kam aber nur jemand aus dem engeren Kreis der Familie oder des Hauses in Frage. Kein Fremder, meinte man, hätte sich so geräuschlos und zielbewusst einschleichen können, hätte gewusst, wo Christianes Zimmer war, und sich so unbemerkt wieder entfernen können. Da auch der Logiergast nicht in Frage kam, fiel der Verdacht auf Christianes Onkel Otto Klein. Er war Metzgergeselle und daher durchaus im Stande, den richtigen Halsschnitt zu führen, hatte kein Alibi und besaß einen Salz-und-Pfeffer-Anzug wie der Mann, den Zeugen zur Tatzeit in der Nähe gesehen haben wollten. Sogar ein Motiv ließ sich finden, wenn es auch zur brutalen Grausamkeit des Mordes nicht passte: Erbschaftsansprüche, bei denen ihm seine Nichte im Wege stand. Otto Klein wurde festgenommen und angeklagt. Das Schwurgericht in Köln sprach ihn zwar frei, aber nur im Zweifelsfall. Vor den Schuldzuweisungen der Verwandten und Bekannten schützte ihn das nicht. 1915 fiel Otto Klein als Soldat an der Front in Russland. Das Taschentuch kam ins Archiv.

Erst 1929, als der zur Zeit noch unentdeckte Vampir seine Blutspur durch Düsseldorf zog, tauchte bei den Ermittlungsbehörden die Vermutung auf, auch dieser blutige, grausame und bisher ungeklärte Mord könnte ihm zuzuschreiben sein. Beweise aber gab erst der Täter selber. P.K. = Peter Kürten.

Seiner Frau gestand er, dass dies sein wahrscheinlich erster Mord, sicher aber sein erster Blutmord gewesen war – als Jugendlicher hatte er ein Mädchen gewürgt und es für tot zurückgelassen. Es wurde aber keine Leiche gefunden, wahrscheinlich hatte sich das Opfer wieder erholt und nicht die Polizei verständigt.

Jedenfalls sagte er, er habe mit dem Mord an Christiane Klein seinen 30. Geburtstag gefeiert.

16

Peter Kürten

Kürten hatte damals seinen Lebensunterhalt durch Einschleichdiebstähle bestritten. Dazu wählte er gerne Festtage, da ihm die Menge von Besuchern und der Trubel ungestörtes Arbeiten ermöglichten.

Am 25. Mai 1913 war er von seinem Wohnort Düsseldorf abends nach Köln-Mühlheim zur Kirmes gefahren. Im Wirtshaus Klein bemerkte er zwar im Erdgeschoß noch Licht, aber durch den nicht verschlossenen Privateingang konnte er unbemerkt in den oberen Stock steigen. Mit Hilfe eines Dietrichs öffnete er die erste Tür, die auf den Flur ging und leuchtete das Zimmer mit seiner Taschenlampe ab. Wertsachen fand er nicht, verließ es daher wieder und öffnete eine zweite, unversperrte Tür, die Tür in Christiane Kleins Zimmer. Zuerst suchte er wieder mit Hilfe seiner Taschenlampe nach etwa offen herumliegendem Geld und Schmuck, durchwühlte dann die Laden einer Kommode, ohne aber etwas zu finden. Erst als er sich wieder zur Tür drehte, bemerkte er das im Bett schlafende Mädchen. Es lag abgedeckt, nur mit einem dünnen Hemdchen bekleidet, auf der Decke. Dadurch plötzlich erregt, stürz-

17

te sich Kürten auf sie, fasste sie mit der Linken am Hals und drückte zu, um sie am Schreien zu hindern. In der rechten Hand hielt er die Taschenlampe, mit der er seinem Opfer ins Gesicht leuchtete, um die Wirkung seines Angriffs sehen zu können. Christiane wehrte sich zuerst verzweifelt, strampelte mit den Beinen, ermattete aber rasch unter dem Würgegriff und sank ohnmächtig nach hinten. Kürten wechselte jetzt die Taschenlampe in die linke Hand, zog mit der rechten ein Messer aus der Hosentasche und schnitt ihm, während er seinem Opfer weiter ins Gesicht leuchtete, mit vier festen Schnitten den Hals durch. Das Blut aus der Halsschlagader schoss in großem Bogen über Bett und Vorleger. Das Rauschen des Blutes verschaffte ihm, wie er nach 16 Jahren noch genau wusste, einen so befriedigenden Orgasmus, wie er ihn nie zuvor erlebt hatte.

Trotzdem muss seine rationale Handlungsfähigkeit sofort wiederhergestellt worden sein. Das Blut wischte er oberflächlich am Betttuch ab, das Messer reinigte er mit seinem Taschentuch. Dass er es am Tatort vergaß, hatte für ihn keine Folgen, ein derartiger Fehler unterlief ihm aber nie wieder. Leise zog er die Türe hinter sich zu und schlich durch das Treppenhaus ins Feie. Niemand hatte irgendetwas bemerkt, gesehen oder gehört. Vom Haus weg schlug er den Weg zum Bahnhof von Mühlheim ein, wusch sich unterwegs an einem Hydranten noch einmal die Hände und fuhr ruhig mit dem Lokalzug um 23.34 Uhr nach Köln zurück.

Zwar versuchte Kürten sofort, durch Überfälle auf Frauen wieder Blut rauschen zu lassen und sich so befriedigende Orgasmen zu verschaffen, zunächst aber ohne Erfolg. Etwas mehr als einen Monat nach dem Mord an Christiane Klein war er ohnehin für längere Zeit aus dem Verkehr gezogen. Wegen seiner eigentumsfeindlichen Erwerbstätigkeit wurde er am 13. Juli 1913 in Düsseldorf zu sechs Jahren Zuchthaus verurteilt, die er zur Gänze absitzen musste. Im Gefängnis, sagte er später zu seinen Psychiatern, hätte er nie onanieren müssen, denn die jederzeit abrufbare Vorstellung von rauschendem Blut hätte genügt, auch ohne Zuhilfenahme der Hände und ohne Erektion einen befriedigenden Orgasmus herbeizuführen. Nach der Haftentlassung ging er 1919 zu einer in Thüringen verheirateten Schwester, wo er seine Frau kennen lernte, die er 1923 heiratete.

Das Verhältnis zu seiner Frau sollte den Medizinern später ein viel diskutiertes Rätsel aufgeben. Sie hielt zu ihm, auch wenn sie viel von seinen Eskapaden, mit Ausnahme der blutigen Details, wusste und unterstützte ihn mit ihrer Arbeit als Kellnerin. Für ihn war sie sicher der Lebensmensch, dem er vertraute. Sein erstes umfassendes Geständnis legte er vor ihr ab.

1925 kehrten beide nach Düsseldorf zurück, Kürten fand Arbeit bei einer Spedition, betätigte sich auch politisch in Organisationen der Sozialdemokratie und lebte weitgehend unauffällig, wenn auch nicht ganz ohne unentdeckte Straftaten.

Was ihn ab dem Beginn des Jahres 1929 plötzlich wieder zum Vampir werden ließ, was in ihm diese Blutlust auslöste, die er in einer unglaublichen Reihe von nächtlichen Überfällen und Attentaten abreagierte, konnte nie wirklich geklärt werden.

Die Vorübungen: die Fälle Kühn und Ohlinger
Die Serie von nächtlichen Attentaten auf ahnungslose Passanten begann am 3. Februar knapp nach 9 Uhr abends, als die 56 Jahre alte Hausfrau Apollonia Kühn in der Nähe ihrer Wohnung in der Berthastraße 21 in Düsseldorf von einem Unbekannten überfallen und mit gezählten 24 Stichen schwerst verletzt wurde. Sie überlebte, konnte aber keine Hinweise auf einen möglichen Täter geben. Die Tatwaffe war, wie die Ärzte feststellen konnten, wahrscheinlich eine Schere gewesen.

Nur sieben Tage später, am 9. Februar, fand ein Bauarbeiter an der Baustelle für das neue Schwimmbad Ecke Höherweg-Kettwigerstraße am Zaun die angekohlte Leiche eines Mädchens, der neunjährigen Rosa Ohlinger. Sie war, wie die Obduktion ergab, schon in der Nacht ermordet worden. Tatwaffe wieder eine Schere. Der Täter musste nach der Tat noch einmal zu seinem Opfer zurückgekommen sein und hatte offenbar versucht, die Leiche durch Übergießen mit Petroleum zu verbrennen. Spuren gab es keine, weder Tatwaffe noch Kanister, aber dass man mit einem Polizeihund der Spur des Petroleums leicht hätte folgen können – der Täter musste in der Nähe wohnen – bedachte die Polizei nicht. Immerhin fand sich diesmal ein Hinweis auf ein mögliches Motiv: kleine Spermaspuren auf der Unterhose der Toten.

Kürten gestand, dass beide Überfälle nur eine Art Vorübung gewesen waren. Das Stechen und das Gefühl, wie die Schere das weiche Fleisch durchdrang und dabei Blut aus der Wunde rauschte, hatten ihm genügt, wie die Spuren bewiesen. Nur zwei Tage später allerdings gelang es dem Vampir, sein Vorhaben zum ersten Mal ganz in die Tat umzusetzen. Dass das Opfer diesmal ein Mann war, widerlegt die Behauptung, Kürten sei es nur um weibliche Opfer gegangen, nicht primär um Blut.

Der Vampir ist los: der Fall Scheer

Der Invalide Rudolf Scheer hatte in einer Gastwirtschaft in Schlingern, einem Vorort Düsseldorfs, den Karnevalsdienstag so ausgiebig gefeiert, dass ihm vom Wirt jeder weitere Alkoholkonsum strikt verweigert wurde. Mit einem Esspaket für den erkrankten Sohn machte er sich deshalb einige Zeit nach Mitternacht, heftig alkoholisiert, auf den Weg zu seinem Häuschen in den Schrebergärten von Gerresheim, kam aber nie dort an.

Um 8 Uhr früh fand Fräulein Luise Werner seine Leiche im Graben neben der Straße. Seltsamer Zufall, denn Fräulein Werner war vor wenigen Tagen, spätabends, unmittelbar nach dem Überfall auf Frau Kühn, von einem Unbekannten, ebenfalls in der Berthastraße, mit dem Angebot angesprochen worden, sie in der Dunkelheit nach Hause zu bringen. Frau Werner hatte abgelehnt und war damit der Möglichkeit entkommen, drittes Opfer des Vampirs zu werden. Der hilfreiche Gentleman war niemand anderer als Kürten gewesen.

Scheers Leiche war, als die Polizei kam, noch warm, der Mord konnte erst vor wenigen Stunden passiert sein. Die Obduktion ergab 12 Stiche in den Hinterkopf und Nacken, die von hinten geführt worden waren, einer davon tief bis in die Wirbelknochen, und je vier Stiche in Rücken und Brust. Tatwaffe war ein spitzer Gegenstand gewesen, wahrscheinlich wieder eine Schere, dieselbe möglicherweise wie bei Kühn und Ohlinger und daher, trotz der Verschiedenheit der Opfer, vielleicht auch derselbe Täter. Scheer war verblutet. Kürten sagte in seinem Geständnis, wie aufgeregt er war, als das Blut des Ermordeten aus seinen Wunden, in großen Strömen und in der Stille der Nacht rauschend auf den Boden floss. Er hatte es mit dem Mund auffangen wollen, was ihm aber nur zu einem Teil gelungen war.

Die Angst der Öffentlichkeit vor dem aus dem Dunkel wahllos auf Opfer stürzenden Phantom, dessen die Polizei nicht habhaft werden konnte und zu dessen Identität es keine einzige Spur gab und die die Presse heftig schürte, schien ab Anfang April 1929 unnötig geworden zu sein: Ein Arbeitsloser namens Johann Stausberg hatte sich wiederholt durch Äußerungen verdächtig gemacht. Er wurde verhaftet und wusste im Verhör so viele Details, dass sein Geständnis durchaus glaubwürdig war. Kürtens Geständnisse rehabilitierten ihn, Stausberg hatte alle Einzelheiten in den Zeitungsberichten lesen können.

Marie Hahn

Erst im Hochsommer schlug der Vampir wieder zu. Zwar war er in der Zwischenzeit nicht untätig gewesen, seine Überfälle waren aber nicht erfolgreich verlaufen. Sie kamen gar nicht zur Kenntnis der Polizei, Düsseldorfs Mädchen waren offenbar aggressive Liebhaber gewöhnt und wussten sich ihrer zu erwehren.

Kürten hatte nach dem Ende der Karnevalszeit sein Jagdrevier in das Zooviertel von Düsseldorf verlegt. Am 8. August 1929 traf er am Hansaplatz das Hausmädchen Marie Hahn, bei einer Familie Rudloff in Stellung. Marie war, wie es hieß, eine Frohnatur und im Verkehr mit Männern etwas »frei«. Sie war es auch, die Kürten angesprochen hatte und sich zu ihm auf eine Parkbank setzte. Beide verabredeten einander für den nächsten Sonntag. Marie Hahn war von Kürtens nobler und seriöser Erscheinung so angetan, dass sie dafür sogar eine andere Verabredung platzen ließ.

Am 11. August trafen sich beide wieder. Kürten war bestens vorbereitet. Er trug seinen schönsten blauen Anzug und hatte in die hintere Tasche seiner Hose die schon mehrfach bewährte Schere, eine so genannte Kaiserschere mit dem Bild Kaiser Wilhelms als Firmenzeichen, gesteckt. Man wollte einen Ausflug machen und fuhr vom Hauptbahnhof mit einem Lokalzug ins Neandertal. Bei der gleichnamigen Haltestelle stiegen beide aus und wanderten Richtung Erkrath. In der Stindermühle, einem bekannten und gut besuchten Ausflugslokal, setzten sie sich an einen Tisch und tranken Rotwein. Eine Zeugin, die Marie Hahn vom Sehen kannte, sagte später, Kürten sei sehr lieb zu seiner Dame gewesen und hätte sie fortwährend gestreichelt.

Gegen 7 Uhr abends verließen sie das Lokal, Kürten hatte für den Weg noch eine Tafel Schokolade gekauft, und spazierten weiter bis Erkrath, wo sie wieder in einer Wirtschaft einkehrten, Leberwurst mit Kartoffelsalat aßen und einige Flaschen Bier dazu tranken.

Es war dunkel geworden, als sie den Rückweg nach Gerresheim antraten. Hinter dem Gutshaus Morp bog Kürten auf den Weg nach Papendelle ein. In einem Fichtenwäldchen ließen sie sich nieder und taten, was der Polizeibericht zum Urteil später als »kosen« bezeichnete. Kürten selber war in seinem Geständnis direkter: »Ich habe hier mit der Hahn im Einverständnis Geschlechtsverkehr ausüben wollen und dabei eine sexuelle Befriedigung vermutet. Das war jedoch nicht der Fall, währenddem die Hahn eine sexuelle Befriedigung durchaus hatte. Die hat sich angestrengt und was davon gehabt und ich bin nicht fertig geworden.«

Zu seiner Partnerin sagte Kürten, er fühle sich durch die vielen anderen Liebespaare gestört, und beide zogen um auf eine Wiese am Morpebach, die durch Sträucher entlang eines Entwässerungsgrabens vor Blicken geschützt war. Wieder »kosten« sie miteinander. Kürten streichelte seiner Dame den Hals, drückte aber dann plötzlich so fest zu, dass diese ohnmächtig wurde. Wie er den Druck nachließ, kam Marie wieder zu sich und bat mit schwacher Stimme, sie doch am Leben zu lassen. Kürten aber würgte stärker, zog zugleich mit seiner rechten Hand die Schere aus der Hosentasche und stach seinem wieder bewusstlos gewordenen Opfer mehrmals mit großer Wucht in den Hals. Das aus den Wunden spritzende warme Blut trank er, und während er dabei weiter in Brust und Bauch des Mädchens stach, hatte er endlich den ersehnten heftigen Orgasmus. In seinen eigenen Worten: »Wir haben uns dann wieder weiter in Richtung Gerresheim bewegt, und nach kurzer Zeit habe ich die Hahn am Halse gefasst und heftig gewürgt. Während dem Würgen trat eine starke sexuelle Erregung ein, die dadurch, dass ich der Hahn noch mit einer bei mir geführten Schere schwere Verletzungen beigebracht habe, ihren Höhepunkt erreichte. Ich hatte der Hahn zuerst eine Verletzung am Halse beigebracht und aus dieser Verletzung habe ich Blut in mich aufgenommen, von der Hahn in größeren Mengen.« Zwischenfrage des Sachverständigen Prof. Sioli: »Sie meinen, getrunken?« – »Ja. Hierbei trat die Auslösung der sexuellen Erregung ein. Da habe ich Samenerguss gehabt.«

Befriedigt erhob sich Kürten von dem gerade ermordeten Mädchen, das Blut dürfte aber zu viel gewesen sein, er brach einen Teil davon wieder aus. Die Leiche zog er in den Entwässerungsgraben und versteckte sie notdürftig unter den Sträuchern. Den Hut der Hahn füllte er mit Erde und warf ihn, wie den Schlüsselbund und die Handtasche, in ein nahe gelegenes Kartoffelfeld, wo sie der Bauer erst bei der Ernte fand.

Zufrieden und laut vor sich hin singend marschierte Kürten dann den Weg nach Gerresheim weiter und fuhr von dort mit der Straßenbahn nach Hause. Es war kurz nach Mitternacht, als er ankam. Seine Frau lag schon im Bett, schlief aber noch nicht. Fröhlich und gut gelaunt erzählte er ihr, wie schön es auf der Kirmes gewesen war, zu der sie angeblich nicht hatte mitgehen wollen.

Frau Kürten fand am nächsten Tag Blutflecken auf dem schönen Sommeranzug ihres Mannes. Er habe Nasenbluten gehabt, sagte Kürten. Hose und Schuhe waren voll Erde. Frau Kürten beklagte sich bei einer Nachbarin. Ihr Mann sei gestern spät heimgekommen, dreckig wie ein Schwein. Offenbar gäbe er sich mit fremden Weibern ab. In welcher Weise er dies tat, wusste sie nicht.

Kürten zog es, wie in den vorher begangenen Mordfällen auch, wieder zum Tatort zurück. Während der Arbeit am Montag stellte er sich vor, wie schön es sein müsste, am Tatort eine Erinnerungsstätte zu gestalten, zum Dank an seine dort erlebte »große Befriedigung«. Abends sagte er zu seiner Frau den in solchen Fällen beliebten Satz, er müsse für einen erkrankten Kollegen einspringen und länger in der Firma bleiben. Tatsächlich aber fuhr er nach Papendelle zurück und suchte lange nach einem geeigneten Platz für sein Monument. Der Waldrand oberhalb der Wiese schien ihm schließlich dafür am geeignetsten.

Mit der Straßenbahn kehrte er nach Hause zurück um eine Schaufel zu holen. Seine Frau, die sich schon wieder zu Bett gelegt hatte, machte ihm lautstarke Vorwürfe wegen seiner nächtlichen Eskapaden. Darüber scheinbar erzürnt packte Kürten Kissen und Decke und ging ins Nebenzimmer. Aber statt sich niederzulegen, nahm er die Schaufel und fuhr wieder zur Wiese nach Papendelle, wo er mithilfe der öffentlichen Verkehrsmittel knapp nach Mitternacht eintraf. In der Dunkelheit hob er eine etwa 1,30 Meter tiefe Grube aus, holte dann den Leichnam der Hahn aus dem Entwässerungsgraben und zog ihn bis zum Rand seiner Grube. Darin stehend streichelte er Kopf und Haare seines Opfers und zog ihm dann Schuhe und Strümpfe aus. Die Strümpfe band er wie einen Gürtel um sich, stellte die Schuhe ordentlich neben den Leichnam und schaufelte, so adjustiert, das Grab zu. Darauf stellte er einen großen Feldstein. Die Uhr der Toten hatte er abgenommen, um sie als Lockgeschenk – oder als Trophäe – weiter zu verwenden.

Von da an war ihm die Gedenkstätte ein bis in den Herbst hinein mindestens einmal in der Woche besuchter Wallfahrtsort, wo er sich jedes Mal, im Gedenken, »große Befriedigung« verschaffte. Marie Hahn war zwar schon am folgenden Tag von ihren Arbeitgebern als vermisst gemeldet worden, aber es fehlte jede Spur. Sie blieb vorläufig verschwunden.

Die wöchentlichen Wallfahrten aber hinderten Kürten keineswegs an neuen Unternehmungen, im Gegenteil. Die denkmalwürdige Befriedigung spornte ihn zu einer Reihe unmittelbar aufeinander folgender Überfälle an. Inmitten einer großen Menschenmenge tauchte er plötzlich auf, stach zu, oft mehrmals an einem Abend, am selben Platz, und verschwand wieder, spurlos wie ein Phantom, das sich in Luft auflöst. Es waren vor allem die folgenden Wochen, die die ganze Stadt in Angst und Schrecken versetzten. Die Polizei wurde verstärkt, tags und vor allem nachts waren überall Streifen unterwegs und aus Berlin wurde eigens der weltberühmte Kriminalist, Kriminalrat Gennat, zur Unterstützung herbeigeholt. Die hohe, für Hinweise ausgesetzte Belohnung von 15.000 Mark führte nur dazu, dass die Polizei sich täglich mit bis zu 500 Hinweisen eingedeckt sah. 300 ungebetene Hellseher, Astrologen, Magier und Magierinnen gaben unverlangte Angaben und über 200 Menschen bezichtigten sich selber der Taten. Der Vampir war nicht zu fassen.

Am 20. August, nur neun Tage nach dem Mord an Marie Hahn, stach Kürten bei der Kirmes in Lierenfeld in knapp drei Stunden auf drei Menschen ein, die alle schwer verletzt wurden. Vier Tage später, am 24. August, ermordete er zwei Mädchen, die von einem Feuerwerk am Schützenfest von Düsseldorf-Flehe nach Hause gingen, die 13 Jahre alte Louise Lenzen und die fünfjährige Gertrude Hamacher. Beide hatte er zuerst gewürgt und ihnen dann die Kehle durchgeschnitten und das Blut rauschen lassen. Nur einen Tag darauf überfiel er die Hausangestellte Gertrud Schulte bei einem nächtlichen Spaziergang durch die Rheinauen und stach so heftig auf sie ein, dass die Spitze seines Messers – seit dem Mord an Marie Hahn hatte er Messer gegen Schere getauscht – abbrach. Gertrud Schulte überlebte schwer verletzt und wurde eine der wichtigsten Zeugen im Prozess.

Das Messer war kaputt und Kürten ersetzte es kurzfristig durch einen Hammer. Damit erschlug er nächtlich am 9. September die Hausangestellte Ida Reuter aus Barmen, zwölf Tage später die 20 Jahre alte Prostituierte Elisabeth Dörrier. Am 25. Oktober überlebte Frau Hubertine Meurer Kürtens Attacke nur dank ihrer wollenen Baskenmütze. Als er eine Stunde später auf die Prostituierte Klara W. schlug, brach der Hammer. Er hatte ohnehin nicht gehalten, was sich Kürten von ihm erwartete. Der Hammer ist sicher kein für einen Vampir geeignetes Werkzeug. Die Wunden, die er zufügt, sind nicht so beschaffen, dass aus ihnen Blut rauschen würde.

Gertrud Albermann

Am 7. November um etwa 5 Uhr abends spielte die fünfjährige Gertrud Albermann vor dem Ladengeschäft ihrer Tante, Ackermannstraße 196. Kürten sprach sie an und bat sie mit ihm zu gehen. Das Mädchen folgte ihm arglos. Bekannte und Passanten sahen die zwei, aber da Gertrud so fröhlich mit ihrem Begleiter sprach, ließen sie den Verdacht, er könne der lang gesuchte und gefürchtete Vampir sein, fallen. Inzwischen war es dunkel geworden und Kürten bog in einen uneinsehbaren Weg zwischen Schrebergärten ein, fasste das vor ihm gehende Kind plötzlich am Hals, würgte es mit der Linken, bis es bewusstlos wurde, und stach dann mit der Schere zweimal wuchtig in die Schläfen seines Opfers. Das daraus hervorquellende Blut saugte er mit dem Mund auf und stach gleichzeitig wahllos auf den Körper des Kindes ein. 24 Stiche, von denen einer direkt das Herz getroffen hatte, zählte der Gerichtsmediziner Dr. Berg bei der Obduktion. Kürten versteckte die Leiche bei einem Gebüsch, reinigte sich, so gut es ging, mit Gras vom Blut, steckte die Schere ein und ging nach Hause. Im Zimmer, sagte er, sei er freudig längere Zeit auf und ab marschiert, bis er sich schlafen legte.

Diesmal kehrte Kürten nicht an den Tatort zurück, um sich am öffentlichen Schrecken, den er so sehr liebte, zu erfreuen, sondern wiederholte einen Versuch, den er schon einmal vor zwei Wochen gemacht hatte, der aber unbeachtet geblieben war. Zusammen mit einer Skizze des Tatorts Albermann, deren Leiche aber inzwischen gefunden worden war, schickte er eine genaue topografische Beschreibung vom Grab der noch immer spurlos verschwundenen Marie Hahn an die »Kriminalpolizei allhie«. Diese Unverlangtsendung des anonymen Autors war erfolgreich. Die Polizei ließ mit dazu verpflichteten Arbeitslosen am angegebenen Ort nachgraben und fand tatsächlich die Tote unter dem Denkmal. Hinweise auf den Täter, die verwertbar gewesen wären, enthielt der Brief nicht.

Zoologisches Zwischenspiel

Der Mord an Gertrud Albermann sollte für eine längere Zeit die letzte Tat des Vampirs gewesen sein. November und Dezember 1929 vergingen ohne weitere Überfälle und die Polizei, immer noch ohne konkrete Spur, musste sich fragen, was mit dem Ungeheuer geschehen war. War es krank geworden, verzogen, wegen anderer Delikte eingesperrt oder gar verstorben? Nichts von alledem, Kürten hatte sich nur, aus ungeklärten Motiven, in die Fauna verirrt.

Am 7. Dezember, gegen 8 Uhr morgens, fand der Geflügelwärter des Düsseldorfer Hofgartens, Mathias Weyergraf, auf der Wiese vor dem Kriegerdenkmal einen toten Schwan. Er kannte das Tier gut. Da er es persönlich aufgezogen hatte, war es besonders zutraulich zu Menschen gewesen. Unbekannte hatten den Schwan durch einen Halsschnitt getötet, er war verblutet, aber nirgends waren Blutspuren, die es doch reichlich hätte geben müssen, zu finden. Das Rätsel klärte sich erst durch Kürtens Geständnis, wie so viele andere seiner Taten. Er hatte dem Schwan den Hals aufgeschnitten und ihn, sozusagen, ausgetrunken.

Die Kriminalpolizei hatte die Atempause benützt, um Flugblätter an die Bevölkerung zu verteilen, in denen alle bisher dem Vampir zugeordneten Taten angegeben waren und ein Bild seiner mutmaßlichen Person gezeichnet war, was man heute »profiling« nennen würde. Obwohl es der Wahrheit ziemlich nahe kam, war es erst der viel bewährte Kommissar Zufall, der mithilfe eines mutigen Mädchens die lange und mörderische Karriere des Vampirs beendete.

Vampirs Ende

Marie Butlies, stellungs- und unterstandslos, war am 14. Mai 1930 vor dem Hauptbahnhof in Düsseldorf von einem gut gekleideten, durchaus respektablen Mann angesprochen worden, der ihr Unterkunft und Abendessen versprach. Kürtens Ehefrau hatte Nachtdienst. Als sie sich seinen Annäherungsversuchen widersetzte, zeigte sich der Herr bereit, sie doch noch zu einem Heim für Unterstandslose zu bringen, nicht ohne Hintergedanken, denn der Weg sollte durch den dunklen Grafenberger Wald führen. Als sie darin vom Vampir angefallen und gewürgt wurde, rief sie: »Lieber Heiland, steh mir bei!« Was den Vampir, wie es sich gehörte, an weiteren Unternehmungen hinderte. Er ließ von seinem Opfer ab und verschwand in der Finsternis.

Butlies meldete den Vorfall nicht bei der Polizei – sie hatte Angst, wegen Geheimprostitution festgenommen zu werden –, sondern berichtete ihr nächtliches Erlebnis in einem Brief an eine Freundin namens Brückner in Düsseldorf, Naumannstraße. Auftritt Kommissar Zufall: Die Post stellte den Brief irrtümlich einer Familie Brückmann in derselben Straße zu. Dort las man den Brief und übergab ihn der Polizei, die in dem geschilderten Überfall die Handschrift des so lange gesuchten Vampirs erkannte.

Fräulein Butlies wurde ausgeforscht, sie konnte sich doch noch an die Wohnadresse des Mannes erinnern, der sie überfallen hatte, und Kürten wurde, allerdings erst nach einer Reihe von Zwischenfällen und Ungeschicklichkeiten der Polizei, verhaftet. Seiner Frau hatte er schon am Vortag, beim Mittagessen, in zweieinhalb Stunden ein ausführliches und vollständiges Geständnis aller seiner Taten gemacht, das er in der Untersuchungshaft wiederholte, dann aber widerrief und sich nur auf die Überfälle ohne Todesfolge beschränkte. Den zwei psychiatrischen Sachverständigen des Gerichts gegenüber, den Professoren Berg und Sioli, zeigte er sich äußerst mitteilsam, was seinen Werdegang, seine Herkunft aus zerrütteten Familienverhältnissen und seine Notwendigkeit, Blut rauschen zu lassen und zu trinken, um sexuelle Höhepunkte haben zu können, betraf. Sie erklärten ihn auch, obwohl er verschiedene Versuche machte, Geisteskrankheit vorzutäuschen, für voll zurechnungsfähig.

Am 13. April 1931, fast ein Jahr nach der Festnahme, begann der Prozess gegen den Vampir vor dem Schwurgericht Düsseldorf, am 22. April wurde von den Geschworenen das Urteil verkündet: wegen Mordes in neun Fällen in Tateinheit mit vollendeter Notzucht in zwei Fällen, zum Tode, und wegen Mordversuchs in sieben Fällen zu einer Zusatzstrafe von 15 Jahren Zuchthaus. Auf die Bestrafung der vielen kleinen Überfälle wurde, wegen der ausreichenden Zahl nachgewiesener Blutverbrechen, verzichtet. Auch der Tod des Schwans im Stadtpark blieb ungerächt. Die Tatwerkzeuge, die Kaiserschere, das abgebrochene Messer und der kaputte Hammer, wurden eingezogen. Kürtens Blutleidenschaft wurde weder bei der Verhandlung noch im Urteil, da juristisch unerheblich, erwähnt.

Das Urteil nahm er zuerst an, berief dann, aber der Berufung wurde nicht stattgegeben. Die Hinrichtung war für den 2. Juli 1931 festgesetzt worden. Kürten hatte zwar in der Untersuchungshaft immer wieder lauthals nach Menschenblut verlangt, seine blutlose Henkersmahlzeit aber, Wiener Schnitzel mit Kartoffelsalat, dazu ein Schoppen Weißwein, schmeckte ihm trotzdem so gut, dass er auf einer zweiten Portion bestand. Ob er, wie er hoffte, sein eigenes Blut unter dem Fallbeil rauschen hörte und ob ihm dies wieder »große Befriedigung« verschafft hat, muss ungeklärt bleiben.

Blutstaub:

Richard Trenton Chase

Terry Wallin blieb nicht allein

David Wallin (24) arbeitete als Fahrer für eine Wäscherei in Sacramento. Zu seinen Aufgaben gehörte es, die schmutzige Wäsche von den Kunden abzuholen und sauber wieder zurückzubringen. Er war den ganzen Tag auf Achse und daher froh, am späten Nachmittag des 23. Januar 1978 nach seiner letzten Kommission heimfahren zu können. Seine Frau, Terry, war im dritten Monat schwanger, sie arbeitete bei der Stadtverwaltung und hatte heute ihren freien Tag gehabt. Sie wollte Einkäufe im Supermarkt machen und danach Hausarbeiten erledigen. David freute sich auf ein gutes Abendessen und einen ruhigen Feierabend. Er wusste nicht, dass seine Schwiegermutter seit Mittag mehrmals versucht hatte, ihre Tochter anzurufen. Da sich, wider Erwarten, niemand meldete, begann sie sich Sorgen zu machen. Ihre Sorgen sollten nur zu berechtigt sein.

David stellte den Lieferwagen seiner Firma vor der Einfahrt ab und betrat das kleine Siedlungshaus durch die wie immer unversperrte Eingangstür. Sekunden später lief er schreiend zu den Nachbarn. Meine Frau, Blut, Mord, mehr war aus ihm nicht herauszubringen, er stand unter schwerem Schock. Die Nachbarn alarmierten sofort die Polizei. Der erste Streifenbeamte, der das Haus betrat, litt noch Jahre später an dem Albtraum, den er hatte sehen müssen.

Eine lange Blutspur führte vom Wohnzimmer zum Eingang und ins Badezimmer. Die Frau lag, nackt und fürchterlich verstümmelt, wie eine weggeworfene, kaputte Puppe mit verdrehten Gliedern in der hinteren Ecke des Raumes. Ihr Leib war von der Brust bis unter den Nabel aufgerissen. Aus der klaffenden Wunde quollen die Gedärme. Die linke Brust war durch zahllose Messerstiche zerfleischt, der Mund mit Tierkot verschmiert. Neben der Toten stand ein Jogurtbecher noch halb voll mit Blut. Hatte der Täter Blut getrunken? Mehr noch, die Obduktion ergab, dass Terry erschossen worden war, allerdings erst nach längerer Gegenwehr gegen eine Messerattacke, es fehlten aber auch einige innere Organe, die Gebärmutter, die Nieren und die Leber. Am Tatort wurden sie nicht gefunden. Der Mörder hatte sie mitgenommen.

Außer einer Reihe von blutigen Fingerabdrücken und zwei Patronenhülsen gab es keine Spuren. Der Täter musste durch die unversperrte Tür ins Haus eingedrungen sein und hatte die Frau im Wohnzimmer überrascht. Sicher war, dass man es mit einem Vampir, einem äußerst gefährlichen und völlig von der Rolle geratenen Sexualmörder zu tun hatte.

Der ersten Tat, die für ihn erfolgreich verlaufen war, würde er ebenso sicher weitere folgen lassen.

Die Polizei von Sacramento gab der Bevölkerung und der Presse nicht alle grausigen Einzelheiten des Mordes bekannt, einerseits um keine Panik zu schüren, andererseits um sicherzugehen, dass nicht, wie immer bei derartigen Fällen, Verrückte sich der Tat selbst bezichtigen könnten. Sie holte aber das FBI zu Hilfe, das gerade an der Akademie von Quanitco die später so berühmte Behavioral Science Unit gegründet hatte, und bat möglichst schnell ein Täterprofil zu erstellen.

Die Befürchtung von Folgetaten bewahrheitete sich. Nur vier Tage später, am 26. Januar, wurde der nächste Mord desselben Täters gemeldet, der den ersten an Quantität und Qualität noch um einiges übertraf. Nicht einmal eineinhalb Kilometer vom ersten Tatort entfernt wurden mittags um 12.30 Uhr drei Leichen in einem Einfamilienhaus entdeckt, die der 36 Jahre alten Evelyn Miroth, ihres sechsjährigen Sohnes Jason und des 52-jährigen Daniel J. Meredith. Alle drei Toten waren erschossen worden, die beiden männlichen unberührt, nur Merediths Brieftasche fehlte. Die Frau hingegen war, wie Terry, wieder grässlich verstümmelt, der Unterleib durch zwei kreuzförmige Messerschnitte geöffnet, die Eingeweide herausgerissen und innere Organe entfernt. Der ganze Körper einschließlich des Gesichts und der Analgegend war durch zahllose Messerstiche zerfleischt. Die Leiche war anal vergewaltigt worden, im Rektum fand sich Sperma.

Evelyn Miroth hatte nach ihrer Scheidung als Babysitterin gearbeitet und gerade ein Baby in Pflege, den knapp zwei Jahre alten Michael Ferriera. Er war nicht am Tatort, der Mörder hatte ihn vermutlich verschleppt, aber Blut in der Kinderkrippe, ein Projektil im Polster,

Gehirnmasse und Blut im Badezimmer ließen kaum Zweifel über sein Schicksal zu. Auch Evelyn Miroths Blut musste der Mörder getrunken haben. Ein blutverschmiertes Glas stand neben der Leiche.

Die beiden anderen Kinder waren nicht zu Hause gewesen und so dem Mord entgangen. Daniel Meredith hatte der mit ihm befreundeten Frau nur einen kurzen Besuch abstatten wollen. Der rote Kombi Evelyns fehlte. Er war vom Täter als Fluchtauto benutzt worden und fand sich unversperrt und mit im Schloss steckenden Zündschlüssel nur wenige Häuserblocks entfernt abgestellt. Sonst wieder keine Spuren, die Nachbarn, soweit sie mittags überhaupt zu Hause und nicht bei der Arbeit waren, hatten nichts Verdächtiges gehört oder gesehen.

Profil: paranoide Psychose

Robert K. Dressler – Vorbild für den Profiler in *Schweigen der Lämmer* – und sein Kollege Russ Vorpagel vom FBI hatten durch einen Vergleich mit ähnlichen Taten und eine genaue Analyse des Tathergangs und der Opfer ein Täterprofil erstellt, das schon ein sehr spezifisches Bild des Vampirs – wie der noch unbekannte von der Presse genannt wurde – zeichnete: »Männlich, weiß, zwischen 25 und 27 Jahre alt. Schlank, wenn nicht unterernährt. Lebt in verwahrloster Behausung. Beweismittel (Organe als Fetische) werden sich in seiner Behausung finden lassen. War wegen psychischer Erkrankung in Behandlung. Hatte höchstwahrscheinlich Probleme mit Drogen. Einzelgänger, der weder mit Frauen noch mit Männern Beziehungen eingeht. Verbringt seine Zeit größtenteils in seiner Behausung. Arbeitslos. Bezieht möglicherweise Behindertenrente. Wenn er nicht alleine lebt, dann bei seinen Eltern, was allerdings ungewöhnlich wäre. Kein Militärdienst. Vorzeitiges Scheitern am College oder der High School wahrscheinlich. Leidet vermutlich an einer oder mehreren Formen einer paranoiden Psychose.«

Nach dem zweiten Mord konnte das Profil noch präzisiert werden. Der Täter lebte wahrscheinlich in unmittelbarem Umkreis der beiden Verbrechen. Er war zu Fuß unterwegs. Sein Auto, wenn er überhaupt eines hatte, dürfte sich in ähnlichem Zustand wie seine Behausung befinden: eine verwahrloste und kaum mehr fahrbare Rostlaube. Inzwischen war er auch offenbar so in seiner eigenen Wahnwelt eingeschlossen, dass er sich nicht mehr die Mühe machen musste, irgendetwas zu verbergen. Wahrscheinlich wohnte er in unmittelbarer Nähe des abgestellten roten Fluchtautos.

Mit dem Steckbrief ausgestattet machten sich über 500 Polizisten auf den Weg, von Haus zu Haus in der Nachbarschaft. Die Furcht vor einem dritten, noch grässlicheren Mord war nur allzu berechtigt. Auch bestätigte sich Robert Dresslers Vermutung, der Täter müsste vor dem Mord oder parallel dazu durch »Fetischdiebstähle oder Ersatzhandlungen« auffallen. Am Freitag wurde in der Nähe des abgestellten Fluchtautos ein toter Hund gefunden, der wie die menschlichen Opfer zuerst erschossen und dann aufgeschlitzt worden war.

Eine Reihe von Zeugen gab an, zur Tatzeit den roten Kombiwagen gesehen zu haben, aber erst die Aussage einer jungen Frau, der 27 Jahre alten Nancy Holden, die sich aufgrund der Angabe der Polizei, der Täter müsse blutverschmiert gewesen sein, meldete, führte direkt ans Ziel. Am Montag, am Tag des Mordes an Terry Wallin, war sie vor einem Einkaufszentrum von einem Mann angesprochen worden. Der sei erschreckend mager gewesen, schmutzig und völlig verwahrlost. Sein T-Shirt war voller dunkler Flecken, sein Mund von einer dunklen Flüssigkeit verkrustet und verschmiert gewesen. Er hatte sich als ihr ehemaliger Kollege aus der High School vorgestellt und daher kannte sie auch seinen Namen: Richard Trenton Chase.

Seine Wohnadresse wurde sofort ermittelt. Die Polizei wollte kein Risiko eingehen, der Mann war bewaffnet und sicher zu allem fähig. Sie umstellte sichtbar und mit großem Aufwand zuerst das Haus, in dem er wohnte, und zog sich dann ebenso sichtbar, aber nur scheinbar, wieder zurück. Dadurch glaubte der Verdächtige offenbar, jetzt sei die Luft rein, und lief aus der Tür auf sein Auto zu, mit einer großen Pappschachtel unter dem Arm. Er versuchte sich der Festnahme zu entziehen, dabei aber fielen ihm ein Revolver und die Brieftasche Merediths aus der Tasche. Die Schachtel enthielt eine Menge blutgetränkter Fetzen.

Richard Trenton Chase bestätigte schon somatisch Resslers Profil. Er war 27 Jahre alt, überschlank und völlig verwahrlost. Sein Auto, mehr als zehn Jahre alt, war kaum mehr fahrtüchtig. Im Inneren ein totales Chaos aus Altpapier, Essensresten und Stoffabfällen. In der versperrten Werkzeugkiste lagen ein blutverschmiertes Messer und blutbesudelte Gummistiefel. Das eigentliche Horrorkabinett aber war in seiner Wohnung. In dem stinkenden und mit Abfällen übersäten Durcheinander standen drei große Schüsseln voll mit gerührtem, nicht gestocktem Menschenblut. Im Kühlschrank lagen die Organe, die er seinen Opfern herausgerissen hatte, und ein Teller mit menschlicher Gehirnmasse. Überall lagen blutbefleckte Kleidungsstücke. Eine Mappe enthielt Zeitungsausschnitte mit Meldungen zum ersten Mord. An einem Wandkalender waren die beiden Mordtage eingezeichnet. Für die nächsten zwölf Monate waren noch einmal 24 Tage angestrichen. Hatte er eine derartige Mordserie geplant?

Steile Karriere abwärts
Auch die anderen, biografischen Details stimmten weitgehend mit der Analyse des FBI überein. Richard Trenton Chase war 1950 geboren und zunächst ein normales, durch nichts auffälliges Kind. Als Zwölfjähriger musste er die heftigen Streitigkeiten seiner Eltern miterleben. Seine Mutter litt offenbar unter einer in aggressiven Schüben auftretenden Schizophrenie. Mit einem Intelligenzquotienten von 95 war Chase ein durchschnittlicher Schüler, nur mit Mädchen klappte es nie. Er war schon als Teen impotent. Ab dem zweiten High-School-Jahr zeigten sich wahrscheinlich die ersten Anzeichen einer beginnenden Geisteskrankheit. Chase verlor jeden schulischen Ehrgeiz, ließ sich und seine Behausung zunehmend verkommen und glitt zeitweise in die Rauschgiftszene ab. Die Drogen allerdings begünstigten seine Krankheit nur, sie waren keineswegs Ursache für seine späteren Verbrechen, wie es in vielen Presseberichten zu lesen war.
Zwar schaffte er 1969 noch den Schulabschluss und versuchte zu studieren, hielt aber dem Druck auf der Universität nicht mehr stand. 1972 wurde er wegen Alkohols am Steuer, 1973 wegen unerlaubten Waffenbesitzes und Widerstand gegen die Staatsgewalt verhaftet. 1976 war seine Krankheit akut. Er hatte versucht, sich Kaninchenblut in die Venen zu spritzen, worauf ihn das Gericht dem Sozialamt zuwies und für die Einweisung in eine psychiatrische Klinik sorgte. Dort war er bald der Schrecken des Personals. Um an Blut zu kommen fing er Vögel im Anstaltsgarten, biss ihnen die Köpfe ab und saugte sie aus. Immer wieder blutverschmiert aufgegriffen, erhielt er den Spitznamen »Dracula«. Zwei Pflegerinnen kündigten nur seinetwegen. Er gab auch einen Grund für seinen Blutdurst an: Schon seit frühen Schultagen würde er von der Nazi-Mafia verfolgt, die in Ufos anflogen. Sie würden ihn langsam vergiften und sein Blut in Staub verwandeln. Deshalb müsse er immer wieder für Nachschub sorgen und fremdes Blut trinken.

Medikamente beruhigten ihn und besserten scheinbar seinen Zustand. 1977 wurde er, angeblich stabilisiert, aus der Klinik entlassen. Seine Fantasien hatte er aber keineswegs abgelegt. Mutter und Vater versuchten ihm Halt zu geben, aber umsonst. Sein Geisteszustand verschlechterte sich wieder und nahm ein aggressiveres, schrittweise zerstörerisches Verhalten an. Nach einem Streit mit seiner Mutter tötete er ihre Katze und brach dann alle familiären Verbindungen ab. Im August 1977 wurde er von Parkwächtern in der Nähe des Pyramid Lake in Nevada angehalten, er war halb nackt und blutverschmiert. In einer Plastiktüte führte er eine Leber mit. Als diese sich als Rinderleber herausstellte, entließ man ihn unbestraft. Im Dezember 1977 erwarb er einen Revolver, worauf im Viertel immer wieder Hunde als vermisst gemeldet wurden. Hunde hatte er auch vorher schon immer wieder bei Züchtern gekauft, ohne dass man sie je mit ihm gesehen hätte. Eine ganze Reihe von Hundehalsbändern fanden sich auch in seiner chaotischen Behausung. Nur in einem Punkt hatte Resslers Profil nicht Recht: Der Mord an Terry Wallin war nicht Chases erster Mord gewesen. Die Analyse der Projektile aus seinem Revolver hatte ergeben, dass mit derselben Waffe Ende Dezember 1977 schon ein Mordversuch und eine Tötung begangen worden waren, die allerdings nicht in das Schema passten. Mit der gerade erst erworbenen neuen Waffe und seinem alten Auto war Chase ziellos in der Nachbarschaft herumgefahren und hatte wahllos auf Häuser und Passanten geschossen. Mrs Polenske, die am straßenseitigen Küchenfenster ihres Hauses stand und gerade mit dem Abwaschen beschäftigt war, wurde knapp verfehlt. Ambrose Griffin, der vor seiner Garage Einkäufe aus dem Auto holte, wurde ins Herz getroffen und starb nach ein paar Tagen im Spital.

Am 23. Januar, am Tag des Mordes an Terry Wallin, hatte Chase bereits mehrere Einbruchversuche hinter sich. Er fuhr wieder die Einfamilienhäuser seiner Umgebung ab und suchte nach offenen Eingangstüren. Dabei war er wiederholt von Bewohnern gesehen und vertrieben worden. In einem Haus hatte er, bevor ihn der Besitzer verjagte, in Schubladen uriniert und auf dem Kinderbett seine Notdurft verrichtet – entsprechend dem Urteil der Profiler typische Handlungen eines Fetischisten. Um Mittag traf er seine ehemalige Klassenkameradin und sprach sie an. Als er zu ihr ins Auto steigen wollte, verriegelte sie schnell die Tür und fuhr davon. Das Treffen führte später zu seiner Ausforschung und Verhaftung. Dann wurde er von der Veranda eines direkt hinter

dem Einkaufszentrum liegenden Hauses verjagt und drang anschließend in das unversperrte Haus der Wallins ein.

Der Prozess gegen Chase begann am 2. Januar 1979 in Palo Alto. Die
Verteidigung plädierte auf offensichtliche Geistesstörung, aber die
Staatsanwaltschaft verlangte die Todesstrafe und setzte sich wie immer
durch. Chase wurde nach St. Quentin überstellt, wo der elektrische
Stuhl auf ihn wartete. Im Todestrakt besuchte ihn Ressler. Im Gespräch mit ihm behauptete Chase nach wie vor, er wäre von Nazi-Ufos
verfolgt und vergiftet. Sein Blut verwandle sich in Staub. Eine bizarre
Behauptung war neu: Er leide dazu noch an der so genannten »Seifen-
schalenvergiftung«. Viele andere Menschen hätten sie auch, wüssten
nur zu ihrem Glück nichts davon. Jeder hätte doch eine Seifenschale,
und nur dann, wenn der Boden der Seifen darin trocken wäre, sei
man davon frei. Es war völlig außer jeder Diskussion, dass Chase nicht
zurechnungsfähig war. Immerhin erreichten seine Psychiater die Unterbringung in einer Anstalt für geistig abnorme Verbrecher in Vaca Ville.
Dort wurde Richard Trenton Chase am zweiten Weihnachtstag 1980
tot in seiner Zelle aufgefunden. Er hatte die ihm verabreichten Beruhi-
gungsmittel gehortet und dann alle auf einmal geschluckt. Ob Unfall
oder Selbsttötung, blieb ungeklärt. Oder war sein Blut infolge Mangels
an Nachschub tatsächlich zu Staub geworden?

Beißen und Schlucken: die Werwölfe

»Wer Wolf ist, soll als Wolf sich geben,
Das ist das Sicherste im Leben.«
Jean de la Fontaine, *Fabeln*

Bereits im Altertum war das Phänomen einer Wandlung zum Werwolf bekannt. So berichtet Petron: »Ich schlendere weiter, singe was und zähle die Säulen. Wie ich mich dann aber nach meinem Begleiter umsah, da hat der sich doch die Kleider ausgezogen und an den Straßenrand gelegt. Mir fiel das Herz in die Hose, ich stand da wie tot. Der aber, der pisste einen Kreis um seine Kleider, und schwupp – da war er ein Wolf! Denkt ja nicht, ich mache Witze! Um keinen Preis in der Welt würde ich lügen! Jedenfalls um weiter zu erzählen: Wie er zum Wolf geworden war, fing an zu heulen und trollte sich in die Wälder.«

Der Ursprung des Werwolfglaubens (ahd. Wer: Mann) lässt sich bis in die Frühgeschichte zurückverfolgen. Fast alle Kulturen kennen Verwandlungen von Menschen in Tiere oder Mischwesen aus beiden. In europäischen Mythologien wurden dem Wolf sowohl gute wie böse Eigenschaften zugesprochen. La Lupa, die Wölfin, ist bis heute in Italien Sinnbild aufopferungsvoller Mütterlichkeit der Romulus-und-Remus-Sage. Auch der nordische Hauptgott Odin lässt sich von Wölfen begleiten. Des Menschen treuester Tiergefährte ist der Hund, er ist wölfischer Nachfahr. Wer leugnete die Familienbande von Wolf und Deutschem Schäferhund?

Zeus verwandelte den frevlerischen Arkadierkönig Lykaon zur Strafe in einen bösen Wolf. Zu mittelalterlicher Zeit verurteilte die katholische Inquisition Werwölfe wie Hexen zum Tode, sie standen mit dem Teufel im Bunde. Raub, Mord und sexuelle Übergriffe lasteten normale Bürger diesen Ketzern an. Folter brachte die Geständnisse. Schuld selbst hatten Inquisitoren keine, sie waren und blieben rein, schliefen beruhigt.

Nachts (insbesondere bei Vollmond) verwandeln sich Menschen (meist Männer) in ein Wesen, das seinen Instinkten lebt. In solchen Nächten ist der Werwolf bei sich selbst, kann tun, was ihm beliebt, muss Gewalt nicht unterdrücken, lebt sie aus. Der schreckliche Mr Hyde findet nicht wieder in den Körper des harmlosen Dr. Jekyll zurück. Ein ähnliches Schicksal erleidet der Werwolf, eines Tages ist es zu spät: Er bleibt auf immer der Böse, ein Wolf in menschlicher Gestalt: »Ach, das war des Pudels Kern!«

Auch Serienmördern wird die Rückkehr auf die Seite der Guten verwehrt. Selbst für geringere Delikte erfährt der Straftäter lebenslange Ächtung der Gemeinschaft. Psychologische Deutungen des Werwolfmotivs verweisen auf »das verdrängte Tier im Menschen«, die »Bestie unter der anständigen Fassade«. Und wirklich wissen viele Mörder nach außen den Anschein zu wahren, selbst wenn sie als Wolf schon leben. Der Mörder ist vom Mitmenschen nicht zu unterscheiden, den Untäter im Nebenmanne zu erkennen ist aussichtslos. Niemand konnte in Dr. Jekyll das Monster Mr Hyde vermuten. Der dunkle Drang kommt nur zum Durchbruch, der Wolf in ihm wird nur aktiv, wenn der Mörder als Mensch über sich die Kontrolle verliert.

Übereinstimmend berichten Serienmörder, dass sie gewillt waren, ihre perverse Lust zu unterdrücken. Bis zum Zeitpunkt, an dem der Damm, die Moral, die Regeln des Zusammenlebens von ihnen nicht mehr aufrechterhalten werden konnten. Jürgen Bartsch litt unter seinen Taten, es war ihm unmöglich, sich selbst zu stoppen. Jeffrey Dahmer mordete zehn Jahre keinen zweiten Mann, bis die Selbstverleugnung nicht mehr funktionierte. Der Wolf ist stärker. Letztendlich ist der Mensch machtlos.

Vornehmlich das Mittelalter berichtet vom Pakt der Wölfe. Und vor allen Gegenden scheint Frankreich nach verfügbaren Quellen die Heimat zahlreicher Werwölfe gewesen zu sein. Ganze Rudel zogen dort über Land. Sagen erzählen. Chroniken berichten. Akten belegen. Bis in die Gegenwart schaffen Franzosen werwölfischen Schauder: 2001 war der *Pakt der Wölfe* in Frankreich Kinohit. »Zu Beginn recht eng an die historischen Fakten angelehnt schuf Regisseur Christophe Gans eine fesselnde Interpretation des Mythos … Von 1764 bis 1767 tötete die ›Bestie von Gevaudan‹ über 120 Frauen und Kinder. Im Jahre 1766 schickt König Ludwig XV. den aufgeklärten Gregoire de Fronsac aus. Der tapfere Mann soll die mit tödlichen Stacheln ausgerüstete Kreatur finden. Mit seinem irokesischen Blutsbruder Mani macht sich Fronsac auf den Weg. Die beiden stellen schnell fest, dass kein Wolf am Werke ist …«

Laut Inquisition und geführten Strafprozessen versuchten Menschen bewusst, das Leben eines Monsters zu führen, viele nutzten dafür eine Salbe, die die Metamorphose herbeiführte. Sylvester Prierias gibt 1521 die Zusammensetzung solcher Salbe an: »Ein dicker Brei gekochter ungetaufter Kinder, Tollkirschenextrakt, Bilsenkraut, Zaunrübe und Eisenhut.« Gerichtsakten zeugen: 1598 wurde hinter einem Straßengebüsch in Caude bei Angers eine wilde, halbnackte Gestalt entdeckt. Blut um den Mund. Blut an den Händen. Unter den Nägeln Hautfetzen. Und neben dem Wesen die Leiche eines 15 Jahre alten Knaben. Am 8. August gestand Jaques Roulet, zum Zeitpunkt 35 Jahre, dass er von seinen Eltern eine Salbe erhalten habe, deren Zusammensetzung er nicht kenne.

»Richter: Und wenn du dich mit dieser Salbe einschmierst, wirst du zum Wolf?

Angeklagter: Nein, ich bin ein Wolf und ich habe dieses Kind getötet und gegessen.

Richter: Warst du wie ein Wolf gekleidet?

Angeklagter: Nein, ich war gekleidet wie jetzt. Meine Hände und mein Mund waren blutig, weil ich das Fleisch des Kindes gegessen hatte.

Richter: Deine Hände und Füße werden Klauen des Wolfes?

Angeklagter: Ja, werden sie.

Richter: Und dein Mund, dein Kopf? Wird er wie der eines Wolfes, das Maul größer?

Angeklagter: Ich weiß nicht, wie mein Kopf damals war. Ich benützte meine Zähne, aber mein Kopf war sicher wie heute. Ich habe viele andere Kinder getötet und gefressen.«

Äußerlich sah man Roulet den Werwolf nicht an, er aber wusste: Er gehört zur Spezies. Das Gericht zu Angers verhängte das Todesurteil. Das Parlament zu Paris verfügte jedoch, Jaques Roulet in eine Irrenanstalt einzuweisen.

Blaise Ferrage war Werwolf in den Pyrenäen. Klein von Wuchs, er maß 1,50 Meter, besaß er außerordentliche Körperkräfte und verfügte über eine unglaubliche Behendigkeit. Im Alter von 22 Jahren entsagte er der menschlichen Gesellschaft. Seine Raubzüge, Vergewaltigungen und Überfälle schufen Angst und Entsetzen. Gerüchte sprachen, er sei mit dem Teufel im Bunde, könne fliegen und fräße Menschen. Über 80 Opfer sagte man dem Monster nach. Ein Hinterhalt brachte Blaise Ferrage 1782 vor Gericht. Seine Hinrichtung erfolgte auf dem Rad. Der Mann inspirierte auch Marquis de Sade: »Ich bin, sagte er, 45 Jahre alt und so potent, dass ich niemals schlafen kann, ohne zehnmal entladen zu haben. Da wir gemeinsam vögeln werden, muss ich Euch auf die schrecklichen Symptome vorbereiten, die die Entladung hervorruft. Furchtbares Gebrüll geht von ihr aus und begleitet sie, und der Same spritzt bis zur Decke, oft 15 bis 20 Mal. Es ist richtig, dass die große Menge Menschenfleisch, von der ich mich nähre, viel zur Vermehrung und Stärkung meines Samens beiträgt. Wer immer dieses Nahrungsmittel versuchen wird, verdreifacht sicher seine wolllüstigen Fähigkeiten abgesehen von der Gesundheit, Frische und Stärke, die Menschenfleisch verleiht. Wer einmal hievon gekostet, mag kein anderes Fleisch mehr essen.«

Zwei Werwölfe zu Ende des 19. Jahrhunderts wurden durch die neue kriminalistische Wissenschaft zu internationalen Berühmtheiten. Cesare Lombroso, Professor in Turin, meinte herausgefunden zu haben, dass der geborene Verbrecher durch besondere, definierbare körperliche Merkmale erkennbar sei. Professor Lombroso nahm sich des italienischen Hirten Verzini an. Dieser hatte in den 1880er-Jahren Verhaltensformen, die er an dem ihm unterstellten Kleinvieh geübt hatte, nach erlangter Geschlechtsreife auf Mädchen und Frauen übertragen. Vier Maiden hatte er an einsamen Plätzen überfallen und vergewaltigt und geschlachtet wie Schafe. Von einer soll er sogar Stücke aus dem Oberschenkel geschnitten, nach Hause genommen und dort gebraten und gegessen haben.

Lombrosos französischer Schüler Alexandre Lacassagne, Professor in Lyon, untersuchte Joseph Vacher, der als echter Werwolf auch heute nicht nur lokale Berühmtheit besitzt, sondern durch eine Reihe von Monografien und den Film von Bertrand Tavernier *Le Juge et l'Assasin* unsterblich wurde.

1869 geboren, soll Vacher als Kind von einem wilden Hund gebissen und dadurch zum Werwolf geworden sein. Diese Begründung und Eigenrechtfertigung stellte sich jedoch nachträglich als Erfindung heraus. Vacher war Soldat und hatte es immerhin bis zum Sergeanten gebracht. Als ihn aber ein Mädchen abwies, versuchte er sich mit dem Dienstrevolver das Leben zu nehmen. Der Schuss ging fehl, hatte aber eine riesige Narbe im Gesicht, Verlust eines Auges und Lähmung der Gesichtsmuskel zur Folge. Von der Gesellschaft sah sich Joseph Vacher wegen dieser entstellenden Wunde ausgeschlossen und flüchtete in die Wälder Mittelfrankreichs. Dort lebte er ab 1894 tatsächlich wie ein streunender Wolf, nährte sich von Tieren und Früchten des Waldes und verdiente sich hin und wieder kleine Summen durch Akkordeonspiel bei ländlichen Festen. Auch seinen insgesamt elf Opfern näherte er sich wölfisch. An einsamen, abgelegenen Plätzen überfiel er junge Landbewohner, die dort beruflich als Hirten oder Hüter zu tun hatten. Vacher sprang die Mädchen und Burschen unversehens aus dem Hinterhalt an, würgte sie und biss oder schnitt ihnen die Kehle durch.

Wenn er nicht gestört wurde, schlitzte er ihnen danach den Bauch auf und vergewaltigte seine Opfer anal. Den Jungen biss er Penis und Hoden ab, den Mädchen die Brustwarzen. Besagte Körperteile wurden nie gefunden. Hatte der Wolf sie nur als Trophäe mitgenommen oder gefressen? Professor Lacassagne war sich später sicher. Er attestierte Joseph Vacher ein besonders kräftiges Gebiss und nannte ihn ausdrücklich einen »schrecklichen Kannibalen«.

Obwohl von dem Ungeheuer bald eine recht genaue Beschreibung existierte, konnte es drei Jahre lang, meist im Frühjahr und im Herbst zur Tag- und Nachtgleiche, sein Unwesen treiben und versetzte die Bevölkerung in Schrecken und abergläubisches Entsetzen. Erst einer beherzten, mutigen Frau, die Vacher beim Sammeln von Pinienzapfen von hinten anspringen wollte, gelang es, den Werwolf festzusetzen. Joseph Vacher wurde im Prozess für zurechnungsfähig erklärt und am 31. Dezember 1898 in Bourges guillotiniert. Sagenhaft hat er die Zeiten überdauert. Auch sein Gehirn; dies hatten Wissenschaftler zu Studienzwecken konserviert.

Der gute Onkel:

Joachim Kroll

Anders als ihre ländlichen Kollegen sind Werwölfe in städtischen Bereichen nicht notwendigerweise an ihrer äußerlichen Erscheinung erkennbar. Für sie gilt, wie für viele andre kannibalische Serienmörder, wenn sie nicht im Dienst sind, völlige Unauffälligkeit. Diese ermöglicht ihnen eine erfolgreiche und über lange Zeit ungestörte Tätigkeit, was für Peter Kürten in besonderem Maße galt, ebenso für Fritz Haarmann, für den gemütlichen Rhabarberzüchter Karl Denke, für den pünktlich Miete zahlenden Wursthändler Grossmann. Nicht einmal die Belästigungen, die ihre Tätigkeit notwendigerweise mit sich brachte – die schlechten Gerüche, die nächtlichen Hammer- oder Sägegeräusche, die für die Zubereitung notwendig waren, oder die Beseitigung der unverdaulichen Reste –, machten ihre Nachbarn aufmerksam. So unauffällig waren die Täter, dass vielfach Unschuldige für eine oder mehrere Unternehmungen büßen mussten. So bei Denke, bei Kürten, in besonders hohem Maß aber bei Joachim Kroll, dem in seinem Sinn wohl erfolgreichsten Kannibalen der deutschen Kriminalgeschichte.

Manuela Knodt: tot
In den 1960er-Jahren beunruhigte eine lange unaufgeklärte – und, wie es zunächst schien, auch unaufklärbare – Mordserie das Ruhrgebiet.
Am 17. August 1959 hatten Kinder beim Indianer-Spielen im Stadtwald von Essen-Bredeney die nackte Leiche der 16-jährigen Manuela Knodt gefunden. Das Mädchen war am 26. Juli von ihrer allein erziehenden Mutter abgängig gemeldet worden. Die Tote lag, nur oberflächlich hinter Büschen versteckt, auf einer Lichtung. Es hatte geregnet, die Kriminalpolizei konnte keine unmittelbaren Spuren mehr feststellen. Den Gerichtsmedizinern aber gelang trotz der bereits fortgeschrittenen Verwesung zumindest Art und Ursache des Todes festzustellen.

Manuela war erwürgt oder erdrosselt worden, der Schildknorpel gebrochen. Auch wenn an den Genitalien keine Kratz- oder Quetschwunden mehr festzustellen waren, musste die Tat als Lustmord bezeichnet werden. Am Gesicht, im Schamhaar und verteilt über den ganzen Körper konnten Spuren von Sperma nachgewiesen werden. Besonders merkwürdig und zunächst unerklärlich waren die großen Wunden an Hüfte und Gesäß. Sie sahen aus, als wären handtellergroße Stücke herausgeschnitten worden. Der Mord konnte vorerst nicht aufgeklärt werden.

Knapp drei Jahre später, am 24. April 1962, entdeckten Spaziergänger in einem kleinen Wäldchen bei Dinslaken-Brockhausen, nördlich von Duisburg, ein totes Mädchen. Die 13-jährige Petra Giese war mit ihrem eigenen Schal erdrosselt worden, ihr Körper war schrecklich verstümmelt: beide Gesäßbacken waren abgeschnitten, ebenso der linke Unterarm und die rechte Hand. Am Körper fanden sich zahlreiche Spermaspritzer.

Der nächste einschlägige Mord folgte in etwas mehr als einem Monat. Am 4. Juni 1962 verschwand die 13-jährige Monika Tafel in Walsum, 35 Kilometer von Düsseldorf entfernt, auf dem Weg in die Schule, zunächst spurlos. Die Eltern erstatteten Abgängigkeitsanzeige und die Polizei startete eine groß angelegte Suchaktion. Hubschrauberpiloten entdeckten am 11. Juni ihre Leiche in einem Buschwald außerhalb der Stadt. Monika Tafel war erwürgt worden, ihr Körper war auf ähnliche Weise verstümmelt worden wie der von Giese und Knodt: von Gesäß und Hüften waren große Fleischstücke herausgeschnitten worden. Wie in den beiden vorherigen Fällen konnten sie am Tatort nicht gefunden werden. Hatte der Täter sie mitgenommen?

Die Übereinstimmungen in allen drei Mordfällen musste die Polizei fast zwangsläufig zur Überzeugung führen, es mit einem Täter zu tun zu haben; er hatte sich auf einen Opfertyp spezialisiert, junge Mädchen, sie immer auf dieselbe Weise, durch Erdrosseln, getötet, abseits begangener Wege, und sie dann »äußerlich« vergewaltigt, über ihren Körpern onaniert und aus den Weichteilen, Hüften und Gesäß, große Fleischstücke geschnitten. Wozu?

Zwar hatte es zu jedem dieser Mordfälle Verdächtige gegeben, auch Verurteilte. Den Mord an Manuela Knodt hatte am 13. Februar 1960 der 24-jährige Horst Otto gestanden und sich selbst in Essen der Polizei gestellt. Obwohl er später sein Geständnis widerrief, wurde er im

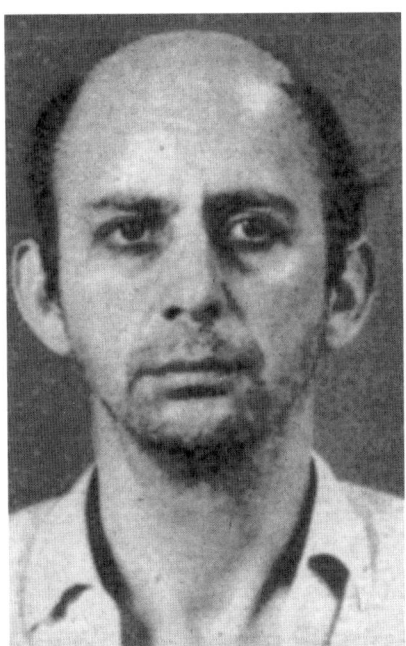

Joachim Kroll

März 1961 wegen Mordes zu acht Jahren Gefängnis verurteilt, am 28. November 1962 die Strafe auf fünf Jahre reduziert. Am 12. April 1965 wurde er entlassen.

Im Fall Petra Giese verhaftete die Polizei den wegen kleinerer Sexualstraftaten verurteilten und aktenkundigen Vinzenz Kuehn (52). Er wurde zu zwölf Jahren Haft und zu psychiatrischer Behandlung verurteilt, aber nach sechs Jahren auf freien Fuß gesetzt.

Tragisch endete die Verhaftung im Mordfall Tafel. Aufgrund von Zeugenaussagen nahm die Polizei den Pädophilen Walter Quicker fest, einen 34 Jahre alten Exlegionär. Zwar musste er wegen Mangels an Beweisen wieder freigelassen werden, aber seine Nachbarn setzten die Verfolgungen fort. Niemand sprach mehr mit ihm, man beobachtete auffällig alle seine Schritte, in den Geschäften wurde er nicht mehr bedient und seine Frau ließ sich von ihm scheiden. Quicker erhängte sich, dem Druck nicht mehr gewachsen, am 5. Oktober 1962.

14 Jahre Schonfrist

Die tatsächliche Aufklärung – und die einer Reihe weiterer Morde und Überfälle, die die Polizei bisher nicht mit den drei Mädchenmorden in Verbindung gebracht hatte, sollte erst 14 Jahre später möglich werden; durch direkten Augenschein musste die Polizei dabei auch erfahren, was der Täter mit den Fleischstücken, die er aus Hüften und Gesäß der Opfer schnitt, getan hatte.

Am 3. Juli 1976 spielte die vierjährige Marion Ketter nachmittags auf einem Spielplatz in Laar, einem Vorort von Duisburg. Es war ein sehr heißer Tag und Marion daher entsprechend leicht, nur mit einer Spielhose, bekleidet. Als sie nicht zur gewohnten Zeit nach Hause in die Friesenstraße 43 kam und auch nicht mehr am Spielplatz war, alarmierte ihre Mutter die Polizei, die sofort eine Suchaktion startete. Marion, hatten ihre Spielkameraden gesagt, wäre gerade mit einem älteren, mittelgroßen Herrn, mit schon etwas schütteren braunen Haaren, Hand in Hand weggegangen.

Im Haus Friesenstraße 11 sprach währenddessen ein Herr namens Otto Müller die Polizei an. Am Vormittag habe er die mit seinem Nachbarn gemeinsame Toilette benützen wollen, als dieser ihn davor warnte. Sie sei verstopft, es täte ihm Leid, sagte er, seine Schuld. Er habe sich ein Kaninchen geschlachtet und ohne zu überlegen die Eingeweide ins WC geschüttet. Die seien an der Verstopfung schuld. Mit diesem Nachbarn, einem Herrn Joachim Kroll, habe er ja sonst wenig Kontakt. Der sei recht scheu, etwas ungepflegt, aber sonst unauffällig und eigentlich immer freundlich. Er sei mittelgroß, etwas über 40 und hätte braune, schüttere, an der Stirn schon stark gelichtete Haare. Er arbeite bei der Hamborner August-Thyssen-Hütte als Waschraum-Wärter. Er hätte nur kurz aus seiner Wohnung geschaut, in der er offenbar gerade mit der Zubereitung seines Mittagessens beschäftigt war. Herr Müller überzeugte sich noch persönlich. Tatsächlich war die WC-Schüssel voll von blutigen, ekeligen Dingern.

Ein möglicher Zusammenhang der Misere Herrn Müllers mit dem Verschwinden der kleinen Manuela war zwar nicht unmittelbar evident, immerhin aber passte die Beschreibung, die Herr Müller von seinem Nachbarn gegeben hatte, gut auf den Mann, mit dem sie zum letzten Mal gesehen worden war. Dass der bei den Kindern der Umgebung besonders beliebt war, wusste die Polizei auch. Onkel Joachim, wie er genannt wurde, hatte immer Naschwerk bei sich, das er besonders gerne an kleine Mädchen verteilte. Wenn er sein geliebtes Moped im Hof reparierte, ließ er sein Kofferradio spielen, sodass alle die neuesten Schlager mithören konnten.

Die Kriminalbeamten fanden tatsächlich in der WC-Muschel die beschriebenen ekeligen Innereien, die Muschel wurde abmontiert. Sie enthielt eindeutig Eingeweide – Herz, Lunge, Leber und Nieren – Eingeweide eines kleinen Wesens, aber sicher zu groß für die eines Kaninchens.

Detektive klopften sofort an die Tür Herrn Krolls. Ein mittelgroßer, etwa 40-jähriger Mann öffnete und bat die Beamten bereitwillig herein. Am Herd kochte in einem großen Topf immer noch sein Mittagessen, aber als einer der Polizisten den Deckel hob, prallte er entsetzt und erschrocken zurück. In der Suppe schwammen nicht nur Möhren und Kartoffeln, sondern auch eine kleine Kinderhand.

Völlig ungerührt und wie selbstverständlich gestand der Koch seine Tat, wie wenn es tatsächlich nur um die Tötung eines Kaninchens gegangen wäre. Gestern hatte er die kleine Manuela vom Spielplatz auf sein Zimmer gelockt, sie könne Schokolade haben und dürfe mit seinen Puppen spielen. Als er aber versuchte, das Mädchen, angeregt durch seine leichte, sommerliche Kleidung, zu vergewaltigen, widersetzte sie sich. Er habe sie deswegen dabei am Hals gepackt und so lange zugedrückt, bis sie sich nicht mehr bewegte. Die Leiche nahm er dann und schnitt ihr mit einem Küchenmesser den Leib auf. »Ich wollte nur sehen, wie ein Mensch inwendig aussieht, und wissen, wie ein Mensch schmeckt.« Die Eingeweide, die er schon von vornherein als ungenießbar beurteilte, warf er ins WC, die es verstopften. Den Versuch, aus den Gliedern eine Suppe zu kochen, störte die Polizei. Sie hätte, sagte Kroll, ohnehin noch nicht geschmeckt, nachdem er Stücke aus dem Topf gefischt und mit einem Messer kleine Stücke zum Kosten abgeschnitten hatte. »Aber schaut nur in die Tiefkühltruhe«, fügte er freundlich an. Darin lag, säuberlich in Plastikbehälter und Frischhaltebeutel verpackt, ein größerer Vorrat von Fleischstücken. Wie die gerichtsmedizinische Analyse ergab, stammten sie nicht nur von Marion Ketter, sondern von mindestens drei weiteren Individuen weiblichen Geschlechts.

Freundliche Plaudereien
Kroll wurde abgeführt. Bei den Verhören in der Untersuchungshaft, die Kommissar Kalitschke und Staatsanwalt Sehmisch im Zehn-Minuten-

Takt führten – länger hätte es niemand aushalten können –, blieb Kroll ebenso freundlich und entgegenkommend und erzählte, wie wenn es sich um die selbstverständlichste Sache der Welt handelte, von seinen kannibalischen Vorlieben. Schuldgefühle deswegen schien er keine zu haben. Nach einer kleinen Operation, die ihm seine Lust auf Frauen nehmen sollte – die Diskussion um die Entmannung von Triebtätern ging damals gerade wieder durch die Presse –, würde man ihn ohnehin wieder entlassen, dachte er.

Zuerst zur Person: Am 17. April 1933 war Joachim Georg Kroll in Hindenburg in Oberschlesien nahe der polnischen Grenze geboren worden. Sein Vater kehrte aus russischer Kriegsgefangenschaft nicht mehr zurück. Seine Mutter floh 1945 zuerst nach Ostdeutschland, zwei Jahre später weiter in den Westen, nach Oesdorf.

Die Volksschule brachte er mühsam zu Ende und arbeitete dann als Knecht bei Bauern. Schlachtungen, bei denen er mithelfen musste, und Deckungsvorgänge großer Tiere, Rinder und Pferde, sollen ihn besonders fasziniert haben. Ein Arbeitskollege, als Zeuge vernommen, erzählte: »Ich schlief mit dem Jockel in einem Zimmer. Unsere Betten standen wenig auseinander. Der Jockel befriedigte sich jede Nacht. Ich konnte nie schlafen, weil er immer so wild rummachte. Ganz verrückt war er, wenn tagsüber Vieh gedeckt wurde.«

Zoophile Verhältnisse stellte Kroll für sich später entschieden in Abrede. Sein erster Versuch, mit einer Frau intim zu werden, war allerdings auch nicht gerade erfolgreich. Als er versuchte, eine hübsche Magd, mit der er Tür an Tür wohnte, in sein Zimmer zu ziehen, erhielt er eine herbe Abfuhr und eine gewaltige Ohrfeige.

All diese Jugenderlebnisse waren, so der vom Gericht bestellte forensische Psychiater Prof. Rüdiger Herren, sicher von prägendem Einfluss. Dazu kam eine abnorm starke Mutterbindung. Nach ihrem Tod am 21. Januar 1955 beging Kroll nur zwei Wochen später sein erstes Tötungsdelikt.

Am 8. Februar 1955 begegnete er an einer einsamen Straße nach Walstedde der 19 Jahre alten Irmgard Strehl. Das blonde Mädchen war von zu Hause ausgerissen und wollte per Anhalter weiter. Kroll lud sie zu einem Waldspaziergang ein. Als er sie aber etwa 120 Meter abseits der Straße küssen wollte, widersetzte sie sich. Darüber in Wut geraten stach er sie mit einem Messer in den Hals und versuchte sie zu vergewaltigen. Auch dies soll ihm, wie er später sagte, nicht gelungen sein. Darüber noch mehr in Wut geraten, schlitzte er seinem Opfer den Bauch auf. Dadurch erst kam es zur Erektion und er onanierte über die Tote. Eine auffallend große Menge von Sperma wurde über den ganzen Körper der Toten verteilt nachgewiesen. Irmgard Strehls Leiche wurde erst fünf Tage später gefunden, unter Sträuchern bei einer Scheune im Schnee. Alle Spuren waren verwischt, die Polizei vermutete, der Spermamenge wegen, mehrere Täter. Der Mord blieb ungeklärt.

Krolls Geständnisse kamen stockend, aber nicht, weil er nicht geständig oder der Polizei gegenüber nicht kooperativ sein wollte, sondern weil er sich über die lange Zeit hin nicht mehr genau erinnern konnte. Seine Opfer waren für ihn keine Individuen, keine Menschen mit besonderen Merkmalen gewesen. Um ihn bei Laune zu halten, bemühten sich die Beamten, ihn gut zu behandeln. Seine Leibspeise konnte ihm aus nahe liegenden Gründen zwar nicht geboten werden, aber man kochte Rübenkraut für ihn.

Ein Jahr nach dem Mord an Irmgard Strehl wird in Kirchellen, im unmittelbaren »Einzugsgebiet« Krolls, die Leiche der 12-jährigen Erika Schlüter gefunden. Das Mädchen war erwürgt und vergewaltigt worden, aber Kroll kann sich an die Tat nicht erinnern. Er wird deswegen auch nicht angeklagt, obwohl Tötungsart und Opfer seinen anderen Taten gleichen.

1957 zog Kroll nach Duisburg um, sein Jagdgebiet für die nächsten 20 Jahre. Er beginnt mit einer Reihe von Überfällen auf Frauen, von denen aber nur wenige aktenkundig werden. Er weiß von einer gewissen Erika, einer 23-jährigen Unterstandslosen, die er in einer Altstadtkneipe kennen gelernt hatte. Er lud sie am 23. März 1959 in der Moerser Straße in Rheinwiesen zu einem Spaziergang ein, schlug sie plötzlich mit den Fäusten und würgte sie, ließ aber von ihr ab, als sie das Bewusstsein verlor.

In derselben Straße beging Kroll am 16. Juni 1959 seinen nächsten Mord an der 24-jährigen Blondine Klara Frieda Tesmer. Er hatte sie bei einem Spaziergang am Arm genommen. Aber sie reagierte »schlecht«, so schlug er sie auf den Kopf. Beim Versuch, sie auszuziehen, rollten beide über die Straßenböschung. Dabei habe er sie erwürgt. Ihre Leiche wurde am nächsten Tag von fünf Buben, die eine Radtour machten, gefunden. Die Polizei verdächtigte ihren Begleiter Gunter K., mit dem sie zuletzt in zwei Duisburger Lokalen gesehen worden war. Er wurde verhaftet, hatte kein Alibi und musste deswegen bis April 1960 in Untersuchungshaft bleiben.

Krolls nächstes Opfer war am 26. Juli 1959 Manuela Knodt, die erste Tote, die die Polizei mit dem Düsseldorfer Serienmörder in Verbindung brachte. Sie war die Erste, die Spuren seiner kannibalistischen Gelüste aufwies. Kroll konnte sich nicht mehr genau erinnern, wann er Gefallen an Menschenfleisch gefunden hatte. Einmal, sagte er, hätte er vom Fleisch einer von ihm ermordeten Frau gekostet und es hätte ihm besonders gut geschmeckt. Von da an lauerte er, mit einer Ausnahme, nur mehr jungen Mädchen auf, die zartes Fleisch hatten. Am zartesten und wohlschmeckendsten sei das Fleisch im Gesäß und an den Hüften. Die Stücke nahm er mit sich nach Hause um sie zu verzehren. Den Körper ließ er liegen, nachdem er über der Leiche mehrmals masturbiert hatte. Bei der Durchsuchung seiner Wohnung hatte man, neben den humanoiden Nahrungsmitteln, auch eine reichlich gebrauchte und abgenützte aufblasbare Sexpuppe gefunden. Nicht immer war Kroll durch frisches Mädchenfleisch restlos befriedigt. Dann musste seine Puppe herhalten, wie er bereitwillig erzählte. Er würgte sie mit der linken, während er sich mit der rechten Hand selbst befriedigte.

An Barbara Bruder, sein nächstes Opfer, konnte sich Kroll wieder kaum mehr erinnern. Es musste 1962 gewesen sein, wusste er noch, auf einer Fahrt nach Buscheid. Er hatte sie erwürgt, aber ihre Leiche konnte nie gefunden werden, es gab nur eine Vermisstenanzeige. Er konnte daher auch wegen dieser Tat nicht angeklagt werden. Den Mord an Petra Giese vom 23. April 1962 und die eindeutigen Zeichen für Krolls fleischliche Vorlieben an ihrer Leiche kannte die Polizei, wie den Mord an Monika Tafel wenig mehr als einen Monat später.

Die nächste Tat hatte die Polizei allerdings nicht mit dem Ruhr-Jäger in Verbindung bringen können, zu unterschiedlich schien der Tathergang zu sein.

Am 22. August 1965 hatte der Appetit Kroll wieder mal ins Freie getrieben. Er strich in Grossenbaum herum und hoffte ein zartes Mädchen zu finden. Bei einem bekannten Treffpunkt motorisierter Liebespaare sah er einen VW-Käfer stehen. Durch die Scheiben beobachtete er das Pärchen Hermann Schmitz und Rita H. beim Liebesspiel. Rita gefiel ihm, wie er sagte, dazu aber musste Hermann Schmitz verschwinden. Kroll durchstach mit einem breiten Messer die Reifen des Autos. Wie beabsichtigt sprang Schmitz aus dem Wagen und wurde von Kroll sofort mit dem Messer niedergestochen.

Rita H. startete geistesgegenwärtig das Auto und fuhr direkt auf Kroll los, der sich nur durch einen Sprung zur Seite retten konnte. Mit lautem Hupen versuchte sie Hilfe herbeizurufen, aber umsonst: Ihr Verlobter starb in ihren Armen, Kroll war spurlos im Wald verschwunden. Das Mädchen konnte der Dunkelheit und ihres Schreckens wegen nur eine ungefähre Beschreibung des Attentäters geben: ein kleiner, mittelalterlicher, ungepflegt aussehender Mann. Trotz sofortiger Suchaktion und Überprüfung aller aktenkundig gewordener Voyeure konnte der Täter nicht gefunden werden.

Die nächsten drei Morde, die Kroll gestand, hatten ebenso wenig auf der Liste der Polizei gestanden:

Am Dienstag, dem 13. September 1966, war die 20 Jahre alte Ursula Rohling mit ihrem Freund in der Eisdiele im Marler Ortsteil Brassert gewesen und dann allein durch den Försterbusch-Park nach Hause gegangen. Zwei Tage später fand man ihre Leiche abseits der Wege, nackt von der Hüfte abwärts, die Beine weit gespreizt. Kroll sagte: »Ich sah diese Frau im Park. Sie war jung, mit kurz geschnittenen Haaren. Ich sprach sie an, fasste sie dann plötzlich mit meinem rechten Arm um den Hals, zog sie in die Büsche und warf sie zu Boden. Dann würgte ich sie, bis sie kein Lebenszeichen mehr gab, zog ihr ›die Büx‹, die Unterhose, aus, und habe es ihr besorgt. Dann ließ ich sie einfach liegen und fuhr mit dem Zug wieder nach Duisburg zurück. Zu Hause war ich immer noch so heiß, dass ich es mit der Puppe und meiner Hand einige Male tun musste.«

Den Befunden der Gerichtsmedizin entsprechend war ihm aber die Vergewaltigung nicht gelungen. Deshalb auch musste wieder ein Unschuldiger büßen. Die Polizei hatte von einem Streit Ursula Rohlings mit ihrem Verlobten Adolf Böhm gehört. Deswegen war sie auch allein nach Hause gegangen. Da es keine Anzeichen für eine gewaltige Nötigung gab, wohl aber Spermaspuren, nahmen die Kriminalisten ihn als Verdächtigen fest. Er wurde zwar mangels an Beweisen wenig später wieder freigelassen, blieb aber für die Öffentlichkeit der Täter und musste seinen Wohnort Marl verlassen. Am 4. Januar 1967 ertränkte er sich selbst im Main.

Am 22. Dezember 1966 sprach Kroll die nur fünf Jahre alte Ilona Harke in Essen an und entführte sie mit dem Zug nach Wuppertal, nahm dann den Bus und stieg mit dem Mädchen in einem Waldstück bei Remschied-Huckeswagen aus, würgte das Mädchen, vergewaltigte es auf seine gewohnte Weise und zog die noch Lebende 200 Meter weit

49

zum Feldbach, in dem er sie ertränkte. »Ich wollte sehen, wie jemand ertrinkt«, sagte Kroll dazu.

Am 12. Juli 1969 tötete er die 61-jährige Pensionistin Maria Hettgen, die schon von ihrem Lebensalter nicht in das Schema passte, bei einem Ausflug an den Baldeneysee in Essen-Werden, würgte und vergewaltigte sie. Warum er die Frau, die seinen selbst gestellten kulinarischen Ansprüchen nicht genügen konnte, und von der er auch kein Stück mit nach Hause nahm tötete, konnte Kroll nicht erklären. »Ich hatte plötzlich so ein merkwürdiges Kitzeln, als ich sie sah.«

Am 21. Mai 1970 wurde die 13-jährige Jutta Rahn sein nächstes Opfer, als sie von der Bahnstation zu ihrem Wohnort Essener Straße ging. Peter Schay, ihr Nachbar und Freund, wurde verhaftet und erst nach 15 Monaten wegen Mangels an Beweisen freigelassen. Wieder ein Unschuldiger. An Karin Töpfer, das zehnjährige Mädchen, das am 8. Mai 1976 in Dinslaken Voerde erdrosselt und vergewaltigt wurde, konnte sich Kroll nicht mehr erinnern. Er wurde auch deswegen nicht angeklagt.

Und erst nach seiner Verhaftung meldeten sich die Eltern der zehnjährigen Gabriele Puetmann bei der Polizei. Ihre Tochter war am 22. Juni 1967 bei Grafenwald, nördlich von Bottrop, wo Kroll damals lebte, von einem Mann, auf den Krolls Beschreibung passte, in die Wiese gelockt worden. Er wolle ihr was Schönes zeigen, hatte er gesagt. Das Schöne waren dann Bilder in einem Pornoheft. Als das Mädchen schrie und weglaufen wollte, würgte sie Kroll, musste aber, da gerade die Mittagssirenen der nahe gelegenen Kohlenzeche losgingen und Schichtwechsel war, wegen der vielen Passanten flüchten. Das anscheinend tote Mädchen ließ er liegen. Die Eltern meldeten den Vorfall aus unerklärlichen Gründen zunächst nicht.

Ein Vergessener

Georg Joachim Kroll, Onkel Joachim, war, was die Zahl seiner Opfer betrifft, sicher einer, wenn nicht der erfolgreichste Serienmörder der Nachkriegszeit in Deutschland. Anders als bei Peter Kürten oder Fritz Haarmann ist sein Name heute jedoch kaum mehr bekannt. In den Kommentaren zum Fall Armin M. wurde er nicht ein einziges Mal erwähnt.

Wie Kürten war es Kroll immer wieder gelungen, plötzlich und aus dem Verborgenen zuzuschlagen und keinerlei verwertbare Spuren für die Polizei zu hinterlassen. Dass seine Mordserie keine solche Panik erzeugte wie die Kürtens, lag allein an dem langen Zeitraum, über den die Morde verteilt waren. Wie bei Kürten gab es kein einheitliches Tat- und Opferbild, das die Zuordnung einzelner Bluttaten zu einem einzigen Serientäter ermöglicht hätte. Wie Kürten lebte Kroll nach außen hin völlig unauffällig als kleiner Angestellter, so unauffällig, dass eine Reihe anderer Personen für seine Taten büßen mussten, was die Arbeit der Polizei nicht gerade in vorteilhaftem Licht erscheinen ließ und zu heftiger Kritik an den groben Methoden und der mangelnden Koordination führte.

Anders als bei Peter Kürten war aber Kroll nicht der intelligente Serienkiller, der planend und überlegt seine Morde ausführt. Krolls Intelligenzquotient lag gerade bei 76 Punkten, damit nur knapp über der Grenze zur Schwachsinnigkeit. Als Flüchtlingskind hatte er nur fünf Jahre Volksschule besucht, konnte nur notdürftig lesen und schreiben, hatte keine Berufsausbildung und sich als Hilfsarbeiter in der Landwirtschaft durchschlagen müssen. Beim Schlachten habe er, sagte Kroll im Verhör, zum ersten Mal sexuelle Regungen verspürt. Er hatte sodomistische Akte versucht, aber beim Ausweiden der Tiere erst seinen ersten Orgasmus gehabt.

Dass seine Unternehmungen trotzdem so präzise geplant erschienen, dass er keinerlei Spuren hinterließ, obwohl er sich mit der Beseitigung seiner Opfer kaum Mühe machte, erklärte man mit der nach außen harmlos erscheinenden »Blödheit« in Kombination mit »tierischer Verschlagenheit«. Neben seinen tierischen Erfahrungen gab Kroll als Grund für seine Verbrechen an, es sei ihm seit jeher unmöglich gewesen, mit einer aktiven, bewussten Frau Geschlechtsverkehr zu haben. Ein Versuch, ein erster und einziger, sei unbefriedigend gewesen. Zu seinen kannibalistischen Taten sagte er nur, es habe ihm geschmeckt und das Fleisch junger Mädchen aus dem Gesäß und der Hüftgegend sei allem anderen vorzuziehen, nicht nur wegen der hohen Fleischpreise in der Bundesrepublik.

Am 5. Oktober 1979 begann die Verhandlung vor dem Landgericht Duisburg gegen Kroll wegen der bewiesenen acht vollendeten und einem versuchten Mord. Erst nach 142 Tagen konnte das Urteil gesprochen werden: Neunmal lebenslänglich. Am 1. Juli 1991 starb Kroll in der Strafvollzugsanstalt Rheinbach an einem Herzinfarkt.

Edward Kemper

Ein einfaches Kind war der kleine Edward Kemper III – man hielt in der Familie auf Tradition – sicher nicht. Sein allzu schnelles Wachstum und seine Übergröße stellten ihn weit über seine Altersgenossen und wiesen ihm eine Außenseiterrolle zu. Bei allen Ballspielen war er, wenn die Mannschaften aufgestellt wurden, als Letzter übrig und musste zugewiesen werden. Schon im Kindergarten blieb er von allen Unternehmungen seiner Kameraden ausgeschlossen. Besonders die Mädchen wollten nichts mit ihm zu tun haben.

In seiner Familie fand er keinen Rückhalt, keine ausgleichende emotionale Sicherheit. Die Eltern waren kurz nach seiner Geburt im Streit auseinander gegangen, die Mutter Clarnell Kemper vom sonnigen Kalifornien weit nach dem kalten Montana gezogen. Sie sah in ihrem Sohn, anders als in der jüngeren Tochter, nur ein ungefüges, monströses Anhängsel, das ihr Leben unnötig belastete. Den Achtjährigen verbannte sie völlig aus ihrer Umgebung. Sie warf ihn aus seinem Zimmer, er musste fortan im Keller übernachten. »Durch Strenge«, sagte sie später, »wollte ich ihm die fehlende väterliche Autorität ersetzen.« Mehrere Versuche des Knaben, von zu Hause auszureißen, blieben ohne Erfolg. Auch der ferne Vater wollte nichts mit ihm zu tun haben.

Geköpfte Katzen

Kein Wunder, dass sich Edward bald ausschließlich in sich selbst zurückzog, den Umgang mit den ablehnenden Gleichaltrigen mied und sich, genährt durch Fantasy- und Horrorfilme im Fernsehen, eine Fantasiewelt aufbaute, in der er sich mit unbeschränkter Macht ausstattete und so über alle Widersacher triumphieren konnte. Seine Schwester erzählte später von seltsamen Spielen, die sie mit ihm spielen musste. Besonders liebte er das »Hinrichtungsspiel«. Sie musste ihm die Augen mit einem weißen Tuch verbinden, dann ließ er sich eine Schlinge um den Hals legen und befahl ihr, kurz und heftig zuzuziehen, worauf er sich in einem imitierten Todeskampf am Boden wand. Vielleicht ein Symbol für seinen Wunsch, der Realität zu entfliehen.

Eines Tages fehlte ihre neue, geliebte Puppe. Sie fand sich Tage später verstümmelt wieder. Mit einem scharfen Messer waren ihr Kopf und Hände abgetrennt, den Kopf hatte Ed in seinem eigenen Spind versteckt – eine Vorgehensweise, die er später am lebenden Objekt wiederholen sollte.

Ein besonders ambivalentes Verhältnis hatte er naturgemäß zu seiner Mutter. Einerseits versuchte er immer wieder, doch noch ihre Zuneigung zu gewinnen. Aus Eifersucht attackierte er einen ihrer vielen Liebhaber, der sich seiner besonders annahm, hinterrücks mit einer Eisenstange. Andererseits hasste er sie immer mehr wegen ihrer Lieblosigkeit und der vielen Zurückweisungen. In der Nacht schlich er vor ihre Schlafzimmertür und stellte sich vor, wie er sie langsam und qualvoll aus Rache töten könnte.

Der Schuleintritt besserte seine Situation keineswegs. Als er sich unsterblich in eine seiner Lehrerinnen verliebt hatte, sagte seine Schwester scherzweise zu ihm: Da musst du sie küssen. Seine Antwort war: Dazu werde ich sie aber vorher töten müssen. Dass ihm Lebende Zuneigung entgegenbringen könnten, schien ihm offenbar unmöglich.

Zu der Lektüre von Fantasy- und Horrorromanen kamen als bevorzugter Lesestoff bald Waffenmagazine und einschlägige Fachbücher, mit deren Hilfe er sich eine kleine Sammlung anlegte. Schritt für Schritt setzten sich seine Fantasien jetzt in Wirklichkeit um. Zuerst mussten die Katzen der Nachbarschaft daran glauben. Auf rätselhafte Weise verschwanden die Stubentiger, Tage später fand man ihre Kadaver auf Abfallplätzen oder in Mülleimern. Jedes Mal war dem Tier der Kopf säuberlich abgeschnitten worden. Als aus Edwards Schrank zu Hause unangenehme Gerüche kamen, schaute die Mutter nach. Ed hatte die Katzenköpfe gesammelt und sie wie Jagdbeute jeden einzeln auf Holzstöcke gespießt. Als ihre eigene Katze dann drankam und kopflos und in Stücke geschnitten im Abfalleimer lag, war ihr klar: Ihr Sohn musste weg. Da sich der Vater weigerte, kam er, inzwischen 13 Jahre alt, zu den Großeltern mütterlicherseits auf eine einsam gelegene Farm im Norden Kaliforniens.

Der Landaufenthalt wirkte sich keineswegs positiv aus. Ed hatte seine Waffensammlung mitgenommen und seine Großmutter war eine ähnlich dominierende, kalte Frau wie ihre Tochter. Wieder musste er alle Zurückweisungen und Ablehnungen erfahren, die er von zu Hause kannte. Seine Hassgefühle der Mutter gegenüber übertrug er auf die Großmutter. Anders als in der Stadt war er ausschließlich auf den Umgang mit den beiden Alten in ihrer ländlichen Einsamkeit angewiesen, die Katastrophe damit vorprogrammiert. Am 27. August 1964 schoss er ohne Vorwarnung der Großmutter in den Hinterkopf, gab noch zwei Schüsse auf die Tote ab und stach dann wie in blinder Wut mit dem Messer auf sie ein. Den Großvater erschoss er, als er von der Garage ins Haus kam, bevor er noch die Leiche seiner Frau hatte sehen können. Dann rief er seine Mutter an, erzählte ihr, was er getan hatte, und wartete ruhig, auf der Türschwelle sitzend, auf das Eintreffen der Polizei.

Für seine Tat konnte er kein Motiv angeben. Er hätte nur wissen wollen, sagte er, wie das wäre, die Großmutter umzubringen. Die Jugendbehörde Kaliforniens übergab ihn, der mittlerweile über 2 Meter groß und über 120 Kilo schwer war, dem Atascando Maximal Security Mental Hospital, einer Anstalt für geistig abnorme Rechtsbrecher. Untersuchungen ergaben für ihn einen erstaunlich hohen Intelligenzquotienten, mit 136 knapp an der Geniegrenze, aber auch starke Aggressionstendenzen der Außenwelt, besonders seiner Mutter gegenüber. In der Anstalt benahm er sich weitgehend unauffällig, blieb aber zurückgezogen und schien in einer eigenen Fantasiewelt zu leben. Um ihre Inhalte kümmerte sich niemand – sie würden bald genug bekannt werden – und so wurde er nach fünf Jahren, als durchaus resozialisierbar, in die Aufsicht seiner Mutter übergeben. Diese hatte, mittlerweile nach Santa Cruz zurückgekehrt, eine Stelle in der Verwaltung der Universität angenommen, aber ihre Haltung gegenüber ihrem missratenen Sohn änderte sich nicht. Nach außen spielte sie zwar die fürsorgliche Mutter und erreichte, dass seine Vorstrafen annuliert wurden.

Der General

Zu Hause aber war Edward nach wie vor das unerwünschte, lästige Anhängsel. Er versuchte wieder, mit zahllosen Geschenken, die er von seinem kärglichen Lohn als Gelegenheitsarbeiter kaufte, ihre Zuneigung zu gewinnen, aber umsonst. Seine Hassfantasien verstärkten sich dadurch. Er begann wieder Waffen zu sammeln, Messer vor allem, zu denen er ein durchaus persönliches Verhältnis entwickelte. Ein besonders langes und scharfes Jagdmesser, sein Lieblingsmesser, nannte er

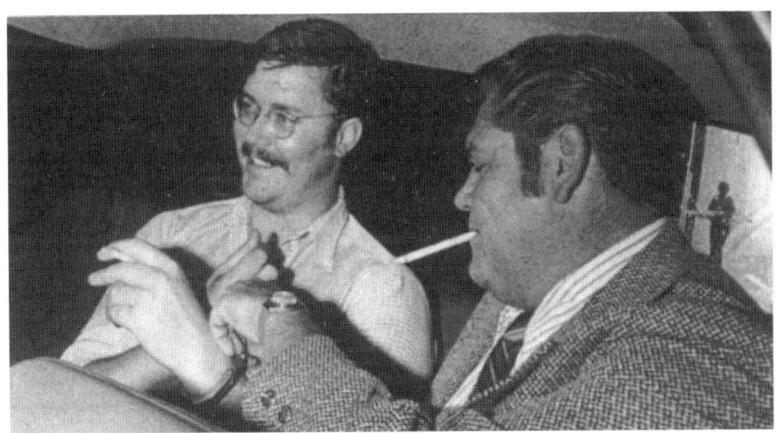

Edward Kemper (links)

den »General«. In der Anstalt hatte er keine Gelegenheit gehabt, sich mit dem anderen Geschlecht auseinander zu setzen. Jetzt, in Freiheit, musste er seine völlige Unfähigkeit, erotische oder sexuelle Beziehungen einzugehen, umso schmerzlicher erkennen. Am Arbeitsplatz seiner Mutter faszinierten ihn naturgemäß die vielen jungen und hübschen Mädchen der Universität und der Colleges, die Co-eds, nach denen er später seinen Beinamen als Serienkiller bekam.

Diesmal beschloss Kemper aber offensichtlich, seine Fantasiewelten, in denen inzwischen auch das Weibliche eine zentrale Rolle spielte, planmäßig in die Tat umzusetzen. Den Mädchen gegenüber legte er sich auf die Rolle des starken, gutmütigen und Vertrauen erweckenden Riesen fest. Sein Auto baute er so um, dass die Beifahrertüre von innen nicht geöffnet werden konnte, sodass der Mitfahrer, besser die Mitfahrerin, in einer perfekten Falle saß. Sorgfältig erkundete er alle kleinen Nebenstraßen und Fahrwege in den Bergen, die zu uneinsehbaren Plätzen führten. An die Windschutzscheibe seines Autos klebte er die Universitätsplakette seiner Mutter, um noch vertrauenswürdiger auf junge Anhalterinnen zu wirken. Über 200 Mädchen, sagte er, habe er so in sein Auto bekommen.

Die ersten beiden Opfer wurden am 7. Mai 1972 zwei Studentinnen des Fresno Colleges in Berkeley, Anita Luchese und Mary Ann Pesce. Kempers Plan, so gut angelegt, ging aber zuerst nicht auf, er sperrte sich selber aus dem Auto, wurde aber von der vertrauensseligen Mary Ann wieder eingelassen. Sie durfte auf dem Vordersitz bleiben, Anita musste hinten Platz nehmen. Mit beiden fuhr er auf eine vorher erkundete einsame Landstraße. Mary Ann fesselte er auf dem Vordersitz mit Handschellen und stülpte ihr eine Plastiktüte über den Kopf. Das jetzt verängstigte Mädchen versuchte mit ihm zu verhandeln, aber ohne Erfolg. Mit dem General stach er ihr mehrere Male in den Unterkörper und in den Rücken, bevor er ihr die Kehle aufschlitzte. Dann wandte er sich Anita zu, die alles vom Rücksitz aus hatte mit ansehen müssen, und tötete sie auf dieselbe Weise. Die beiden Leichen fuhr er nach Hause, köpfte sie und schnitt ihnen die Hände ab, ganz wie der Puppe seiner Schwester. Dann verübte er mit den kopf- und handlosen Körpern, die damit ihrer Individualität beraubt waren, Geschlechtsverkehr. Alles dokumentierte er mit einer Polaroid-Kamera. Die Torsi entsorgte er an unzugänglichen Stellen in den Santa-Cruz-Bergen, die Köpfe behielt er, wie die der Nachbarskatzen während seiner Schulzeit, als Trophäen im Schrank.

Vier Monate später, am 14. September, tötete er die 15-jährige Aiko Koo, die per Anhalter zu ihrer Ballettstunde wollte, ebenfalls mit dem General. Die nächsten drei Morde beging er in immer kürzeren Zeitabständen, je sicherer er sich vor Entdeckung fühlte und je dringender sein Bedürfnis nach Rache und sexueller Befriedigung wurde – ein für alle Serienkiller typisches Phänomen. Am 8. Januar 1973 tötete er eine 21-jährige Studentin, am 5. Februar fielen ihm zwei Anhalterinnen zum Opfer, die er auf dem Campus aufgelesen hatte.

»Modus Operandi«

Seine Methode blieb immer gleich. Der durch die Universitätsplakette legitimierte vertrauenswürdige Riese bot Mitfahrgelegenheiten an. Einmal eingestiegen, gab es für sein Opfer kein Entrinnen mehr. Er fesselte erst und erstach die Wehrlose dann mit dem General. Den Körper nahm er mit nach Hause, ins Haus seiner Mutter, schnitt der Leiche Kopf und Hände ab um sie zu entpersonalisieren, und hatte mit dem Torso dann Geschlechtsverkehr. Der Akt des Köpfens, sagte er, verschaffe ihm jedes Mal die erste, größte sexuelle Befriedigung. »Der Kopf ist, in dem alles ist, das Gehirn, die Augen, der Mund. Das ist die

Persönlichkeit. Schneidet man ihn ab, stirbt der Körper.« Die Köpfe behielt er so lange wie möglich, versuchte Oralverkehr mit ihnen. Den Kopf seines vierten Opfers vergrub er im Hof, das Gesicht in der Richtung seines Schlafzimmers, sodass er ihm immer zuschauen musste und er in der Nacht mit ihm Zwiesprache halten konnte.

Einmal überraschte ihn seine Mutter, als er gerade einen Torso im Wandschrank versteckte. Er holte auch seine Mutter mit einer Leiche im Kofferraum von ihrer Arbeitsstelle der Universität ab, was ihm besonderes Vergnügen bereitete. Die Verbindung zu seiner Mutter war ihm offenbar besonders wichtig. Tötete er die Mädchen und verstümmelte er sie stellvertretend für seine Mutter?

Die Torsi zerschnitt und zerhackte er mit einer Axt und versteckte sie in den Bergen. Von jeder Leiche aber hatte er kleine Stücke, bevorzugt aus dem Gesäß, den Oberschenkeln und den Hüften geschnitten und aß sie roh. So konnte er sie sich einverleiben, sagte er.

Natürlich war das Verschwinden der Mädchen nicht unbemerkt geblieben. Passanten fanden Leichenteile, die aber kaum einer der Vermissten zugesprochen werden konnten. Zu gering waren die Reste, persönliche Merkmale fehlten. Der Polizei war klar, dass sie einem besonders aggressiven, aber auch besonders »geordneten«, überlegt handelnden Serienkiller gegenüberstand. Es gab keine Spuren, nur seine Vorliebe für Co-eds war bekannt. Kemper selbst wäre gerne Polizist geworden, aber wieder verhinderte seine Körpergröße den Zugang zur Gemeinschaft. Immerhin hatte er sich mit Hilfe seiner Waffenkenntnisse mit einigen Mitgliedern der örtlichen Polizei angefreundet, er besuchte gerne die Bars und Lokale der Stadt, die auch von ihnen bevorzugt wurden, und ließ sich dort ausführlich von der vergeblichen Jagd nach dem Serienkiller und den Maßnahmen erzählen, die man zum Schutz der Mädchen angeordnet hatte, um sich danach entsprechend zu richten. Seine Intelligenz war ihm dabei sicher nicht hinderlich. Schließlich war es auch er selbst und nicht die Polizei, der zu seiner Verhaftung führte.

Endlich: die Mutter

Am Pfingstsonntag, dem 21. April 1973, konnte Ed Kemper dann endlich vollbringen, worauf er schon so lange hingearbeitet hatte und wozu die Mädchenmorde eigentlich nur Vorübung gewesen waren. »Es ist keine leichte Sache, das auf sich zu nehmen und dann auch zu tun«, sagte er, »aber ich war darauf fixiert, denn es war so viel damit verbunden.« Um 5 Uhr früh betrat er das Zimmer seiner noch schlafenden Mutter, in der einen Hand einen Hammer, in der anderen den General. Diesmal würde er sich nicht mehr nur, wie in seiner Kinderzeit, auf die Vorstellung beschränken. Mit wuchtigen Schlägen zertrümmerte er seiner Mutter den Kopf, immer und immer wieder, dann drehte er den Körper der Toten um, hob das Kinn an und schnitt ihr die Gurgel durch. Dann trennte er den Kopf völlig vom Rumpf und löste mit dem General den Kehlkopf heraus. »Das schien passend, weil sie damit die ganze Zeit an mir herumgeschimpft und geschrien, geflucht und mich niedergemacht hat.«

Den abgetrennten Kehlkopf warf er in den Müllschlucker. Als er aber die Maschine einschaltete, funktionierte sie nicht. Das Stück Mutter flog wieder heraus. »Auch als Tote noch geht sie auf mich los«, war sein Kommentar, »ich konnte sie einfach nicht dazu bringen, ruhig zu sein.« Den Kopf der Mutter stellte er auf eine Hutschachtel und warf mit Dartpfeilen nach ihm. Dann vergewaltigte er den Torso und versteckte die Überreste in einer Kammer.

Anschließend setzte er sich ins Auto und fuhr ziellos, noch immer nicht befriedigt, in der Gegend herum. Zufällig traf er einen Bekannten, der ihm noch 10 Dollar schuldete. Dass er sie ihm bar zurückgab, rettete ihm das Leben. Wieder nach Hause zurückgekehrt rief er eine Freundin seiner Mutter, Sarah Hallett, an und lud sie zum Essen.

Frau Hallett kam einigermaßen außer Atem und ließ sich erschöpft auf die Couch fallen. »Ich setz mich gleich«, sagte sie, »ich bin fast schon tot.« Kemper, durchaus mit Sinn für Beziehungen, nahm sie, wie er sagte, beim Wort. Er erwürgte und köpfte sie und vergewaltigte den Körper. Die Nacht schlief er mit den beiden Toten im Bett seiner Mutter und verließ am nächsten Morgen Santa Cruz im Auto von Sarah Hallett, das er später abstellte und gegen einen Mietwagen tauschte.

Im Haus hatte er eine etwas konfuse Nachricht hinterlassen: »Fünf Uhr fünfzehn, Sonntag früh. Nicht mehr notwendig für sie, unter den Händen des mordenden Fleischhauers zu leiden. Es ging schnell, sie schlief, so wie ich es wollte. Nicht nachlässig oder unvollständig, meine Herren. Nur die Zeit gefehlt. Ich muss noch Dinge erledigen.«

Mit dem Mietauto fuhr er ohne Aufenthalt nach Pueblo in Colorado, hörte Radio und erwartete in den Nachrichten die Ankündigung einer nationenweiten Jagd auf den Co-ed-Killer. Nichts kam. In Pueblo kaufte er eine Tageszeitung, wieder in der Erwartung, entsprechende

Schlagzeilen zu lesen, aber wieder nichts. Als seine Enttäuschung darüber zu groß geworden war, rief er nach drei Tagen die Polizei in Santa Cruz an, aber dort glaubte man ihm zuerst nicht. Erst nach drei Wiederholungen wurden seine Selbstbezichtigungen hinsichtlich Mutter-, Freundin- und Co-ed-Morden dann doch ernst genommen. Ruhig erwartete er seine Verhaftung vor der Telefonzelle.

Er gestand sofort. Hinsichtlich seines Kannibalismus sagte er, er habe von zwei Opfern Fleischstücke, vor allem aus den Schenkeln, geschnitten und sie zuerst eingefroren. Nach ein paar Tagen erst taute er sie auf, wenn der erste Rausch, die erste Befriedigung nach der Tat verklungen war, schnitt die Stücke klein und verkochte sie. Später bereitete er sie auch als »Schmorpfanne« zu. »Ich wollte sie zu Teilen von mir machen, dadurch, dass ich sie aufesse – und so sind sie es jetzt auch geworden.« Seine Mutter hätte er nur ermordet, um ihr die Schande zu ersparen, Mutter des Co-ed-Killers zu sein.

Angeklagt wegen achtfachen Mordes erwies sich Kemper, seinem Intelligenzquotienten entsprechend, als geschickter und eloquenter Verteidiger seiner selbst. Er behauptete, eine Art Jekyll-and-Hyde-Persönlichkeit zu sein, aber die Psychiater erklärten ihn für voll schuldfähig. Er würde jederzeit wieder töten, bekäme er die Gelegenheit dazu. Vehement verlangte er die Todesstrafe für sich, wurde aber von den Geschworenen zu lebenslangem Aufenthalt in einer gesicherten Anstalt verurteilt.

»Ein eigenartiger Geschmack«

Aus Interviews mit mehr als 300 amerikanischen Serienmördern schloss der Psychiater Dr. Joel Norris, dass mindestens jeder Dritte von ihnen auch kannibalistische Experimente an seinen Opfern versucht hat; als Höhepunkt und Krönung der sadistischen Rituale von Folterung und Erniedrigung der Opfer.

Donald Gaskin, der »wahrscheinlich fürchterlichste Serienmörder aller Zeiten«, hatte in seiner Biografie einiges mit Ed Kemper gemeinsam: die frühe Außenseiterrolle, die problematische Beziehung zu seiner ihn zurückweisenden Mutter und die dadurch entstandene Überzeugung, Frauen mit Gewalt »kriegen« zu können. Wie Ed Kemper spezialisierte er sich auf Anhalterinnen, die er langsam und nach einem ebenso raffinierten wie grausamen Folterprogramm, von ihm als »Spiel« bezeichnet, tötete. Bei einem dieser »Unternehmen«, dem »Plumbum-Spiel«, wo er heißes Blei auf den nackten Körper seines Opfers goss, wäre ihm, so erzählte Gaskin seinem Biografen, die Idee gekommen, auch vom Menschenfleisch zu kosten. »Gekocht hatte es einen eigenartigen Geschmack, aber wirklich gut. Vielleicht war es auch eher die Vorstellung als der tatsächliche Geschmack. Jedenfalls hat es mir so geschmeckt, dass ich es von da an immer wieder tun musste.«

Ted Bundy, der hübsche und erfolgreiche Jurastudent, der zwischen 1974 und 1978 mindestens 28, wahrscheinlich aber über 40 Collegestudentinnen ermordet hat, bezeichnet sich selbst als »Vampir«. Einigen seiner Opfer waren Brustwarzen oder Schamlippen abgebissen.

Gary Heindick besserte das Menü der in seinem Kellerabteil gefangenen farbigen Prostituierten zusätzlich zur normalen Kost aus Hundefutter mit dem Fleisch ihrer Vorgängerinnen auf. Bei seiner Verhaftung am 25. Mai 1987 fand die Polizei noch einen Frauenarm im Kühlschrank. Wieweit er mitgegessen hatte, blieb unbekannt. Nachbarn hatten nur gesehen, dass Heindick seine Hunde ab und an mit menschlichen Gliedmaßen fütterte. Das allerdings erzählten sie erst nach der Verhaftung des Mörders den Ermittlern.

Jack the Ripper hat einem seiner berühmten Briefe Teile einer Niere beigelegt und behauptete, deren Rest gegessen zu haben. Die Niere war tatsächlich menschlichen Ursprungs und stark alkoholgeschädigt. Da dem dritten Opfer des Rippers, Elisabeth Stride, jenes Organ fehlte, könnte seine Behauptung durchaus den Tatsachen entsprechen.

Oft jedoch sind besonders krasse Geständnisse, die sich retrospektiv nicht mehr nachweisen lassen, auf die allen Kriminalisten hinlänglich bekannte Renommiersucht pathologischer Täter zurückzuführen, die sich nach einem sonst bedeutungslosen Leben plötzlich im Mittelpunkt öffentlichen Interesses sehen. Natürlich gibt es auch Versuche, durch Vorgabe kannibalischer Gelüste auf Unzurechnungsfähigkeit plädieren zu können und damit der Todesstrafe zu entgehen. John Haigh, der am 10. August 1949 für den Mord an Mrs Durand-Deacon gehenkt wurde, hatte als Motiv für seine Morde – er gestand derer neun, drei davon sicherlich fälschlich – seinen unstillbaren Blutdurst angegeben. Mit einem Strohhalm habe er es aus der Halsschlagader seiner Opfer gesogen. Die Geschichte wurde ihm nicht geglaubt. Berühmtheit hatte Haigh auf einem anderen Gebiet erlangt: Die Körper seiner Opfer beseitigte er in Säurefässern. Wenn auch nicht restlos erfolgreich.

Der Genosse Massenmörder:

Andrej Tschikatilo

Alexander Fadejews Epos über den Widerstand der sowjetischen Partisanen gegen die Truppen des Hitlerfaschismus, *Die junge Garde*, war und blieb Lieblingslektüre des Andrej Romanowitsch Tschikatilo. Zum sozialistischen Helden hat er es trotzdem niemals gebracht. Aber immerhin war er ein guter Genosse. In der Armee, bei der Arbeit, im privaten Leben. Für Kommunismus und Partei, gegen Feinde und bürgerliche Elemente hat Andrej Tschikatilo mit Worten gekämpft. Offiziell in der Lokalzeitung, inoffiziell für den KGB. Für Gerechtigkeit stand Andrej Tschikatilo. Mit Briefen und Beschwerden nervte er Behörden und die Parteioligarchie. Vor allem als geschmierte Beamte vor dem Fenster des Sohnes den Neubau einer Garage genehmigten, kannte seine Wut kaum Grenzen.

Andrej Tschikatilo hatte den Ruf eines komischen Kauzes. Bei Vorgesetzten und Kollegen. Bei Bekannten. Auch seine Gattin und die Kinder kannten nur die öffentliche Seite des Andrej Tschikatilo. Noch während des Prozesses gegen den Vater nahm die Familie einen anderen Namen an, zog fort vom Ort des grausigen Geschehens, wo sie jeder kannte. Denn Andrej Tschikatilo führte noch ein zweites, ein geheimes Leben. Ein Leben nur für sich und seine Opfer. Für sexuelle Übergriffe und für 53-fachen Mord verurteilte die Justiz in Rostow am Don Tschikatilo zum Tode. Jedes andere Strafmaß wäre unerwartet gewesen. Hinterbliebene und Bevölkerung hatten bereits versucht, ihn zu lynchen. Ein sozialistischer Held ist Andrej Tschikatilo niemals geworden und doch werden Geschichtsbücher seinen Namen vermerken, werden die sozialistischen Staaten der ehemaligen Sowjetunion den Namen niemals vergessen: Andrej Tschikatilo war ihr brutalster Massenmörder.

Ein Kind im Krieg

Jablonjewka ist ein Dorf in der Ukraine. Am 20. Oktober 1936 wird vor Ort Andrej Romanowitsch Tschikatilo geboren. In jenen Jahren sind die schlimmsten Auswirkungen der Stalinschen Zwangskollektivierung überstanden. Sie brachten Hunger, brachten Tod. Andrej ist fünf, als deutsche Wehrmacht übers Land rollt, Spuren des Krieges hinterlässt. Er sieht die Leichen und die Leichenteile wirklich. Der Junge träumt von Partisanenkampf und Anerkennung. Seine Sehschwäche gesteht Andrej niemandem ein. Er kann die Aufgaben an der Schultafel nicht lesen, trotzdem beschreiben ihn die Lehrer: aufgeweckt und intelligent. Vater Roman Tschikatilo zieht in den Krieg. Die Mutter ist strenggläubig und erzählt Geschichten. In einer wird das Verschwinden von Andrejs Cousin erklärt: In den Hungerjahren hat man ihn verspeist. Noch mit zwölf nässt der Junge ins Bett.

Das Jura-Studium in Moskau verwehrt man Andrej Tschikatilo aus politischen Gründen. Der Vater war aus deutscher Kriegsgefangenschaft heimgekehrt, als Vaterlandsverräter büßte er dafür im Straflager Stalins. Der Makel »Sohn eines Volksfeindes« gräbt sich Andrej tief ins Bewusstsein. Er wird dem Staate, dem Kommunismus alles geben. Mangels Möglichkeiten wird Andrej Fernmeldetechniker. In der Provinz bewährt sich der Komsomolze nach dem Studium. Anerkannt ist »Andrej silo«, geachtet, nur Mädchen bereiten ihm Probleme. Sie »versetzten ihn buchstäblich in Schrecken. Im Alter von 15 und 16, als andere Jungen ihre ersten, vorsichtig tastenden Beziehungen mit dem schönen Geschlecht eingingen, stieg dem ängstlichen Tschikatilo bereits die Schamröte ins Gesicht, wenn er sich im Klassenzimmer neben ein weibliches Wesen setzen musste. Er stand lieber auf und suchte sich einen anderen Platz. Die Ungezwungenheit, mit der die anderen Jungs die Arme um die Mädchen legten, stimmte ihn eifersüchtig, brachte ihn aber auch gegen seine Geschlechtsgenossen auf. Er fand ihre plumpe und bereitwillige Vertraulichkeit beschämend.« Sein Verhältnis zum weiblichen Geschlecht bessert sich nicht, im Gegenteil: Bei den ersten Versuchen intimer Zweisamkeit scheitert der junge Mann kläglich. Niemals erlebt Andrej Tschikatilo sexuelle Erfüllung auf gefühlvollem Wege. Mitteilen kann er seine Impotenz keinem, denn Sexualität ist im prüden sozialistischen System nicht das Thema, worüber man spricht. Vertraute besitzt Tschikatilo ohnehin keine. Er bleibt zeitlebens isoliert.

Die glückliche Familie

Die Zeremonie auf dem Standesamt 1963 ist schlicht. »Wir waren nie wirklich ineinander verliebt, nicht einmal bei unserer Hochzeit. Seine Schwester hat uns einander vorgestellt und ich habe ihn nur geheiratet, weil er schüchtern und bescheiden war. Er hat weder geraucht noch getrunken.« Das Problem des Gatten offenbarte sich Faina Tschikatilo noch in der Hochzeitsnacht und sie erkannte, »dass seine Verlegenheit dauerhafter Natur war. Er erwies sich sogar als unfähig, überhaupt eine Erektion zu bekommen. Faina benötigte eine Woche, bis sie ihn überreden konnte, es noch einmal zu versuchen, und es bedurfte all ihrer Freundlichkeit und Geduld, bis es ihnen schließlich gelang, Geschlechtsverkehr zu haben. Zuerst hatte sie sein Verhalten als Schüchternheit oder Zurückhaltung ausgelegt, doch es war mehr als Lampenfieber.« Dennoch: Zwei Kinder werden dem Paar geboren. 1965: Ljudmilla. 1969: Juri. Die Fassade ist perfekt. Die Tschikatilos gelten als glückliche Familie. Zumal Vater Andrej nochmals studiert und einen Abschluss als Lehrer für russische Sprache und Literatur erwirbt.

Als Pädagoge ist Andrej Tschikatilo ungeeignet. Schüler machen ihm den Unterricht zur Hölle. Und der Lehrer kann erstmals seine Neigungen nicht mehr unterdrücken. Es kommt zu sexuellen Übergriffen sowohl in der Verwandtschaft wie in der Schule. Das Direktorium legt dem Sünder nah zu kündigen. Trotz mehrfacher Anzeige, die Kaderakten vermerken diese Belästigungen Minderjähriger niemals. Andrej Tschikatilo bleibt unauffällig.

Wenn schon nicht bei Gattin Faina, der Mann muss seine Leidenschaften befriedigen. Selbst mit dem Bewusstsein letztendlichen Versagens. Andrej Tschikatilo mietet ohne jemandes Wissen ein Häuschen im übel beleumundeten Viertel der Stadt Schachty. Mittlerweile arbeitet er dort als Erzieher im 24-Stunden-Dienst. Die freien Tage bieten ihm Gelegenheit, Kontakte zu knüpfen. Er sucht Anschluss bei den Ausgestoßenen, den Trinkern, den Prostituierten. Für Essen und einen Schluck waren viele Frauen bereit, seinen auch abartigen Wünschen zu entsprechen. »Das größte Vergnügen jedoch bereiteten ihm kleine Mädchen. Er verspürte das überwältigende Bedürfnis, sie zu beherrschen; am meisten aber erregte ihn die Gegenwehr und der schlussendliche Sieg. In gewisser Weise war es mit den Frauen zu einfach. Sie würden alles tun und ihm gleichzeitig doch niemals das Gefühl geben, Gewalt über sie zu haben.«

Am Abend des 22. Dezember 1978 begegnete Andrej Tschikatilo der neunjährigen Lena Sakotnowa. Das Mädchen hatte zu diesem seriösen Mann Vertrauen und er war Lena Rettung in Not, als er ihr die Toilette in seinem nahe gelegenen Häuschen anbot. Kaum eingetreten, fiel Tschikatilo über das Mädchen her, riss ihr die Unterwäsche vom Leib, rieb sich, aber Befriedigung konnte er nicht erlangen. Als das Blut der Entjungferung floss, hatte Andrej Tschikatilo den Orgasmus seines Lebens. Lena Sakotnowa wehrte sich. Vehement. Schrie. Eine Hand auf ihrem Mund, suchte die andere das Klappmesser in der Aktentasche. »Der Gedanke, sich zurückzuhalten, war schnell vergessen. Denn es war nicht das Blut allein, das ihn erregte, sondern auch das Stechen und der Schmerz, den er ihr zufügte. Der letzte Rest von Kontrolle, über den er vielleicht noch verfügt haben mochte, war verflogen. Und das galt auch für die Frustration und die Impotenz. Er berichtete später, dass er gespürt habe, wie die Ketten, die ihn gefesselt hielten, von ihm abfielen. Als er die Klinge wieder und wieder in sie hineinstieß, verlor er sich in der Lust, ihren Körper mit seinen Händen zu berühren, auch wenn das bedeuten sollte, sie auseinander zu reißen. Dann schloss er seine Hände um ihre dünne Kehle und fing an, sie zusammenzudrücken.«

Andrej Tschikatilo entsorgte die Leiche Lena Sakotnowas im nahen Flüsschen Gruschenka, er trug sie sichtbar. Ihn gesehen hatte niemand. Doch vergaß der Täter das Licht in seinem Hause zu löschen. Und Blut war in den Schnee auf der Straße getropft. Im Zuge der Ermittlungen verhört die Polizei auch Andrej Tschikatilo als potenziellen Zeugen im Mordfall Sakotnowa. Er weiß von nichts. Die Gattin gibt ihm das Alibi. Auch die Ermittler haben eine heißere Spur: Der 25-jährige Krawtschenko wohnt ein paar Häuser weiter. Alexander Krawtschenko ist wegen ähnlich gelagerten Mordes vorbestraft. Alexander Krawtschenko gesteht unter Prügel und Haft, wird zum Tode verurteilt. Er widerruft. 1984 wird das Urteil vollstreckt. 1992 erfährt Krawtschenkos Mutter vom Tod des Sohnes und vom Fehlurteil. Sie bricht zusammen.

Kaderakte bleibt sauber

Auch im Polytechnikum No. 33 in Schachty, der neuen Arbeitsstelle, belästigt Andrej Tschikatilo Schutzbefohlene. Im Schlafsaal schleicht er an die Betten der Jungen und spielt mit deren Geschlechtsorganen. Die Übergriffe werden offenbar, dem Erzieher wird ein erneuter Wechsel der Arbeitsstätte nahegelegt. Auch diesmal erfolgt weder Anzeige noch ein Eintrag in die Kaderakte. Andrej Tschikatilo nimmt eine Stelle in Rostow am Don an. Zwei Stunden Arbeitsweg im Zug und das zweimal täglich. Verständlich, dass er nicht jede Nacht daheim erscheint, sondern im Büro nächtigt. Und sein Posten in der Versorgungsabteilung lässt freie Arbeitszeiten zu. Andrej Tschikatilo fährt über Land, nach Moskau und Taschkent, Leningrad, Saporoshje (auch in diesen Städten hat er gemordet), um benötigtes Material außerhalb staatlicher Planungen zu besorgen. Die Voraussetzungen sind geschaffen. Andrej Tschikatilo beginnt seine Neigungen auszuleben.

3. September 1981: Larissa Tkatschenko zählte mehr als 30 Jahre weniger als Andrej Tschikatilo und wusste, worauf der Spaziergang im Erholungspark hinauslaufen würde: Sex. Abseits des Weges fiel Tschikatilo über sie her. Wehren half nichts. »Um ihre Schreie zu ersticken, stopfte er ihr Erde in den Mund. Dann schlug er zu, betäubte sie für kurze Zeit durch die Schläge auf den Kopf und legte die schweren, kraftvollen Hände um ihren Hals. Jetzt verlor sie langsam die Besinnung und ihr Leben erstickte unter seinem Griff. Aber mit jedem Schlag geriet er in größere Raserei, jeder gequälte Schrei erregte ihn noch mehr. Jetzt wollte er nicht mehr aufhören, er konnte es nicht mehr. Und so trieb er diese Orgie der Gewalt zu einem furchtbaren und unvermeidlichen Ende, indem er über ihr ejakulierte, während sie sterbend unter ihm lag. Als er eine Brustwarze von ihrem leblosen Körper abbiss, ergriff die Bestie in Tschikatilo vollständig von ihm Besitz.« Der Mörder gerät nicht in Panik. »Von der eigenen Grausamkeit und dem Frieden und der Stille des Waldes angeregt begann er sich vorzustellen, wie er in die Haut eines Partisanenhelden aus *Molodaja Gwardija* und den anderen Büchern schlüpfte, die seiner Jugend Farbe verliehen hatten. Er ergriff die Kleider des toten Mädchens und fing an, schneller und schneller um die Leiche herumzuspringen, wobei er in jubelndes Triumphgeheul ausbrach. Er fühlte sich trunken, überwältigt von dem Gefühl, alle Fehler und Ungerechtigkeiten, die er in seinem Leben erlitten hatte, zu rächen. Ihm war, als würde er hoch über dem Boden schweben.« Wieder bei Verstand bedeckte Tschikatilo die Leiche notdürftig mit Zweigen und entfernte sich vom Ort des Verbrechens.

Das Muster seiner Taten liegt fest: Auf Bahnhöfen, an Bushaltestellen, in Vorortzügen und Wartesälen geht Andrej Tschikatilo auf die Suche. Er spricht junge Frauen, Mädchen, Jungen an, ihn zu begleiten. Seine Versprechungen sind nicht groß: ein Essen, ein Wodka, ein Spielzeug.

Zu 70 Prozent sind es Menschen vom »Bodensatz« der sozialistischen Gesellschaft, Prostituierte, Trinker, Ausreißer, die mit ihm gehen. An einsamen S-Bahn-Stationen, in Wäldchen, in Parks, abseits der Straßen wird der nette Mann Tier und kennt kein Erbarmen. Es stimuliert ihn sexuell, die Opfer leiden zu sehen. Andrej Tschikatilo setzt seine Schläge, seine Stiche so, dass sie die Qual verlängern. Der Todeskampf treibt ihn zum Höhepunkt. Sein Sperma fällt auf die Körper. Danach sein Veitstanz. Nackt. Wenn möglich nochmal Erfüllung und Orgasmus. Nach der Raserei werden die Leichen unter Bäume und Büsche gezogen, lax abgedeckt. Dem Täter ist egal, wann und ob man sie findet. Er hat sein Vergnügen gehabt. Er geht.

Andrej Tschikatilo mordet ohne erkennbares Schema, das den Serientäter erkennen ließe. Die Opfer sind männlich und noch keine zehn Jahre, die Opfer sind weiblich vom Kind bis zur reifen Frau. Ältere fallen aus seinem Raster und Männer. Bei ihnen müsste er mit Gegenwehr rechnen, auf Kämpfe lässt sich der Endvierziger nicht ein. Von vornherein nicht. Er braucht Menschen wehrlos und vertrauensvoll. Immer wieder findet der seriöse Herr mit Aktentasche Menschen, die sich mit ihm auf den Weg begeben. Für Tschikatilo ist Geschlechtsverkehr ohne Qual und Tod nicht möglich. Sex ist Mord und Mord ist Sex. Manchmal tötet er zweimal die Woche. Die Opferzahlen steigen. Man zählt sie im Dutzend und im Nachhinein. Erst nach langen Tagen kommen die Ermittler zum Schluss, dass zumindest in einigen Fällen ein Täter anzunehmen ist.

Andrej Tschikatilo ist nicht im Visier. Zwar gilt er den Kollegen als Sonderling, kaum ins Gespräch kommen sie mit ihm und immer diese Aktentasche. Doch heimliche Kontrollen zeigen deren Inhalt harmlos: ein frisches Hemd, ein Handtuch. Man weiß, dass Herr Tschikatilo einen langen Arbeitsweg hat und manchmal im Büro auch schläft. Februar 1984: Linoleum verschwindet rollenweise aus dem Lager, für das Tschikatilo Verantwortung trägt. Der Außenseiter wird Sündenbock, er sieht sich nach einer neuen Arbeitsstelle um. Zeit genug, um Befriedigung zu finden. In diesem Jahre erreicht Tschikatilos Mordserie ihren quantitativen Höhepunkt: 15 Menschen fallen ihm zum Opfer. Und seine Brutalität nimmt zu, die Qual der Sterbenden wird unvorstellbar. Nase und Oberlippen werden abgeschnitten. Finger. Augen sticht Andrej Tschikatilo aus. Brustwarzen, Hoden beißt er ab. Bei lebendigem Leibe.

Nicht immer bleibt Andrej Tschikatilo unbemerkt. An einem Tatort wird ein Schuhabdruck von ihm sichergestellt. Mehrere Zeugen sehen, wie ein seriöser Herr kleine Jungen, Frauen anspricht. Die Beschreibungen der Zeugen werden protokolliert. Sie stimmen überein. Auch ein Profiler-Porträt ist erschreckend genau: »Alter zwischen 25 und 55, große Statur, gut ausgebildeter Körper. Schuhgröße mindestens 43. Trägt eine dunkle Brille und ist gut gekleidet. Führt einen Diplomatenkoffer oder Aktentasche bei sich, in denen er scharfe Messer aufbewahrt. Leidet an einer Geisteskrankheit, die sich in sexuellen Perversionen (zwanghafte Onanie, Pädophilie, Nekrophilie, Homosexualität und Sadismus) äußert. Möglicherweise leidet er an Impotenz. Offensichtlich verfügt er über gewisse Kenntnisse der menschlichen Anatomie. Bevorzugte Plätze, an denen er mit seinen Opfern Kontakt aufnimmt: Nahverkehrszüge, Bahnhöfe oder Bushaltestellen. Sehr geschickt in der Ausführung seiner kriminellen Handlungen. Sein Beruf erlaubt es ihm, sich im Bereich der Städte Rostow, Schachty, Novoschachtinsk und Kalomenolomni frei zu bewegen.«

Verhaftungen werden vorgenommen. Entflohene aus psychiatrischen Anstalten gestehen Morde. Mehrmals. Die Polizei glaubt sich am Ziel. Doch noch während die Geständigen in Haft sind, setzt sich die Mordserie fort. Eindeutig die Indizien, trotz aller Geständnisse: Die Beschuldigten können die Mörder nicht sein. Es kommt zu keinen Fehlurteilen wie bei Alexander Krawtschenko. Das ist Zufall. Die sowjetischen Ermittlungsorgane stehen unter Druck. Zum einen hat man an höchster Stelle von den Wahnsinnstaten vernommen, verlangt Resultate und entsendet die fähigsten Mitarbeiter nach Rostow. Zum anderen kursieren nur Gerüchte. Die sozialistische Presse schweigt. Das System verlangt Erfolge an allen Fronten, nicht nur in Klassenkampf und Produktion. Erfolge überall und immer bestätigen sich die Gesellschaftsoberen wieder und wieder. Wahrheiten, die dem Idealbild widersprechen, vermelden weder Zeitung noch TV. Auch von Verbrechen wird kaum berichtet. Sie sind dem Kommunismus wesensfremd. Perversionen aller Art, sie gibt es nicht, weil es sie nicht geben darf. Punkt.

Und trotzdem: Andrej Tschikatilo wird am 13. September 1984 verhaftet. Ein Milizionär beobachtete den Mann Stunde um Stunde. Wie er Jungen ansprach. Frauen. Dann handelte Inspektor Alexander Sanasowski: Andrej Tschikatilo wird in Haft behalten. »In einem seltenen Augenblick bei dieser Ermittlung schien das Glück einmal auf Seiten der Miliz zu stehen. Unter den Informationen, die bei Routineuntersuchung ... eingezogen worden waren, befand sich auch die Akte über das seit Februar desselben Jahres schwebende Verfahren wegen Diebstahls von Linoleum. Normalerweise hätte eine solche Bagatelle dem Angeklagten nur eine Geldbuße oder Ermahnung eingebracht. Diesmal verfuhr man anders. So gering die Beschuldigung auch war, gab sie doch der Miliz die gesuchte Rechtfertigung, um Tschikatilo nach der gesetzlich festgelegten Frist von zehn Tagen in Haft zu behalten. Das verschaffte den Beamten Zeit für weitere Ermittlungen. Sie hofften so genügend Beweismaterial gegen Tschikatilo zu sammeln, um ihn wegen der Mordfälle festzunageln.« Doch Beweise konnte keiner finden. Andrej Tschikatilo fiel gänzlich aus dem Kreis der Verdächtigen. Das an Leichen gesicherte Sperma war Blutgruppe AB. Tschikatilos Blut wurde mit Gruppe A analysiert. Er konnte nicht der Sexualstraftäter sein. Ausgeschlossen. Das Gericht verurteilte ihn wegen Diebstahl von Volkseigentum. Die Strafe hatte Andrej Tschikatilo schon abgesessen. 31 Morde hatte er bis dahin begangen.

1 Jahr Enthaltsamkeit

Andrej Tschikatilo lebt enthaltsam, verzichtet auf Mord. Fast ein Jahr. Am 1. August 1985 tötet er in Moskau in der Nähe des Flughafens Domodedowo die 18-jährige Gelegenheitsprostituierte Natalja Pochlistowa. Die Ermittler erkennen: Dies ist die Tat des »Rostow-Rippers«. Alle Flugzeugpassagiere werden überprüft. Sämtliche Hotelgäste. Allein die Tickets Rostow – Moskau waren ausverkauft gewesen, weshalb Tschikatilo mit dem Zug gefahren war, und sein Betrieb hatte in der sowjetischen Hauptstadt Gästezimmer gemietet. Die Recherchen konnten keinen Erfolg zeigen. Doch auch jede falsche Spur wurde sorgfältig dokumentiert. In Handarbeit auf Karteikarten, in Heftern. Computer erhielt die Polizeiabteilung erst zu Beginn der 90er-Jahre. Ins Raster dieser Fahndung gerieten: »5845 vorbestrafte Männer, 10 000 potenziell gefährliche Geisteskranke, 419 Homosexuelle und 163 000 Autofahrer. Am Ende waren ungefähr eine halbe Million Menschen überprüft worden, eine fantastisch hohe Zahl, die ungefähr 10 Prozent der Bevölkerung der gesamten Rostower Region entsprach. Im Zuge dieser Ermittlungen konnten 1062 Verbrechen aufgeklärt werden, einschließlich 95 Mordfälle, 245 Vergewaltigungen und 140 Fälle schwerer Körperverletzung.« Zur Anzeige kamen auch mehr als

100 homosexuelle Handlungen, in der Sowjetunion zu der Zeit unter Strafe. Makel dieser Sisyphos-Arbeit: Der Mörder wird nicht überführt. Er setzt die Serie fort. Gnadenlos.

Der Charakter der Verstümmelungen allerdings änderte sich. »Was das Töten betraf, wurde Tschikatilo immer geschickter. Nach wie vor galt sein besonderes Interesse bestimmten Körperteilen: Zungenspitzen, Brustwarzen und Genitalien. Während er in den ersten Jahren noch riesige Fleischstücke abschnitt, wurde er in den späten 80er-Jahren immer präziser. Seinem eigenen, späteren Geständnis zufolge gelang es ihm immer besser, den Blutspritzern beim Zustechen und Schlitzen auszuweichen. Er entwickelte sich von einem wahnsinnigen Metzger zu einem kühl berechnenden Chirurgen. Natürlich linderte diese Entwicklung nicht den Schrecken, dem er seine Opfer aussetzte. In manchen Fällen verübte er an ihnen eine Form grausigster ›Chirurgie‹ bei lebendigem Leib. In anderen Fällen geschah es erst nach dem Tode oder sogar Stunden später – ein Indiz, das den Ermittlungsbeamten eine weitere Information über den Mann lieferte, den sie suchten; nämlich die Tatsache, dass er oft nach der Tat noch am Ort des Verbrechens verweilte. Alles war Teil eines Rituals, das er bei jedem Mord in fast religiöser Weise ausführte. Nicht allein das Leiden und Töten bereitete ihm Freude, sondern auch das, was er hinterher mit den Leichen tat. Allein schon der Vorgang, den Opfern die Kleider vom Leib zu reißen und sie von einem Ort zum anderen zu schleppen, schien ihm Vergnügen zu bereiten.«

Die Vielzahl der Opfer folgte keinem erkennbaren Merkmal. Jeffrey Dahmer suchte die schönsten Männer, die er für sich besitzen wollte. Edward Theodore Gein tötete in älteren Damen seine Mutter. Andrej Tschikatilos Morde aber tragen das Attribut »meist«. Meist tötete er in einsamen Wäldchen, aber auch zehn Meter neben der Straße oder in einer Wohnung. Die Opfer waren meist allein, bis auf Tanja Petrosjan: Sie kam mit Tochter, die als wissende Zeugin starb. Meist waren es Menschen, die aus der Sowjetgesellschaft schon gefallen waren, die Tschikatilo ansprach. Die Toten waren zu Beginn der Serie meist weiblich, um die 20. Später waren's eher Jungen, um die zehn. Keine Theorie konnte diese Verschiedenheiten fassen. Noch heute diskutieren Wissenschaftler.

Nur eins war sicher: Der Mörder wurde brutaler, brutaler und steigerte seine Brutalität immer noch einmal. »Die Todeskämpfe seiner Opfer müssen unvorstellbar gewesen sein. Viele waren buchstäblich am Schock gestorben, als der wahnsinnige Chirurg seine Einschnitte machte. Das Abschneiden und sogar Kauen der Genitalien der Getöteten wurde ebenfalls zu einem festen Bestandteil von Tschikatilos schrecklichem Ritual. Die meisten Körper seiner Opfer, besonders der späteren, wiesen entsprechende Merkmale auf. Im Gegensatz zu einem Kannibalen aß er weder Menschenfleisch, noch hatte er vorher geplant, so etwas zu tun. Vielmehr war es eine spontane Handlung auf dem Höhepunkt seines Wahnsinns, eine schreckenerregende Pervertierung der unschuldigen Bisse eines normalen Liebesspiels. Unbewusst wollte er seine Opfer dafür bestrafen, dass sie sexuell normal waren, während er schon immer schwach und impotent gewesen war. Seinerzeit mag er vielleicht in dem Glauben gehandelt haben, durch seine Taten etwas von jener sexuellen Energie erlangen zu können, die er so heiß ersehnte. War das Opfer ein Junge, biss Tschikatilo ihm die Hoden und den Hodensack ab und warf sie dann sofort weg. Seine größte Leidenschaft galt der Gebärmutter und im Laufe der Zeit wurde er immer geschickter darin, sie aus den getöteten Frauen herauszuschneiden. ›Ich wollte sie nicht so sehr zerbeißen als vielmehr darauf herumkauen‹, gab er später zu. ›Sie waren so schön und elastisch.‹«

Sperma der Blutgruppe AB

Das Ende des Massenmordes kam unspektakulär. Der junge Polizeiposten Igor Rybakow hatte an der S-Bahn-Haltestelle Donleschos nahe des vorletzten Tatortes Tschikatilos Personalien aufgenommen. Er war ihm verdächtig erschienen: Der Mann hatte sich die Hände gewaschen und einen Blutfleck an seiner Wange. Tschikatilo, Andrej, war der Name, der bereits 1978 und 1984 in den Akten des Rostow-Rippers verzeichnet worden war. Der 55-Jährige war der Untaten dringend verdächtig und stand ab sofort unter Beobachtung. Am 20. September 1990 15.40 Uhr wird Andrej Tschikatilo in einem Café festgenommen. Er leistet keinen Widerstand.

Nur hatte der Verdächtige Blutgruppe A. Die an den Tatorten gefundene war AB. Bislang der Beweis, der Tschikatilos Täterschaft eindeutig ausschloss. Erst 1988 stellten japanische Untersuchungen fest, dass sich die Blutgruppen von Sperma und Blut desselben Mannes unterscheiden können. Die Möglichkeit beträgt mindestens 1 : 500 000. Der Mörder entging einer früheren Verhaftung nur durch diesen unwahrscheinlichen Zufall.

Andrej Tschikatilo gestand. Gestand die Morde in allen ihren Grausamkeiten. Zu den Lokalterminen war die Bevölkerung bereit, die Bestie zu lynchen. Die Gerichtsverhandlung fand unter hohen Sicherheitsvorkehrungen statt. Tschikatilo folgte dem Verlauf in einem Käfig. Haare kurz geschoren, mutierte das Aussehen des Großvaters zum Monster. Tschikatilo verstärkte diesen Eindruck noch, indem er Irrsinn spielte, Richter und die Verwandten der Opfer provozierte, Schuld an seinen Taten dem unmenschlichen Sowjetsystem gab. Genosse wollte er nicht mehr sein, man hatte ihn kaputt gespielt, versuchte er sich zu entlasten. Andrej Tschikatilo gab Publikum und Presse die Bestie, die sie sehen mochten. Mehrmals wurde der Angeklagte des Saales verwiesen. Bei der Verkündung des Todesurteils sang Tschikatilo die Internationale.

»Das Recht, wie Glut im Kraterherde,
nun mit Macht zum Durchbruch dringt.«

Die Hinrichtung des Mörders erfolgte am 15. Februar 1994. Das Todesurteil wurde durch Schuss hinter dem rechten Ohr vollstreckt.

Nachspiel

Das Inkognito der Familie des Mörders wurde auch in der Ukraine nicht gewahrt. Sohn Juri Tschikatilo stand 1997 in Rostow u. a. wegen Vergewaltigung, Erpressung und Urkundenfälschung vor Gericht und wurde zu einer Freiheitsstrafe verurteilt. Zeugen fühlten sich allein vom Namen eingeschüchtert. Juri Tschikatilo bestritt die Vorwürfe. »Ich bin aus der Ukraine hierher gekommen, um die russische Staatsbürgerschaft zu erlangen. Ich wollte nach Moskau fahren und um politisches Asyl bitten. Weil ich mit meiner Familie so nicht weiterleben kann, verstehen sie? Meine Frau wird angegriffen, man macht ihr Vorwürfe. Und das wird auch meinem Sohn, der jetzt erst 2 ½ ist, passieren.«

Einverleiber und Bewahrer

»Es liegt tief in der Natur des Menschen,
dass er alles essen will, was er liebt.«
Friedrich Schlegel, *Lucinde*

Gründe für den Verzehr von Menschen gibt es viele: Neugier. Hunger. Lust. Sigmund Freud fand die Ursachen des psychologisch-sexuell motivierten Kannibalismus in der kulturell bedingten Anthropophagie der Naturvölker. Die Kannibalenstämme glauben, verzehren sie den tapferen Feind, werden sie selbst tapfer in Denken und Gebaren. »Es sei Fleisch von meinem Fleische. Es sei Blut von meinem Blute.« Auch die katholische Religion bewahrt, indem sie isst und trinkt.

Freud unterstellt kannibalischen Taten auch ein Eins-Werden-Wollen mit dem Objekt der Begierde. Die Angst, das Geliebte zu verlieren, zwingt zum Handeln, dann zum Essen. Der Mörder lebt ein Leben lang mit seinem Opfer. Niemand und nichts vermag sie beide nunmehr zu trennen.

Kannibalisches Vorgehen muss keineswegs im Fleischverzehr enden. Ersatz- und Unterformen existieren. Dem Dermatophagen genügt Haut. Spermatophagen verzehren das Ejakulat, verleiben sich damit den Partner ein. Der Vampir trinkt Blut. Andere erzielen Befriedigung durch Urin oder Kot. »Wenn das Fleisch den Kot macht, so ist es auch richtig, zu sagen, dass der Kot das Fleisch macht. Wird denn nicht auf den feinsten Tafeln der Kot als Ragout aufgetragen? Die Blutwürste, die Fleischwürste, die Bratwürste, was sind sie anderes als Ragout in Kotsäcken?« Diesen Zusammenhang erkannte Charlotte Elisabeth von Bayern 1652.

Einigen genügt die bloße Vorstellungskraft. »Während der Selbstbefriedigung kommen mir solche Fantasien. Es ist mir dabei gleichgültig, ob ich in Gedanken Männer, Frauen oder Kinder vor mir habe. Der gewisse Unterschied zwischen Frauen und Männern macht meiner Meinung nach nicht viel aus. Ich sehe währenddessen auch keine bekannten Leute vor mir, sondern gesichtslose Personen in unbestimmten Positionen. Unterschiede zwischen Kindern oder Erwachsenen mache ich auch nicht. Kinder, ob Mädchen oder Knaben, kommen genauso dran wie Erwachsene. Das Alter der Kinder spielt keine Rolle, es können auch Babys bzw. Säuglinge sein, egal welchen Monats. Hinterher kommen sie ohnehin alle in die Bratpfanne. Bevor ich die Kinder brate, nehme ich sie aus. Hinterher kommen sie an einem Stück in die Bratpfanne. Ich gehe davon aus, dass es noch kleine Kinder sind, für welche ich nur eine kleine Pfanne benötige. Ich esse das menschliche Fleisch, umsonst kommen ja die Personen nicht in die Bratpfanne. Bei Erwachsenen verwende ich nur deren Zunge und die Geschlechtsteile zum Braten, die restlichen Körperteile kommen weg. Es kommt mir nämlich vor, als seien Zunge und Geschlechtsteile unter anderem das zarteste Fleisch. Von den Frauen nehme ich nur die Scheide, von innen verwende ich nichts.« Bei wenigen bleibt es nicht bei der Fantasie, sie leben diese aus. Müssen sie ausleben. Trophäen zeugen von ihrem Triumph, den Partner und sich selbst besiegt zu haben.

Jeffrey Dahmer stellte Teile seiner Opfer auf seinen »Schrein des Todes«. Im Grunde wollte er die schönsten Männer, die er gesucht und gefunden hatte, nie wieder verlieren. Sie hätten ihm als lebender Zombie genügt. Joyce Carol Oates macht Dahmers Zwiespalt in ihrem Roman deutlich. Dahmer versucht eigenhändig, in die Gehirnsubstanz operativ einzugreifen, um die Opfer in den Zustand seines Willens zu bringen: »*Bunnygloves*, von dem ich mir so viel erhofft hatte, weil er der Erste war, krümmte & wand sich wie ein Verrückter, als ich ihm den Eispicker in dem auf der Zeichnung angegebenen Winkel durch die ›Knochenwölbung‹ über dem Augapfel stieß (oder was es war, jedenfalls hörte man Knochen splittern) & brüllte durch den Schwamm durch, den ich ihm in den Mund gestopft & festgebunden hatte. Er sprengte doch tatsächlich den Packdraht, mit dem ich ihm die Knöchel gefesselt hatte, aber er kam nicht wieder zu sich, zwölf Minuten später war er tot, während ich ihm kaltes Wasser übers Gesicht laufen ließ, um das Blut abzuwaschen & ihn wiederzubeleben. Mein erster *Zombie* total in den Sand gesetzt. *Raisineyes* lebte noch sieben Stunden in der Badewanne, manchmal war er fast wieder bei Bewusstsein, er schnarchte oder atmete rasselnd, sodass ich dachte: *Es wird! Es wird! Mein Zombie …* *Big Guy* war am vielversprechendsten, denn inzwischen konnte ich es schon ziemlich gut mit dem Eispicker, Übung macht den Meister. … Aber *Big Guy* war genauso enttäuschend wie die anderen, er kam nach der Operation nicht wieder zu sich & atmete wie *Raisineyes* so zittrig und schnarchend von ganz unten rauf, nachdem ich den Schwamm rausgenommen hatte, weil ich dachte, er erstickt mir sonst.«

Jeffrey Dahmers Operationen schlugen alle fehl. Und freiwillig wären die Burschen nicht bei ihm geblieben. Jeffrey hatte berechtigte Angst, sie nach dieser einen Nacht zu verlieren. Deshalb handelte er. Deshalb handelte er sofort. Erfolgreich in den Tod. Jeffrey blieb Sieger. Auf ewig. Und von beinahe all seinen Schönen bewahrte er Teile: Kopf, Knochen, den Penis. Einiges blieb ihm im Magen.

Selten der Fall, dass ein Mensch einverleibt werden möchte. Armin

Meiwes fand Jürgen Brandes, der sich von ihm fressen ließ. Bücher der Gerichtspsychiatrie beschreiben andere Verspeisungswillige. »Ich entwickelte meine sexuellen Fantasien in dem Sinne weiter, dass ich mir vorstellte, wie ein junges Mädchen mit ihrem nackten After auf meinem Gesicht sitzt, damit meine Nase und meinen Mund verstopft, und ich daran ersticke. Anschließend sollte mich das Mädchen zerstückeln, meine Organe und mein Fleisch durch einen Fleischwolf drehen, meine Knochen bis zur Auflösung kochen und aus dem gehackten Fleisch Frikadellen oder Ähnliches mit Gewürzen und anderen Zutaten zubereiten. Danach sollte mich die ganze Familie des Mädchens essen. Diese Fantasien waren mit hoher sexueller Erregung und anschließender Selbstbefriedigung verbunden. Natürlich wusste ich, dass auch dies meine letzte sexuelle Erregung sein würde, falls die Fantasien Realität würden, aber sie war die angestrebte und sehnsüchtig erwartete Krönung und Vollendung meiner sexuellen Erlebnisse.«

Gebissen und geschabt:

Fritz Haarmann

Zuerst einer, dann zwei, dann drei; beim dritten menschlichen Schädel, den Passanten aus der Leine gefischt hatten – sie floss damals noch un-überbaut durch Hannover –, wurde die Polizei dann doch aufmerksam. Zuvor hatte sie sich wenig interessiert gezeigt. Es schwamm ja jede Menge Unrat im Fluss herum, Umweltbewusstsein war noch nicht be-kannt und in der Hungerzeit nach dem Ersten Weltkrieg, unter der die Stadt besonders zu leiden hatte, gab es andere, wesentlichere Sorgen. Vielleicht war ein Friedhof unterschwemmt worden, man hatte von Friedhofschändungen in der Nähe gehört, vielleicht hatten Studenten in Göttingen ihr Lehrmaterial entsorgt. Schlimmstenfalls stammten sie von Leichen von Selbstmördern – Wasserleichen zerteilen sich, wenn sie lange genug im Wasser liegen – und Selbstmorde gab es in diesen schlechten Zeiten leider Gottes auch mehr als üblich. Außerdem waren die Fundstücke bei drei verschiedenen Dienststellen abgegeben worden, die untereinander wenig Verbindung hielten.

Am Freitag nach Pfingsten, am 13. Juni 1924, blätterte der Kriminal-inspektor Hermann Lange noch kurz vor dem Wochenende die gerade eingegangenen Berichte durch. Lange war aus dem französisch besetz-ten Ruhrgebiet nach Hannover abkommandiert worden und vertrat Kriminaldirektor Eggert während des Urlaubs.

Unter den üblich vielen Meldungen über kleinere Eigentumsdelikte fiel ihm die Nachricht vom Schädelfund an der »Wasserkunst« beim Schloss doch auf. Er fragte nach und musste hören, dass vergangene Woche bereits zwei derartige Relikte geborgen worden waren. Ebenfalls aus dem Fluss. Lange entschloss sich, die Funde ernster zu nehmen. Freilich wusste er nicht, dass er damit die Untersuchungen in einem der größten und sensationellsten Mordfälle der deutschen Kriminalge-schichte begann, als deren einziger Held er schließlich dastehen würde.

Er ließ den zuständigen Gerichtsarzt Dr. Alexander Schackwitz kommen und beauftragte ihn mit der anthropologischen Untersuchung der drei Schädel. Schackwitz zog einen erfahrenen Kollegen von der Universität Göttingen bei. Ihr Befund nach dem Wochenende war klar und eindeutig: Es handelte sich nicht um alte Schädel von Friedhöfen, nicht um anatomische Präparate und auch nicht um Reste von Wasserleichen. Alle drei hatten identische Merkmale: Sie hatten jungen Männern gehört, zwischen 11 und 21 Jahre alt, und alle drei waren gewaltsam von ihren Körpern getrennt worden. Lange sah sich plötzlich mit vier Morden konfrontiert, da am Montag ein weiterer, vierter Schädel angespült worden war.

»Opfer homosexueller Ausschweifungen«

Der Kriminaldirektor wusste, dass es sich bei den vier Toten nicht um Opfer einer Raubmordserie handeln konnte, denn junge Männer dieses Alters besaßen zumindest damals kaum Raubenswertes. Die Opfer waren zerstückelt worden, möglicherweise von einem Lustmörder, sicher aber, um ihre Identifizierung so schwer wie möglich zu machen. Keiner der jungen Männer hatte eine Zahnbehandlung gehabt, aufgrund derer sich seine Person leicht hätte feststellen lassen. Lange kam daher, wie er 30 Jahre später in seinen Erinnerungen schreibt, schnell zum Schluss, es könne sich nur um »Opfer homosexueller Ausschweifungen« handeln. In der Kartei des Sittlichkeitsdezernats waren für die Stadt 30 Personen mit derartigen, damals strafbaren Neigungen verzeichnet. Es genügte aber, sich von vornherein auf die zu konzentrieren, die als gewalttätig, als so genannte »scharfe«, aktenkundig geworden waren.

Einer davon, Familienname Haarmann, Vorname Fritz, angeblich Kaufmann von Beruf, geboren am 28. Oktober 1879, wohnhaft Hannover, Rote Reihe 2, war der Polizei gut bekannt – aus zwei Gründen. Er war einschlägig vorbestraft und schon einmal, 1918, in dringendem Verdacht gestanden, mit dem spurlosen Verschwinden zweier Schüler zu tun gehabt zu haben. Die Durchsuchung seiner Wohnung aber, die Kriminalkommissar Rätz, der Leiter der Mordkommission, selbst durchgeführt hatte, war ebenso wie die Verhöre ergebnislos geblieben. Einen der beiden Abgängigen fand man, vom anderen wusste Haarmann nichts. Nach kurzer Haft ließ man ihn frei. Mehr noch: Haarmann bewährte sich in der Folge als äußerst brauchbarer Zuträger, der den Kriminalbeamten des Einbruchs- und Sittendezernats immer wie-

Fritz Haarmann

der Informationen vermittelte, die zu Fahndungserfolgen führten und
mit kleineren Geldbeträgen entlohnt wurden. Beide Gründe sollten der
Hannoveraner Polizei in der nächsten Zeit noch große Sorgen bereiten.
Haarmann nannte sich zwar Kaufmann, sein »Geschäft« betrieb er jedoch ambulant. Mit reichhaltigem Sortiment: Altmetalle zweifelhafter,
wahrscheinlich meist illegaler Herkunft, Textilien, vor allem Männer-
kleidung, und Lebensmittel. Seine Fleischwaren, meist Fertiggerichte
wie Bouillons, Sülzen oder Würstchen, waren beliebt und fanden in
Zeiten wie diesen guten Absatz.
Lange ließ den Verdächtigen überwachen, musste dafür aber Streifenbeamte in Zivil einsetzen, da Haarmann aufgrund seiner guten Kontakte
alle Kriminalpolizisten kannte. Die Observierung wurde bald belohnt.
Am 22. Juni abends kam Haarmann zu seiner gewohnten Anlaufstelle,

dem Wachzimmer der Bahnpolizei am Hauptbahnhof, in seiner Begleitung ein aus Berlin entwichener und bereits zur Fahndung ausgeschrie-
bener Fürsorgezögling. Dieser gab an, von Haarmann am Bahnhof angesprochen und in seine Wohnung eingeladen worden zu sein. Gegen
die Zusage von Essen und Quartier habe er mehrmals geschlechtlichen
Verkehr mit ihm gehabt. Keinesfalls hätte er Haarmann, wie dieser zur
Anzeige bringen wollte, bestohlen, vielmehr sei er mehrfach mit einem
Messer bedroht worden. Lange ließ beide verhaften.

Sofort schickte er auch Beamte seines Kommissariats in Haarmanns
Wohnquartier. Sie fanden in der kleinen Dachkammer eine Unmen-
ge an Kleidungsstücken, Schuhen und Wäsche, die alle ausnahmslos
jungen und jüngeren Burschen gehört haben mussten. Viele wiesen
Flecken auf, die ausgewaschen waren – Blutflecken? Ähnliche Flecken
fanden sich auch auf den Dielenbrettern und im Bett. Die serologische
Untersuchung durch Dr. Schackwitz würde allerdings erst in ein paar
Tagen Ergebnisse bringen können.

Kommissar Rätz hatte sich inzwischen die Listen aller in jüngster Zeit
vermissten jungen Männer vorlegen lassen. Es waren außergewöhnlich
lange Listen, die wahrscheinlich deshalb wenig Beachtung gefunden
hatten. Hannover lag am Schnittpunkt aller Verbindungen zwischen
Süd- und Westdeutschland einerseits, den Nord- und Ostgebieten andererseits. Vor allem der Hauptbahnhof war Anlaufstelle für Ausreißer
aus allen Teilen der Republik, für Jugendliche, die aus ihrem autoritä-
ren Elternhaus flohen, oder Straßenkinder, deren Familien infolge des
Krieges zerrissen worden waren. Über 4000 Anzeigen mussten durchsucht werden, etwa 50 davon standen möglicherweise mit Haarmann
in Verbindung.

Rätz hatte herausgefunden, dass Frau Elisabeth Engel, die als Raum-
pflegerin in der Polizeidirektion ihres Amtes waltete, zugleich auch
Haarmanns Quartiergeberin war. Er ließ sie zu sich kommen und
fragte sie nach ihrem Mieter. »Klar«, sagte sie, »der Fritz. Dauernd hat
er so junge Bengels bei sich, Jungens, die er am Bahnhof oder sonst wo
holte. Immer wieder andere. Und nachts, da brennt er immer Licht,
und klopft er, hämmert und sägt. In der Frühe, da trägt er dann Pakete
aus der Wohnung und Taschen und Kübel voll mit blutigem Wasser.
Macht er da die Sülze und die Würste, die er dann verkauft?«

Lange ließ alle Kleidungsstücke aus Haarmanns Wohnung wegführen
und legte sie in einer eigens dafür frei gemachten großen Baracke im

Hof der Polizeidirektion aus. Mit Anschlägen und Inseraten bat der alle Angehörigen von in Hannover vermissten Jungen, sich die Textilien und Gebrauchsgegenstände anzusehen, um nach dem Eigentum ihrer Angehörigen zu suchen. Auch alle diejenigen, die von Haarmann Kleider gekauft hatten, wurden aufgefordert, sich im Präsidium zu melden und sie mitzubringen. Die Verzweiflung mancher Eltern, die dort persönliches Besitztum ihrer oft seit Monaten vermissten Söhne fanden – Strümpfe, Hemden, in die die Mütter noch eigenhändig Monogramme gestickt hatten, Schulbücher mit Namen oder Hefte, ein Taschentuch – und die jetzt das Schlimmste annehmen mussten, war kaum zu beschreiben. Opferfürsorge war ein noch unbekanntes Wort. Erschwerend für die Polizei war, dass viele Ausreißer Dinge, die sie nicht unbedingt brauchten, verkauft hatten, obwohl sie noch durchaus am Leben waren. Von den über 300 zugeteilten Gegenständen am Schluss der Aktion führten nur 34 in Haarmanns Richtung. Immerhin bekamen jetzt manche Opfer Namen, auch wenn sie sich nicht zuordnen ließen.

Nasenbluten

Haarmann leugnete alles. Die Kleider hatte er selber gekauft, so sei das eben im Handel, natürlich müsse er manchmal Flecken auswaschen, auch leide er immer wieder an Nasenbluten.

Kriminalinspektor Lange war in keiner einfachen Situation. Zwar war er sich sicher, mit Haarmann einen Massenmörder gefasst zu haben, aber trotz der vielen Verdachtsmomente hatte er keinen einzigen direkten Beweis. Die serologische Untersuchung hatte zwar ergeben, dass die Flecken an den Kleidungsstücken und auf den Dielenbrettern sehr wohl Blutflecken waren, von allen vier Blutgruppen. Von Haarmanns Nasenbluten allein konnten sie nicht stammen, aber alle möglichen Opfer waren nur in Skelettteilen oder in ihren Kleidern vorhanden. Direkte Verbindungen waren nicht herzustellen. Wenn es nicht gelang, Beweise zu liefern, müsste er Haarmann wieder auf freien Fuß setzen, wie es schon einmal, 1918, geschehen war. Der Untersuchungsrichter war als haftscheu bekannt, außerdem machten die Kollegen vom Einbruch Druck. Sie wollten ihren wertvollen Informanten nicht verlieren. Alle Dezernate, die Haarmann immer mit Aufträgen und Geld versorgt hatten, mussten an seine Unschuld glauben, um dem drohenden Skandal – Polizei beschäftigt Massenmörder – zu entgehen.

Am siebten Tag nach der Verhaftung endlich half Kommissar Zufall weiter, ohne den erfolgreiche Detektivsarbeit wahrscheinlich gar nicht möglich ist. Unter den Eltern, die in Langes Depot nach Spuren ihres vermissten Sohnes suchten, war auch das Ehepaar Paul und Josephine Wirzel. Ihr Sohn Robert war am Sonntag, dem 26. April 1924 mit seinem neuen gelb-braunen Sakko nachmittags von zu Hause in Hannover weggegangen, um eine Vorstellung des Zirkus Sarrasani zu besuchen, und seither spurlos verschwunden. Unter den Kleidervorräten Haarmanns fanden sie nichts, aber plötzlich schrie Frau Wirzel auf und deutete auf einen jungen Mann, der gerade den Hof der Polizeidirektion überquerte. »Da ist das Jacket von unserem Robert.«

Der Junge, Theo Hartmann, war nicht zufällig im Gebäude, seine Mutter war niemand anders als Frau Engel, die hier putzte und Haarmanns Zimmerwirtin war. Er habe das Sakko von Herrn Haarmann billig gekauft, sagte Theo, und weiter, dass er darin einen Ausweis gefunden habe, einen Werkausweis der Excelsior-Gummiwerke, lautend auf Robert Wirzel, geb. 18. 3. 1906. Den brachte er Haarmann zurück, doch dieser hätte seltsam reagiert, den Ausweis zerrissen und schnell verschwinden lassen.

Damit hatte Lange die erste, direkte Verbindung eines der vielen Vermissten zu seinem Verdächtigen. Der Untersuchungsrichter musste die Haft auf unbestimmte Zeit verlängern. Zur Aufklärung der möglichen Morde gab es aber immer noch keine klaren Indizien. Zwar hatte man die Leine abgefischt und Menschenknochen gefunden, insgesamt 323 einzelne Skelettteile, aber aus ihnen ließen sich ebenso wenig wie aus den Kleidungsstücken Schlüsse ziehen, wie ihre Träger bzw. Besitzer zu Tode gekommen waren und durch wen.

Horrorkabinett

Nur ein Geständnis Haarmanns konnte Klarheit bringen, und um dies zu erreichen ließ sich Lange eine – zumindest – unorthodoxe Methode einfallen. Die Charaktereigenschaften seines Klienten kannte er inzwischen.

Dr. Schackwitz wurde ersucht, die vier zuerst gefundenen Schädel zurückzubringen. In ihren Augenhöhlen klebte Lange rotes Kreppppapier und ließ hinter jedem ein Teelicht leuchten. So stellte er sie auf Brettchen in alle vier Ecken der Haarmannschen Zelle und dazu den Sack mit allen bisher gefundenen Knochen. Die Teelichter brannten Tag und

Nacht und verwandelten sie so in ein rot leuchtendes Horrorkabinett. Die Wirkung – was würden Strafvollzugsbeamte heute dazu sagen? – hatte Lange richtig einkalkuliert. Am 1. Juli, bezeichnenderweise um Mitternacht, hatte Haarmann genug. Lange erinnerte sich: »Plötzlich nahm Haarmann meine Hand und die Hand des Kommissars Rätz und fragte kleinlaut, ob er endlich wieder ohne die Lichtköpfe und den Knochensack ruhig in der Zelle schlafen könne, wenn er ein Geständnis ablege. Dies sagten wir mit Handschlag zu und ließen ihn reden.«

Haarmann aber gestand zunächst nur die Morde an den vier Jugendlichen, deren Köpfe man gefunden hatte. Es waren seine zeitlich letzten Morde gewesen, und den Mord an dem vermissten Schüler, dessentwegen er schon 1918 verdächtigt worden war: Friedl Rothe. Er blieb einer der wenigen Opfer, die einen Namen hatten. Bei den anderen konnte sich Haarmann, sagte er, nicht mehr erinnern. Noch in der alten Wohnung ein Fritz Franke, und ein Berliner, der gut Klavierspielen konnte, in der Roten Reihe ein Adolf Hannapel aus Düsseldorf, Robert Wirzel, wahrscheinlich. Erst als ihn Lange mit der Frage überraschte, wo denn die Ermordeten hingekommen wären, deren Köpfe man nicht gefunden hatte, gab Haarmann noch zwei Morde zu. Ende Mai 1924, knapp vor seiner Verhaftung hatte er einen Jungen getötet, aber wegen der gefundenen Köpfe nicht mehr gewagt, die zerstückelten Leichen in die Leine zu werfen. Er hatte den Toten in der Nacht in einem Sack im Herrenhäuser Park verscharrt. Die Leiche wurde dort gefunden, war aber schon im feuchten Boden weitgehend verwest. Auch sie ließ keine Rückschlüsse auf die Tötungsart zu.

Wie er seine Opfer umgebracht hatte, wollte – oder konnte – Haarmann nicht genau angeben. Er schützte Erinnerungslücken vor. Er hatte sie fast ausnahmslos am Hannoveraner Hauptbahnhof aufgelesen und mit dem Versprechen von Essen und Quartier, wenn es Ausreißer waren, mit Geld, wenn es sich um Strichjungen handelte, in seine Wohnung gelockt. Ein gefälschter Ausweis auf eine nicht existierende Privatdetektei »Lasso« sollte bei Bedarf seiner Vertrauenswürdigkeit Nachdruck verleihen. Hinsichtlich ihres Alters und ihrer äußeren Erscheinung hatte er genaue Vorstellungen: Sie mussten hübsch, zwischen zehn und max. 20 Jahre alt sein und sollten keinerlei körperliche Gebrechen, vor allem keine Körperbehaarung haben. Dem vor Gericht verpflichteten psychiatrischen Sachverständigen Professor Ernst

Schultze aus Göttingen, der mit ihm lange Gespräche führte, erklärte Haarmann zwar, er sei seit Jahren impotent, dürfte dabei aber nur an Beziehungen zu Frauen gedacht haben. Mit den Jungs kam es in seiner Wohnung regelmäßig zum Geschlechtsverkehr, wobei Haarmann wechselseitige Onanie bevorzugte. Danach sei er immer sofort eingeschlafen, aber in der Früh, wenn er aufwachte, sei der Bengel dann plötzlich tot neben ihm im Bett gelegen. »Zugebissen, in die Kehle, na ja, das könne schon passiert sein, wenn es besonders schön war.« Kriminalinspektor Lange jedenfalls war bei seiner Gegenüberstellung schon Haarmanns besonders kräftiges Gebiss aufgefallen. Der Biss in die Kehle könnte die Todesursache der Opfer Haarmanns gewesen sein, nachweisen ließ sie sich an den Skelettteilen naturgemäß nicht mehr. Sanitätsrat Dr. Magnus Hirschfeld, einer der damals bedeutendsten Sexualwissenschaftler Deutschlands, war beim Prozess als Beobachter zugelassen. Er schrieb über Haarmanns Tötungsmethode: »Bei Haarmann war es der unbeherrschte Geschlechtstrieb, der die Tötungen verursachte. Für seine Darstellung spricht der Umstand, dass er sich nicht irgendwelcher Instrumente, wie das Messer Jack des Bauchaufschlitzers, bediente, ja nach seinen Angaben nicht einmal der Hände, sondern nur der Zähne. Und hier kam es ihm zugute, dass der jugendliche Kehlkopf viel leichter zusammenzupressen und zu durchbeißen ist als der verknöcherte eines Erwachsenen. Hieraus erklärt sich die zunächst unwahrscheinlich klingende Tötungsart, dass er seine Opfer zunächst am Hals küsste, dann saugte, wobei er den Adamsapfel in seinen Mund brachte und langsam weiter saugte und presste, bis die für harmlos gehaltene Liebkosung in die tödliche überging.« Mit Ausnahme der letzten, eingestandenen Morde erinnerte sich Haarmann auch nicht mehr, wie viele von »seinen Jungs« er zu Tode gebracht hatte. Die Dunkelziffer, wie viel Morde er tatsächlich auf dem Gewissen hatte, konnte nie aufgeklärt werden. Selbst wenn er mit Bildern und Kleidern konfrontiert wurde, sagte Haarmann nur: »Den sollte ich tot gemacht haben? Kann sein. Weiß nicht mehr.« Die Polizei ging von 27 Fällen aus, die sie aufgrund der gefundenen Kleidungsstücke nachweisen konnte.

Richtig kaputt geschnitten

In jedem Fall aber musste er die Toten, die morgens neben ihm nach dem Aufwachen im Bett lagen, verschwinden lassen, ohne dass es bemerkt wurde. Wie ihm das so lange Zeit und so erfolgreich gelungen war, beschrieb er Prof. Schultze in allen Details. Darauf schien er stolz zu sein.

»Was mit Leiche gemacht? Den habe ich erst so hingelegt. Und dann? Bin ich doch nicht gleich beigegangen und habe kaputt gemacht. Mit dem Messer hier den Leib aufgeschnitten, richtig aufgeschnitten. Was passiert da? Puh-Puh, dann ging das hier heraus. Und dann? Hier abgeschnitten, mit Messer – und dann habe ich den Darm herausgenommen und in Eimer geschmissen. Und dann? Ins Closett geschüttet. Nicht verstopft? Habe ich doch richtig kaputt geschnitten. Geht das leicht? Wenn der so fest sitzt, schneidet man ihn ab – entsprechende Bewegung – und schmeißt ihn ins Wasser. Auch Darm kaputt geschnitten? Immer in so kleine Enden – zeigt etwa 20 bis 50 Zentimeter – abgeschnitten. Die Därme sind so zusammengeknöddelt – die habe ich abgeschnitten – und hinein ins Wasser. – Wenn ich mal wieder einen habe, sollten Se mal sehen, wie ich das mache – das ist doch so einfach.

Brust aufgeschnitten, ging das leicht? Och ja, das ging ganz leicht hier (in Mitte) geht es nicht – das hab ich meist so versucht, pass mal auf – dann habe ich hier, das Messer geht von alleine, und dann habe ich das so hochgeklappt, he, das Herz lag darin. Was noch? Da oben – die Lunge lag auch darin – und dann habe ich sie herausgenommen und auch kaputt geschnitten (…) das kann man nicht alles mit einem Mal – dann muss man sich ausruhen oder ins Bett legen – dann hab ich mal wieder geschlafen. – Konnten Sie dann gut schlafen. – Ja.«

Und so weiter. Die Köpfe zerschlug er mit einem Hammer, bei den letzten vieren sei ihm dies zu anstrengend gewesen. Dass er beim Zerstückeln Lustgewinn gehabt hat, bestritt er ausdrücklich, das sei schwere Arbeit gewesen.

»Inflationscharakter«

Hatte er einen Komplizen gehabt? Schon am 28. Juni wurde ein junger Mann Namens Hans Grams verhaftet, der in besonders enger Beziehung zu Haarmann gestanden war. Er trug die schönsten Anzüge aus dem Fundus und war immer wieder in Begleitung Haarmanns gesehen worden, er wohnte auch oft mit ihm zusammen in dessen Dachkammer. Hans Grams war ganz sicher Haarmanns Lebensmensch. Er stammte aus guten Verhältnissen, hatte aber die Mittelschule abgebrochen und bei allen folgenden Anstellungen nie der Portokasse widerstehen können. 1923 war er 19-jährig endgültig von zu Hause ausgerissen und lebte seither am Bahnhof von Hannover. Dort hatte er auch Haarmann kennen gelernt und sich ihm als Strichjunge angeboten.

Grams war keinesfalls homosexuell, mit seinem väterlichen Freund hatte er nur zwei- oder dreimal geschlechtlich verkehrt, dafür war er Haarmann auch viel zu behaart. Haarmann versorgte ihn mit Geld, verschaffte ihm Waren, die er verkaufen konnte, und ließ ihn in der Wohnung bleiben, auch dann noch, als Grams sich als Zuhälter versuchte und seine Pferdchen in der Wohnung einritt.

Sicher ist, dass der intelligente und gewandte Bursche großen Einfluss auf Haarmann hatte. Ob er aber von den Morden wusste, konnte nie eindeutig geklärt werden. Haarmann belastete ihn anfangs, zog aber dann, als ihm bedeutet wurde, Grams könnte dadurch zum Tod verurteilt werden, alle seine Aussagen wieder zurück. In einem separaten Verfahren konnte Grams daher nur zu zwölf Jahren Gefängnis verurteilt werden. »Früchtchen« und »Inflationscharakter« nannten ihn die Zeitungen.

Nach etwas mehr als viermonatiger Untersuchungshaft begann der Prozess am 4. November 1924. Haarmann war in 27 Fällen des Mordes angeklagt, das Gericht sah aber nur 24 als eindeutig erwiesen an. Daher wurde er am 29. Dezember 24-mal zum Tod verurteilt und das Urteil am 4. April 1925 um 6 Uhr früh durch das Fallbeil vollstreckt. In den letzten Wochen vor seinem Tod soll sich Haarmann, wie Beobachter berichten, in einem seltsam euphorischen Zustand befunden haben. Er freute sich, mit seiner geliebten Mutter vereinigt zu werden, und plante ein Denkmal für sich. Die Gebeine seiner Opfer sollten darunter mit ihm bestattet werden – sie wurden später separat mit einem eigenen Denkstein am Hannoveraner Hauptfriedhof beigesetzt. Wie seinem Kollegen Kürten mundete ihm die Henkersmahlzeit – Schinken und Harzer Käse – so, dass er eine zweite Portion verlangte.

Das Urteil wurde in der Presse heftig kritisiert, vor allem das Gutachten Prof. Schultzes, das Haarmann volle Schuldfähigkeit attestiert hatte. Kritisiert wurde auch die Hannoveraner Polizei, eine Reihe von Beamten, die Haarmann beschäftigt und bezahlt hatten, erhielten Geldstrafen, zwei wurden nach Oberschlesien strafversetzt.

Die zentrale Frage im Prozess gegen den Werwolf von Hannover aber wurde nicht aufgeworfen und daher auch nicht beantwortet. Woher hatte er das Material für seine offenbar unerschöpflichen Fleischangebote, seine Bouillons, seine Sülzen und Würste, sein Schabe- und Hackfleisch? In Zeiten, in denen es Fleisch legal kaum zu kaufen gab? Ein einziges Mal im Prozess gab es einen Hinweis. Zwei Zeuginnen, die Damen Dörchen und Emmi, zwei Dirnen, die Grams besucht hatten, erzählten, sie hätten auf einem Bord am Herd zwei große Gläser mit Sülze und seltsam aussehenden Fleischstücken gesehen. Bei der Hausdurchsuchung gleich nach der Verhaftung war dagegen nichts Verdächtiges sichergestellt worden. Haarmanns Waren von früher waren längst verkauft und verzehrt. Es gab nichts mehr, was durch eine gerichtsmedizinische Untersuchung seine wahre Natur hätte offenbaren können. Haarmann selbst stritt immer wieder empört alle Unterstellungen in diese Richtung ab. Die Kriminalpolizei aber dachte anders. Haarmann war bekannt dafür, alles, buchstäblich alles, was ihm unter die Finger kam, zu verwerten und zu verkaufen. Warum hätte er in einer Zeit, in der Fleisch ein so kostbares, seltenes und teures Gut war, dieses außer Acht lassen und es ohne Gewinn in die Leine entsorgen sollen?

Ganz sicher war sich die Öffentlichkeit. Haarmanns reichhaltiges Angebot war durch legale Quellen aus der Fauna nicht zu erklären. Die heute noch bekannten Verse nach dem Saisonschlager von Walter Kollo »Warte, warte nur ein Weilchen …«, in denen in der zweiten Zeile statt des originalen Glücks dann Haarmann kommt und je nach Produktpalette Schabe- oder Hackfleisch, Blut- oder Leberwürste macht, tauchten jedenfalls schon kurz nach Bekanntwerden seiner Verhaftung auf.

Was ihn selber betraf und den Umgang mit seinen Jungs, gestand Haarmann nur die Bisse ein. Was er vor dem Zerlegen der Leichen mit ihnen angestellt hatte, sagte er nicht. Ob seine Erinnerungslücken echt waren oder ob eine doch existierende Schamschwelle ihn hinderte, wollte auch sein psychiatrischer Sachverständiger nicht wissen. Möglicherweise war Haarmann selber Vampir, Werwolf oder Kannibale, mehr als wahrscheinlich aber ist, dass er viele seiner Mitbewohner in Hannover dazu gemacht hat. Damit auch ist er nicht nur in eine Reihe von Büchern und Filmen, sondern in die Folklore des gesamten deutschen Sprachraums eingegangen.

Nachlese

Anders als bei Kürten hielten sich die beteiligten Beamten mit Erfolgsmeldungen – aus guten Gründen – in den Fachblättern zurück. Langes Erinnerungen blieben Manuskript und wurden erst von Friedhelm

Werremeier in »Nachruf auf einen Werwolf« 1992 veröffentlicht. In der umfangreichen Materialsammlung von Michael Farin und Christine Pozsàr »Die Haarmannprotokolle« zum Film mit Götz George sind u. a. auch die stenografischen Mitschriften von Haarmanns Gesprächen mit Prof. Schultze vollständig wiedergegeben. Erich Frey, der kurz Haarmanns Verteidiger war, bis dieser ihn als Kommunisten ablehnte, schreibt über ihn in seinen 1959 erschienenen Erinnerungen. Material zum Fall Haarmann enthält das Niedersächsische Hauptstaatsarchiv Hannover unter der Signatur 864a.

Noch im Prozessjahr erschienen neben einigen anonymen Schriften zwei bekannte Bücher zum Fall: von Hans Hyan »Massenmörder Haarmann« und von Theodor Lessing »Haarmann, die Geschichte eines Werwolfs«.

Mann sucht Zombie:

Jeffrey Dahmer

»Glauben Sie, dass er einen Zombie erschaffen
und dann nie wieder getötet hätte?«
»Absolut. Das wäre die Lösung seines Problems gewesen. Absolut.«
(Prozessprotokoll)

»Zombie: Toter, der durch Zauberei wieder zum Leben erweckt und
willenloses Werkzeug des Zauberers ist«, steht im *Duden.* Jeffrey Dahmer suchte. Er suchte zeitlebens den Menschen, der seine Neigungen
verstehen und befriedigen konnte. Willenlos wünschte er sich seinen
Partner, ganz ihm nur sollte er gehören. Absolute Kontrolle wollte er
haben. Angst hatte Jeffrey Dahmer, dass ein solcher Mensch sich niemals finden ließe. Dahmer schenkte keinem Menschen sein Vertrauen.
Mit wem hätte er darüber reden können? Dahmer begrub seine Be-
dürfnisse. Er hatte nur sich selbst und seine Obsessionen. Eines Tages
brachen die Mauern, die ihn im Leben hielten: 17 Menschen tötete Jeffrey Dahmer. In 15 Fällen wurde Anklage gegen ihn erhoben. 15-mal
erhielt er lebenslänglich. Das Urteil Todesstrafe lässt der Bundesstaat
Wisconsin nicht zu. Es wurde gefordert. Für seine Taten sei Dahmer
voll verantwortlich, behauptete der Staatsanwalt. Als unzurechnungsfähig konnten die Geschworenen Jeffrey Dahmer nicht beurteilen. Jeffrey
Dahmer wusste, was er tat, und plante sein Vorgehen minutiös. Die
Morde gleichen sich auf erschreckende Abart. Nur die Gewalt nahm
stetig zu. Die Männer waren jung und körperlich anziehend. Hautfar-
be und sexuelle Ausrichtung waren Jeffrey Dahmer egal, die »bestaus-
sehenden« Jungen wollte/musste er besitzen. Jeffrey Dahmer nahm die
Männer mit nach Hause, mixte ihnen einen Cocktail aus Schlaftablet-

ten und Alkohol, missbrauchte die Leichen, aß von ihnen, damit sie eins mit ihm würden, und bewahrte Körperteile auf. Einen Schrein seiner Toten wollte Dahmer bauen: Andachtsstätte und sexuelle Stimulanz. Die Namen all der Opfer kannte er nicht.

Die Aufklärung wurde für Jeffrey Dahmer »eine verzweifelte persönliche Suche nach einem winzigen Rest von Selbstachtung. Er ruhte nicht, fand keinen Schlaf, bis auch der letzten Leiche ihr Name zurückgegeben worden war. Warum war es so wichtig, dass er diese Menschen wiederfand? ›Um den Eltern eine Last von der Seele zu nehmen und ihnen Klarheit zu verschaffen‹, erklärte er. ›Ich meine, es ist eine kleine, sehr kleine Sache, aber ich weiß nicht, was ich sonst tun könnte. Wenigstens das kann ich tun.‹ Er wollte nicht, dass die Eltern vermisster junger Männer sich über Jahre mit Fragen marterten, wenn er ihnen wenigstens sagen konnte, was geschehen war, ›denn ich habe dieses Grauen geschaffen, und da ist es nur recht und billig, dass ich alles tue, um ihm ein Ende zu bereiten, ein endgültiges Ende.‹«

Wäre diese Mordserie, beispiellos in ihrer Spirale von Gewalt und Perversion, zu verhindern gewesen? Diese Frage stellten nicht nur die Verwandten der Opfer, es fragte eine besorgte Öffentlichkeit. Auch Jeffrey Dahmer hatte sich diese Frage gestellt, doch er unterlag seiner Begierde, seinem Wahn immer wieder. Immer wieder. Bis sich die toten Körper in seinem Apartment stapelten. »Ich glaube in gewisser Weise wollte ich, dass das alles ein Ende hatte. Selbst wenn das meine eigene Vernichtung bedeutet hätte.« Mitternacht am 22. Juli 1991 war es vorbei.

Mit Knochen spielen

Geboren wird Jeffrey am 3. März des Jahres 1960 als erster Sohn von Joyce und Lionel Dahmer. Beide Elternteile sind deutschstämmig, das ist in Milwaukee/Wisconsin nicht ungewöhnlich. Der Vater ist Chemiker. Er zieht seinen Labortisch meist dem Familienleben vor. Die Mutter reizbar, krank und überfordert. Jeffrey gilt schon früh als Einzelgänger und introvertiert. Die Operation eines doppelten Leistenbruchs erlebt der Junge als Trauma, die Schmerzen im Unterleib lassen Jeff glauben, seine Genitalien seien amputiert worden. Interpretationen sehen bereits hier den Beginn seiner psychischen Fehlentwicklung. Ansonsten gilt Jeffs Interesse Insekten, der Tierwelt. »Schlangen, Kröten, Krebse, Schildkröten, Fische, Wildkaninchen und ein Kätzchen na-

Jeffrey Dahmer

mens Buff nährten seine Neugier und Fantasie.« Dann fand Jeff einige Knochen unter dem Wohnhaus der Familie und »war vollkommen fasziniert« von seinem Fund. Er nannte sie seine »Fiddlesticks« und spielte ohne Ende mit ihnen. Wenn er einige Tiere in der Hand hielt, konnte er in ihrem Inneren ihre »Fiddlesticks« fühlen und fragte sich, ob diese wohl genauso aussahen.

1966: Jeffs Bruder David wird geboren. 1968: Nach vielen Umzügen finden die Dahmers endlich das Haus, in dem sie länger wohnen bleiben. Kontaktarm ist der Junge Jeff, zurückgesetzt fühlt er sich durch die Aufmerksamkeit, die seinem jüngeren Bruder gilt. Und Jeffs Fantasien wachsen. Tierschädel werden von ihm als Totempfähle im Wald aufgestellt. Persönliche Kultstätten. Kadaver sammelt Dahmer vom Straßenrand und unterzieht sie einer Sektion. Kontrolle über Körper möchte Jeffrey Dahmer haben, in deren Inneren die Lebensmechanismen begreifen. Der Vater sieht im Zusammenfall von Pubertät und diesen Experimenten den

Auslöser: Jeff erlebte sexuelle Gefühle und Befriedigung nur im Angesicht des Todes. Und Jeffrey Dahmer hat sein stilles Coming-out: Nur Männer werden ihn erregen. Die fatale Spirale, die zu 17 Morden führt, fängt an sich zu drehen. Der Junge muss sich der Gefährlichkeit seiner Neigungen bewusst gewesen sein: Er beginnt zu trinken. Mit 15 ist Jeffrey Dahmer alkoholabhängig. Daheim kein Familienleben: Die Eltern lassen sich scheiden. Niemand bemerkt, wie tief es Jeffrey Dahmer trifft. Er bleibt allein im Haus. Allein mit seinen Obsessionen.

24. Juni 1978: Steven Hicks war unterwegs, seine Freundin zu besuchen. Abiturient, lange Haare, offenes Hemd, gerade 19. Hicks trampte und Jeffrey Dahmer schien dieser Jüngling ein Geschenk. Jeff überredete Steven, mit ihm daheim einen Joint zu rauchen, ein Bier zu trinken. Der Tramper willigte ein. Die Gespräche machten Dahmer klar, zu sexuellen Handlungen würde er Hicks nicht überreden können. Ohne zu ihm gelangen zu können, saß Dahmer neben dem Objekt seiner Begierde. In Panik verfiel Jeff, als Hicks sich anschickte ihn zu verlassen. Aus dem Keller holte Dahmer eine Hantel und schlug zu. Der Bewusstlose wurde von ihm in den Tod gewürgt. Dahmer entkleidete den Leichnam, streichelte und küsste, legte sich daneben. Wieder stehend masturbierte er.

»In jener Nacht war ich ganz außer mir vor Angst. Ich wusste nicht, was ich machen sollte. Ich hatte etwas Unvorstellbares getan.« Er zog Hicks Leiche in einen Hohlraum unter das Haus. Dahmer kaufte ein Messer und zerlegte den Körper, er schnitt die Innereien frei und stopfte die Menschenteile in Müllsäcke. Kleidung und Papiere des Opfers wurden in der Abfalltonne verbrannt. Entsorgen wollte Dahmer Hicks Überreste in einer nahen Schlucht. Mut trank sich Jeffrey Dahmer an, bevor er sich auf den Weg begab. Um 3 Uhr nachts bat ein Streifenwagen Dahmer anzuhalten. Er sei auf der Gegenfahrbahn unterwegs gewesen, lautete der Vorwurf des aufmerksamen Polizisten. Alkoholtests vor Ort waren 1978 noch nicht möglich und der junge Mann konnte sein Verhalten plausibel erklären: Er hätte den Streit der Eltern nicht mehr ausgehalten; um dem zu entfliehen, um auf andre Gedanken zu kommen, sei er nächtens zur Müllkippe unterwegs. Die Polizisten hatten sehr wohl den Gestank der Säcke auf dem Rücksitz bemerkt. Zwölf Jahre danach verhörte Police Officer Richard Munsey Jeffrey Dahmer und erschrak: Munsey war es, der 1978 dem Mörder die Weiterfahrt auf dem Highway genehmigte.

In einem Drainage-Rohr verstaute Dahmer gezwungenermaßen nun Hicks Leiche. Nach drei Jahren verstreut er die Knochen in der Umgebung des Elternhauses. Zehn Jahre später gräbt man sie dort aus. Es war Jeffrey Dahmers erster Mord. 16 weitere folgten.

Dahmer wird Sanitäter

Jeffrey weiß, welche Bombe in ihm tickt. Alkohol ertränkt sie, auch die Studienambitionen, die Dahmer halbherzig betreibt. Dem Ehrgeiz seines Vaters kann und wird der Sohn niemals entsprechen. Nach einem Semester verlässt Dahmer die Ohio State University, die Lehrveranstaltungen haben ihn ohnehin kaum gesehen. Die Mitbewohner des Apartments werfen Dahmer Diebstahl vor, damit er seinen Alkoholkonsum finanzieren konnte. Nach dem Uni-Intermezzo: US Army. Jeffrey Dahmer absolviert die Ausbildung zum Sanitäter (die ihm auch später nutzen wird), danach Versetzung nach Baumholder/Germany. »Wenn man bedenkt, dass er beinahe zwei Jahre in Deutschland verbrachte, ist es erstaunlich, wie wenig über sein Leben dort oder den Eindruck, den er auf andere machte, bekannt ist. Vielleicht ist der Mangel an Informationen selbst schon der Beweis für seinen vollständigen Rückzug aus der Gesellschaft seiner Kameraden.« Sexualität kann er erfolgreich unterdrücken, seine Alkoholsucht nicht. Jeffrey Dahmer wurde in Ehren, doch vorzeitig aus der Armee entlassen.

Dahmers Kampf gegen sich selbst beginnt. Er verliert ihn und sein Name wird am Ende als Sinnbild des Bösen stehen. Vorerst kommt die Familie überein: Jeffrey soll bei Großmutter Catherine Dahmer wohnen. Jeffrey tat's und verdiente im Milwaukee Blood Plasma Center. Heimlich auf dem Dach der Arbeitsstätte probierte Dahmer ein Glas Blut zu trinken. Es schmeckte ihm nicht. Er spuckte aus. Auch als er die Stelle verliert, bemüht er sich, dem »Pfad der Tugend« zu folgen und seine Großmutter nicht zu enttäuschen. Jeffrey Dahmer findet Arbeit in der Ambrosia Chocolate Factory.

Dahmer schafft es nicht, seine Triebe zu unterdrücken. Am 7. August 1982 sah ein Polizist erstmals »den Angeklagten mit heruntergelassenen Hosen und entblößtem Penis an der Ausstellungshalle auf der Südseite des Coliseums lehnen, in der sich zu dem Zeitpunkt 25 Personen befanden, darunter Frauen und Kinder.« Solcher Art auffällig wird Dahmer mehrmals wieder. Eine Schaufensterpuppe schafft ihm daheim bei Oma Befriedigung. Dann im Lesesaal der Bibliothek fällt Jeffrey ein

Zettel in den Schoß: »Komm in die Toilette im ersten Stock. Ich werde dir einen blasen.« Auch wenn er das Angebot nicht wahrnimmt, so setzt es doch seine abartig gefährlichen Fantasien wieder in Bewegung. Dahmer will nicht mehr ein Ding, sondern Menschen zum Partner. Dahmer frequentiert die Orte, wo anonymer Sex mit Männern auf die Schnelle möglich ist. Dahmer entdeckt die Badehäuser und experimentiert. Mit Schlaftabletten und Alkohol werden die Partner bewusstlos gemacht, nach Stunden wachen sie erst wieder auf. »Ich habe mich darauf trainiert, Menschen als Objekte potentiellen Vergnügens zu betrachten statt als Menschen.« Nicht allzu nachdrücklich beschweren sich die Opfer. Bis ein Asiate aufgrund Dahmers Behandlung erst nach zwei Tagen im Krankenhaus wieder erwachte, die Geschäftsleitung des Badehauses reagierte und Dahmer weiteren Zutritt verbot. Dieser verlegte sein Jagdrevier von da an in einschlägig bekannte Clubs und Bars. »Dahmers hypnotische Fixierung galt einem androgynen Geschöpf aus muskulösem Körperbau und Kraft, kombiniert mit weiblicher Passivität und Haarlosigkeit, Mutter und Vater, Ehefrau und Ehemann, Erde und Ozean, der unrealisierbare perfekte Freund als Besitz und Spielzeug.« Eine Leiche möchte Jeffrey haben, die »Gesichter des Todes« möchte Jeffrey sehen.

»Erregung öffentlichen Ärgernisses«

Jeffrey Dahmer entblößt sich wieder, diesmal vor zwei Knaben, die sein Verhalten zur Anzeige bringen. Am 10. März wird Jeffrey Dahmer wegen »Erregung öffentlichen Ärgernisses« verurteilt und psychologisch begutachtet und therapiert. Die Psychologin resümiert: Dahmer »könnte sich zu einem psychopathisch Gestörten (Soziopath) mit schizoiden Tendenzen entwickeln. Sein perverses Verhalten wird sich zumindest in gewisser Form fortsetzen, wenn es sich nicht sogar verschlimmert ... ohne eine Form von unterstützendem Eingreifen werden seine Verteidigungsmechanismen vermutlich unzureichend sein und er könnte zu weiterem Alkoholmissbrauch getrieben werden, aus dem möglicherweise gesteigerte masochistische oder sadistische Tendenzen und ebensolches Verhalten resultieren«. Eine andere Prognose: Es besteht »zu diesem Zeitpunkt kein Zweifel, dass er an einer schizoiden Persönlichkeitsstörung leidet, die sich in deutlichen paranoiden Tendenzen ausdrücken könnte. Er ist schlichtweg UNHEIMLICH!« Konsequenzen der Gutachten: Keine.

Noch während die Psychologen in den Gesprächen um Jeffrey Dahmers Diagnose rangen, erwachte der Patient am Morgen des 22. November 1987 im Ambassador-Hotel und »lag auf Steven Tuomi. Dahmer sah augenblicklich, dass der Mann tot war. Sein Kopf baumelte über die Bettkante und aus dem Mundwinkel war Blut gelaufen. Schlimmer noch, Dahmer konnte die Rippen unter sich fühlen, als würde er die einzelnen Knochen halten. Tuomis Brustkorb war eingeschlagen worden, von großflächigen Prellungen bedeckt und teilweise aufgerissen. Dann blickte Dahmer auf seine eigenen Arme und Hände; auch sie waren von schwarz-blauen Prellungen übersät. Ihm wurde abermals bewusst, dass es die Arme und Hände eines Mörders waren. ›Ich stand unter Schock‹, erinnerte er sich, ›konnte es einfach nicht glauben. Schock, Entsetzen, Panik, ich konnte es einfach nicht glauben, dass es wieder passiert war, nach all den Jahren, in denen ich nichts dergleichen getan hatte.‹«

Dahmer konnte sich erinnern, dass er Steven Tuomi nächtens zuvor mit ins Hotel genommen hatte. Im gegenseitigen Einverständnis hatten sie Sex. Nachdem Steven eingeschlafen war, streichelte und küsste Dahmer dessen Körper. Die weiteren Erinnerungen fehlen bis zum grauenhaften Erwachen. Dahmer kaufte bei Woolworth den größten Koffer, schleppte die Leiche aus dem Hotel und fuhr im Taxi zu Großmutters Haus. Dort verbrachte er den Koffer in den Keller. Erst nach zwei Wochen konnte Dahmer beginnen die Leiche zu beseitigen: »Es war mir ein Gräuel, das alles tun zu müssen.« Nur die Zerstückelung der Leiche war zur Entsorgung praktikabel. Dahmer kaufte ein neues Messer: Groß, scharf, spitz. Er entfernte »den Kopf und schlitzte den Bauch auf, dann schnitt er das Fleisch des Körpers in kleine Stücke, die er mühelos in Plastikmüllsäcken verstauen konnte. Dann legte er ein altes Laken auf den Boden des Obstkellers und wickelte die Knochen darin ein, bevor er sie mit einem Vorschlaghammer zertrümmerte; das Laken hatte den Zweck, zu verhindern, dass Knochensplitter und -stücke im ganzen Keller herumflogen. Das ganze Unternehmen dauerte etwa zwei Stunden. Früh am Morgen legte er die Säcke mit ihrem grausigen Inhalt zum übrigen Abfall, damit sie von der Müllabfuhr abgeholt wurden. Den Kopf bewahrte Dahmer zwei weitere Wochen auf, versteckt in einer Decke auf dem obersten Bord seines Kleiderschranks. Er kochte ihn in Soilex und Bleichmittel, um den Schädel freizulegen, den er dann anschaute, während er masturbierte. Doch das Bleichmittel hatte den Schädel brüchig werden lassen, und so wurde auch er schließlich zertrümmert und weggeworfen.« Dahmers spätere Anklage wegen dieses Mordes konnte mangels Beweises nicht erfolgen: Von Steven Tuomi gab es nichts, was übrig geblieben war.

»Es war ein eindeutiger Zwang, denn ich konnte nicht aufhören. Ich hab's versucht, aber nach dem Ambassador konnte ich einfach nicht mehr aufhören ... Nachdem Angst und Entsetzen über das, was ich getan hatte, verflogen waren – was etwa ein oder zwei Monate dauerte –, fing ich wieder von vorn an. Von da an war es ein Verlangen, ein Hunger, ich weiß nicht, wie ich es beschreiben soll, ein Zwang, und ich tat es einfach immer wieder, wieder und wieder, wann immer sich die Gelegenheit bot.«

Ein Leben mit Oma

Jeffrey Dahmer bot James Doxtator am 17. Januar 1988 50 Dollar, wenn er für die Nacht mit ihm käme. Doxtator hatte keine Bedenken, obwohl er erst 14 war (aber älter erschien). Nach Hause trieb den Jungen nichts, im Streit mit dem Vater hatte er es verlassen und hielt sich absichtlich in den Schwulenbars Milwaukees auf. Erst als Jamie am Morgen vom Gehen sprach, mixte Dahmer den »Cocktail aus Irish Cream, Kaffee und zerstampften Schlaftabletten. Bis das Schlafmittel zu wirken begann, was etwa eine halbe Stunde dauerte, küssten sich die beiden viel. Dann schlief Jamie auf Dahmers Schoß ein, eng umschlungen von den Armen seines neu gefundenen Freundes. Dahmer hielt ihn eine Weile so und streichelte seine Haut. Jamies Körper war tröstend und warm. Dann legte ihn Dahmer ausgestreckt auf ein Laken auf dem Kellerfußboden.« – »Ich wusste, dass meine Großmutter aufwachen würde, aber ich wollte trotzdem, dass er bei mir bleibt, also habe ich ihn erwürgt.« Dahmer versteckte die Leiche in der Obstkammer und frühstückte mit Großmutter, dann ging sie zur Messe in die Kirche, Dahmer zu Jamie in den Keller. »Ich brachte ihn hoch in mein Zimmer und tat so, als wäre er noch lebendig.« Küssen, Streicheln und Analverkehr. Nach einer Woche die Entsorgung. Nur den Schädel bewahrte Dahmer auf für seine Idee vom Todesschrein. Der Schädel zerbrach. Dahmer musste Mittel finden, diese Knochen zu erhalten. Und Dahmer suchte neue Opfer. Es war »ein beständiges Verlangen, um jeden Preis jemanden zu besitzen, jemanden, der gut aussah, der wirklich nett aussah, und ich konnte den ganzen Tag über an nichts anderes denken, es wurde immer stärker über die Jahre, in denen ich bei Oma lebte. Es war überwältigend, einfach unerbittlich.«

Am 27. März 1988 geht Richard Guerrero auf Dahmers Angebot und dessen 50 Dollar ein. Der Ablauf der gemeinsamen Nacht ist derselbe (wird immer nur derselbe sein). »Dahmer erwürgte den schlafenden Guerrero mit bloßen Händen, während er nackt neben ihm lag und ihn anschaute; nach vollbrachter Tat schlang er die Arme um die Leiche und drückte sie an sich. Der Akt des Tötens als groteskes Zerrbild des Liebesakts. Er zog keine Lust aus dem Töten, sondern musste töten um lieben zu können, um die grausige Parodie von Intimität ausleben und die einzige Art von ›Liebe‹ genießen zu können, die er zeigen konnte. Jetzt hatte er Richard für weitere Stunden ganz für sich allein und führte oralen Sex an der Leiche aus.« Zur Konservierung des Schädels verdünnte Dahmer das Bleichmittel, den Rest des Körpers entsorgte er.

Am 4. April erwacht Richard Flowers, 25, schwarz, im Krankenhaus. Er war zwei Tage vordem Gast bei Jeffrey Dahmer. Doch keine Spuren von Gewalt ließen sich an seinem Körper entdecken, keine Drogen. Nur Flowers fehlten Halskette, Armband und 200 Dollar. Und er entdeckt an seinem Hals »zwei sonderbare blaue Flecke wie von Druckstellen, etwa fünf Zentimeter im Durchmesser, und seine Unterhose war verkehrt herum angezogen«. Warum hatte Dahmer nicht getötet? Flowers seinerseits erstattete Anzeige. Es stand Aussage gegen Aussage. Ermittlungen folgten nicht. Doch Jeffrey Dahmer mit Familie zog die Konsequenz: Jeffrey sollte nach einer eignen Wohnung suchen. Die Großmutter war Jeffreys Trinken leid und seine »Gäste« und die Gerüchte von den Bars und Männern. Und Vater Lionel brachte den Sohn zur Alkoholismus-Therapie. Aber Jeffrey hatte anderes entdeckt. Mit dem Imperator aus der »Rückkehr der Jedi-Ritter« konnte er sich identifizieren: Der hatte die Allmacht über alle Sterblichen. Fortan trug Dahmer auf seinen Streifzügen gelbe Kontaktlinsen wie das Vorbild. Und der Schrein nahm Gestalt an: Dahmer kaufte einen langen schwarzen Tisch und zwei mythologische Figuren mit Löwenkörper, Flügel und Vogelkopf. Die nahm er mit in seine neue Wohnung. Und Richard Guerreros Schädel. In seiner neuen Wohnung wurde Jeffrey Dahmer Ende September verhaftet. Unerwarteterweise.

Verhaftung aus anderen Gründen

Am 26. des Monats hatte Jeffrey Dahmer einen laotischen Kunstschüler gefragt, ob er sich fotografieren ließe. 50 Dollar würde er bezahlen. Somsack Sinthasomphone, 13, verbat sich alle Nacktaufnahmen, willigte aber ein. Dahmer reichte ein Getränk. Dahmer fotografierte. Dahmer bat um mehr als das Posen in Unterwäsche. »Ich möchte deinen Magen hören.« Jeffrey Dahmer legte sein Ohr an die Bauchdecke und begann den Jungen vom Nabel abwärts zu küssen, zu lecken. »Mir wurde ganz übel und ich hatte schreckliche Angst« – Somsack Sinthasomphone ging. Daheim erst fiel er in einen unaufweckbaren Tiefschlaf. Somsack wurde im Krankenhaus behandelt und erstattete Anzeige wegen sexueller Notzucht und Verführung Minderjähriger. Jeffrey Dahmer wurde verhaftet, die Wohnung durchsucht. Die Polizei fand die Polaroids des Knaben. Den Schädel Richard Guerreros fand sie nicht.

Am 30. Januar 1989 bekannte sich Jeffrey Dahmer im Sinne der Anklage schuldig, drei Monate später wurde er zu einem Jahr Gefängnis und fünf Jahre Bewährung verurteilt. Eine Therapie ordnete kein Richter an. Vater Lionel Dahmer bat, »dass sie auf irgendeine Weise einschreiten um meinem Sohn zu helfen, den ich sehr liebe und für den ich mir ein besseres Leben wünsche … Dies könnte unsere letzte Chance sein.« Noch zwischen Verhandlung und Urteilsverkündung tötete Jeffrey Dahmer zum fünften Mal.

Den Schwarzen Anthony Sears, 24, lernte Dahmer am 20. März 1989 kennen. Sears war mit einem Freund unterwegs und scharf auf Dahmer. Der Freund fuhr sie in die Nähe des Apartments. Der gleiche Ablauf: Sex, Drink, Mord. Dann enthauptete Dahmer Anthony Sears und versuchte ihn zu häuten. Dann entfernte er auf gewohnte Weise das Fleisch und schnitt die Genitalien ab, die er zusammen mit dem Kopf in eine separate Tüte packte. »Ich tat dies, weil ich ihn ganz besonders gern hatte.« Knochen und Reste wurden entsorgt. Die Genitalien bemalte Dahmer lebensecht. Den Kopf skalpierte Dahmer und nutzte Sears' Pferdeschwänzchen als Andenken und Stimulans. Als Dahmer seine Haft antrat, deponierte er die Reliquien seines Opfers im Arbeitsspind in der Schokoladenfabrik, sie blieben all die Monate unentdeckt. Freunde vermissten Anthony Sears, auch die polizeiliche Suche nach einem »Jeff aus Chicago« hatte keinen Erfolg.

Nach neun Monaten wurde Jeff Dahmer aus der Haft entlassen und mit Bewährungsauflagen versehen: Gruppentherapie und regelmäßiges Melden beim Betreuer. Dahmer zog in die Oxford-Apartments an der North 25th Street. Nr. 213 kostete pro Monat 300 Dollar warm, ohne Strom. 14 Monate blieben bis zu Jeffrey Dahmers endgültiger Verhaftung und der Aufdeckung aller Morde. 14 Monate, in denen die Bewährungshelferin Dahmer in der Wohnung besuchte. 14 Monate, in denen der Gestank aus dem Apartment Mitbewohnern unerträglich war. 14 Monate, in denen zwölf Menschen starben.

Eine eigene Pornografie

Raymond Smith ging auf dem Strich, wenn er auch behauptete, nicht homosexuell zu sein. Dahmer begegnete Smith am 20. Mai 1990 und Smith stellte sofort klar, dass er für 50 Dollar nicht lang bei ihm bleiben würde. Dahmer sorgte dafür, dass Smith blieb. Er legte die Leiche in verschiedenen, für ihn anregenden Positionen auf seinen Altar und fotografierte. Fortan fasste das bildliche Konservieren der Toten einen immer größeren Raum in Dahmers Wahn. »In gewisser Hinsicht schuf er seine eigene Pornografie, so als wäre das Abbild von Schönheit erregender als die Schönheit selbst ... Die Kamera setzte die Realität in Fantasie um und der Orgasmus zelebrierte sie.« Im Mietshaus war die Beseitigung der Leiche ungleich schwerer als bei Oma. Die Zerstückelung fand im Badezimmer statt. Dahmer trennte zuerst die Beine am Hüftgelenk vom Rumpf. In einem 300-Liter-Stahltopf wurden sie in Lösungsmittel gekocht, Fleischreste unter laufendem Wasser entfernt. Eigentlich wollte Dahmer Smiths Skelett behalten, neben dem Schrein sollte es stehen. Aber ohne Verbindung blieben nur lose Knochen, die löste er in Salzsäure auf. »Ich habe ein oder zwei Wochen gewartet und dann waren sie alle zu Brei geworden, den ich mit einem kleinen Müllding herausschöpfte und ins Klo kippte und herunterspülte. Es war alles nur Brei, schwarzer Brei.« Smiths Schädel, lackiert, fand seinen Platz neben dem von Anthony Sears.

Am 23. Juni 1990 zieht durch Milwaukee die Gay Pride Parade und mit ihr Edward Smith. Der 27-jährige Schwarze ist ein wenig schräger als all die anderen Schwulen: spitzzüngiger, exaltierter, ansteckend fröhlich. Dahmer erzählt diesem verhinderten Künstler, dass er mit von ihm gemachten Fotos es bei den Bewerbungen viel leichter hätte. »Ich glaubte nicht eine Minute, dass er imstande war, eine Fotomappe zusammenzustellen. Er war nicht auffällig und laut genug für einen

Produzenten. Zu still und introvertiert. Einfach kein Stil«, sagt später Edwards Bruder. Eddie Smith jedoch ist begeistert und geht mit dem Fotografen Dahmer. Es folgte, was immer den Streifzügen folgte: »Abermals machte Dahmer eine Anzahl von Fotos der Leiche, ritualisierte das Drama und verwandelte Leben und Tod in ein greifbares Objekt – entkleidete sie jeglicher Bedeutung jenseits der nekrophilen Fantasie. Das Ergebnis befriedigte ihn jedoch nicht und er zerstörte die Fotos, indem er sie in kleine Stücke zerschnitt. Dahmer hoffte einen besseren Weg zu finden, das Skelett und den Schädel zu erhalten. Das Skelett bewahrte er mehrere Monate in seiner neuen Gefriertruhe auf; doch es wollte einfach nicht richtig austrocknen, behielt standhaft eine gewisse Feuchtigkeit und säuerte schließlich. Für den Schädel fand Dahmer eine andere Lösung. Er stellte den Ofen auf 50 Grad und legte Eddies Schädel für eine Stunde hinein, in der Absicht, ihn so effizienter zu trocknen. Nach einer Weile gab es Geräusche, so als würde etwas platzen. Der Schädel brach auseinander, explodierte sozusagen Stück für Stück und Knochensplitter flogen gegen die Ofenwände.«

Dahmer legt sich ein Hobby zu, er wird Aquarianer: Buntbarsche, Tigerbarben, Pflanzen. »Ich habe gern einfach nur dagesessen und ihnen beim Herumschwimmen zugeschaut. Ich hatte viel Spaß daran, die Bepflanzung zu planen, die Filteranlagen, darüber zu lesen, wie man das Nitrat und Ammoniak auf ungefährlichem Niveau hält, mich interessierte einfach das ganze Spektrum der Zierfischhaltung.«

3. September 1990: Nachts begegnet Jeffrey Dahmer Ernest Miller, 23, schwarz, athletisch. Sie werden handelseinig, 50 Dollar, und gehen zu Fuß in Dahmers Wohnung. »Dahmer legte sich auf ihn und lauschte den Geräuschen und Glucksern und rhythmischen Schlägen, die unter ihm pulsierten. Er horchte gebannt, presste sein Ohr und seine Lippen auf den Bauch, dann bewegte er sich weiter nach unten, um das Glied zu finden. ›Das kostet extra‹, sagte Miller.« Dahmer begibt sich in die Küche, mixt den Drink. Doch er hat zu wenig Barbiturate im Haus, Miller wird nicht richtig schlafen. Trotzdem: Er will ihn nicht verlieren. Dahmer ersäuft seine Angst im Alkohol und öffnet sauber Millers Halsschlagader. »Es dauerte vielleicht eine Minute, bis er tot war.« Fotos. Fotos vom Zerstückeln. Masturbieren vor dem Kopf der Leiche. Um fürs letzte Foto einen »lebensecht«-Effekt zu haben, schiebt Dahmer die Augenlider Millers nach oben: Er will gesehen werden.

Die erste Verspeisung

Das Zerteilen erfolgt in der Badewanne. »Ich zertrenne die Gelenke, die Armgelenke, die Beingelenke und musste den Topf zweimal füllen, um alles zu kochen. Ich glaube, ich habe vier Schachteln Soilex für jede Topffüllung verbraucht, hab den oberen Teil des Körpers hineingetan und den ungefähr zwei Stunden lang gekocht und dann den unteren Teil nochmal zwei Stunden. Das Soilex löst alles Fleisch ab und verwandelt es in eine gelatineartige Masse, die sich leicht abspülen lässt. Dann habe ich die sauberen Knochen in eine schwache Bleichlauge gelegt und einen Tag da drin gelassen, und dann hab ich sie entweder auf Zeitungen oder auf Tüchern ausgebreitet und ungefähr eine Woche im Schlafzimmer trocknen lassen.« Andre Körperteile wie Niere, Herz und Leber verstaute Dahmer in seiner Gefriertruhe. Und Jeffrey Dahmer überschreitet eine weitere Grenze: Er verspeist Teile der Leiche Millers.

Drei Wochen später, 24. September 1990: Jeffrey Dahmer tötet David Thomas, 22, schwarz. Thomas' Leiche wird zerteilt, fotografiert, gegessen. Die Freundin hatte David Thomas als vermisst gemeldet. Reste des Körpers werden nicht gefunden. Am 17. Februar 1991 traf Jeffrey Dahmer Curtis Straughter, 17, schwarz, an einer Bushaltestelle. Straughter wird mit einem Lederriemen erdrosselt, die Leiche zerstückelt. Schädel, Hände und Genitalien werden fotografiert und aufbewahrt. Am 17. April begegnet Jeffrey Dahmer Errol Lindsay, 19 Jahre, schwarz. Bei ihm entschied der Mörder die Haut zu konservieren. Mit einem scharfen Messer schnitt Dahmer zuerst im Nacken und schlitzte bis zum Scheitel. Dann zog er beidseitig die Haut herunter, sie »ließ sich einfach vom Schädel der Person ziehen«. Danach legte er die Haut in eine Kochsalzlösung, in der Hoffnung, sie für den Schrein zu bewahren. Nach drei Wochen entsagte Dahmer diesem Experiment und spülte die zerfallenden Hautreste in der Toilette fort.

Am 24. Mai 1991 trifft Jeffrey Dahmer in einem Homosexuellen-Club auf Anthony Hughes, Jahrgang 1960, schwarz, schwul, taubstumm. Seine Freunde will Tony mit zu Jeff nehmen um eine Party zu feiern. Dahmer wird weitere Gäste außer Tony nicht ins Hause lassen. Den Schädel von Anthony Hughes hat Dahmer aufbewahrt. Auch die Haut versucht er zu erhalten. Vergeblich.

Der 27. Mai macht den Fall des Jeffrey Dahmer im Nachhinein zum Politikum. Konerak Sintasomphone ist 14 und sieht seinem Bruder Somsack verblüffend ähnlich, diesen traf Dahmer 1988. Somsack Sintasomphone entkam dem Wahnsinn, zeigte Dahmer an, eine Verurteilung folgte wegen sexuellen Missbrauchs. Drei Jahre später: Auch von Somsacks Bruder Konerak macht Dahmer Fotos. Im Nebenzimmer liegt noch immer die Leiche Tony Hughes'. Da Dahmer »mittlerweile entdeckt hatte, dass eine Leiche nur für kurze Zeit Befriedigung brachte, wollte er jemanden, der noch am Leben war und dennoch bei ihm blieb. Nachdem er außerdem zu der Überzeugung gekommen war, dass niemand zu seinen Bedingungen bei ihm bleiben würde, kam ihm der Gedanke, dass er vielleicht den Willen eines Menschen operativ zerstören und ihn in einen zombiegleichen, völlig abhängigen Zustand halten könnte. ›Ich wollte nicht weiter Menschen töten und dann nichts weiter übrig behalten als ihren Schädel.‹ Zu diesem Zweck holte er, während Konerak noch bewusstlos dalag, seinen Bohrer und bohrte von oben ein kleines Loch in seinen Schädel, drei Viertel vom Scheitelpunkt versetzt und schräg nach vorn geneigt. Seine Absicht war, die Stirnlappen zu erreichen, doch er wusste nur ungefähr, wo sie lagen. Mit einer Marinierspritze injizierte er Salzsäure in das Gehirn, wobei er die Nadel bis zu fünf Zentimeter tief hineinstieß.« Nach dieser Arbeit war Jeffrey Dahmer durstig, aber kein Bier mehr im Haus. Schlafend, nackt ließ Dahmer Konerak Sinthasomphone im Apartment 213 zurück, um Bier zu trinken und zu holen. Daheim erwachte das geschundene Opfer gegen 1.30 Uhr und schleppte sich auf die Straße: blutend, nackt und nicht bei Sinnen. Drei schwarze Mädchen halfen ihm, dachten, der Typ sei auf Drogen, verständigten die Polizei. Doch Dahmer kam zurück, sah Konerak und nahm ihn mit sich. Es sei ein Streit unter (homosexuellen) Freunden, erklärte er den Streifenpolizisten. Die Mädchen protestierten: Der Sexualpartner schien ihnen zu jung, er war verletzt und ohne eignen Willen. »Madam, das hier ist eine häusliche Angelegenheit. Lassen Sie die Sache auf sich beruhen«, beendete ein Polizist die Diskussion. Trotzdem begleiteten die Beamten Dahmer in seine Wohnung. Dort präsentierte er seine von Konerak geschossenen Bilder, Zweifel an Dahmers Behauptungen kamen nicht auf, die Indizien unterstützten dessen Aussagen. »Na, dann kümmern Sie sich mal um Ihren Freund«, hörte Dahmer, als die Polizisten ihn verließen.

Die Familie meldete Konerak vermisst, auch die Zeuginnen sahen die Zeitungsbilder und forderten Ermittlungen. Allein, getan wurde nichts. Nach Bekanntwerden von Dahmers Verbrechen erhielt diese Episode andere Geltung: Wurde die Polizei nicht aktiv, weil Konerak

Asiate war, Dahmer Weißer und alle Zeugen schwarz? Den Vorwurf der Diskriminierung konnten die Behörden niemals ganz entkräften. Ihr Vorsatz beim Handeln war jedoch auch nie beweisbar. Fest steht: Wieder war eine Gelegenheit verstrichen, einen der perversesten Serienkiller zu stellen.

Jeffrey Dahmer mordet weiter

Am 30. Juni 1991 trifft Dahmer am Chicagoer Busbahnhof auf Matt Turner, 20, schwarz. Turner nimmt Dahmers Einladung zum Trip nach Milwaukee an. Turners Kopf wird im Kühlschrank gefunden, die Eingeweide gefroren in der Tiefkühltruhe. Matt Turners Torso zersetzte sich in der großen Säuretonne. Ebenfalls in Chicago begegnet Dahmer am 5. Juni 1991 Jeremiah Weinberger, 23, puertoricanischer Herkunft, jüdischen Glaubens. Jeremiah ist von Dahmer begeistert, erst am dritten Tag ihrer Bekanntschaft (als er bereits vermisst gemeldet war) tötet Dahmer. Vielleicht stand Jeremiah Dahmer von all seinen Opfern am nächsten, nur das, was ihn wirklich bewegte, konnte Jeffrey Dahmer auch diesem Manne nicht sagen: Der Mord musste folgen. Jeremiah Weinbergers Kopf lag in der Gefriertruhe, der Torso zersetzte sich im Säurefass. Am 15. Juli 1991 nimmt Dahmer Oliver Lacy, 24, schwarz, mit ins Apartment 213. »Während Oliver Lacy in einem Zimmer massiert wurde, lag die kopflose Leiche von Jeremiah Weinberger nebenan in einem Bad aus kaltem Wasser und Bleichmittel. Dahmer musste mit zwei Leichen in der Wanne duschen. Er machte ein Foto vom toten Matt Turner in stehender Haltung, weil die Totenstarre schon eingesetzt hatte und Dahmer in der Lage war, den Körper entsprechend in Positur zu setzen. Andere Fotos zeigen den kopflosen Oliver Lacy, wie er an einem Riemen von der Duschvorhangstange hängt, und dieselbe verstümmelte Leiche, mit freigelegtem Brustkorb, wie sie auf dem enthaupteten Leichnam von Weinberger liegt. Beide Köpfe wurden separat voneinander im Kühlschrank und der Gefriertruhe verwahrt … Eine Tüte mit inneren Organen war am Boden der Gefriertruhe festgefroren. Im Kühlschrank lagen Herzen und ein ganzer Bizeps – groß genug, um einen Teller zu füllen – war gebraten und gegessen worden.« Am 19. Juli 1991 ermordete Jeffrey Dahmer Joseph Bradhurst, 25, weiß. Seine Leiche lag zwei Tage lang unter einer Wolldecke in Dahmers Bett. Dahmers Trieb, neue Männer zu finden, lässt die Entsorgung der toten Körper nicht mehr zu. Der Gestank des Apartments veranlasste die Hausverwaltung, Dahmer den Mietvertrag zu kündigen. Zu gleicher Zeit entlässt ihn sein Arbeitgeber, die Schokoladenfabrik: zu viele Fehlzeiten. Jeffrey Dahmer spürt die Panik, er steht vor der Entdeckung. Trotzdem: Er sucht weiter, will/muss töten.

Mit Tracy Edwards hat Jeffrey Dahmer schon mehrmals gesprochen, am 22. Juni 1991 ist Edwards bereit, sich gegen einen finanziellen Ausgleich von ihm fesseln zu lassen. Im Apartment 213 bedauert Edwards mitgegangen zu sein, Dahmer scheint nur halb bei Bewusstsein und völlig unberechenbar. Die vollständige Fesselung der Hände kann Edwards verhindern, heimlich. Als Dahmer einen Moment lang abgelenkt ist, flieht Edwards. Auf offner Straße erzählt er Polizisten Unglaubliches von diesem Freak im Apartment 213. Er führt die Polizisten hin. Dahmer bittet alle drei herein, ist zurückhaltend, doch kooperativ. Erst als die Officer die Bilder sehen, stellen sie mit Entsetzen fest, »dass viele von ihnen abgeschnittene Köpfe, abgetrennte Gliedmaßen und verwesende Torsos zeigten; der Hintergrund machte schnell deutlich, dass es sich nicht um kommerziell produzierte und nachgestellte Szenen handelte«. Es war das Zimmer, in dem sie sich befanden. Dahmer werden Handschellen angelegt. Es ist 23.50 Uhr. Die Wohnung wird durchsucht. Auf dem Küchenfußboden standen vier Behälter mit Salzsäure. Der Kühlschrank enthielt neben einem Männerkopf drei Plastiktüten mit menschlichen Herzen, in einer fand sich dazu noch ein Stück Muskelfleisch. In der Gefriertruhe lag ein männlicher Torso, Fleisch und Eingeweide. Der Schrank im Flur barg zwei gebleichte Schädel. In einem großen Alu-Topf die Hände einer Person, Genitalien separiert in Penis, Hoden, Haut mit Schamhaar. Das Bett war blutig und die Wände zeigten Spritzer. In einem Aktenschrank drei grün bemalte Schädel auf dunkelblauem Handtuch, ein menschliches Skelett, Reste eines Skalps, getrocknete, mumifizierte Geschlechtsteile von Männern. In einer Kiste aus Styropor zwei weitere Schädel. Im 200-Liter-Säurefass drei menschliche Torsos in unterschiedlichem Verwesungszustand. Es waren 74 Fotos, die die Polizisten fanden, das von ihm geschaffene Grauen hatte Jeffrey Dahmer gut dokumentiert. Nur anhand der Bilder konnte man viele der Opfer identifizieren. Dahmer half. »Ich denke, eine höhere Macht hat meine Taten endlich satt gehabt und entschieden, ihnen ein Ende zu setzen. Ich glaube nicht, dass es wirkliche Zufälle gibt. So kam es zu einem Ende. Ob die Male, wo sie mich beinahe erwischt hätten, eine Warnung an mich waren oder so was, weiß ich nicht. Wenn sie es waren, habe ich sie einfach nicht beachtet ... Wenn ich nicht erwischt worden wäre oder meinen Job verloren hätte, dann würde ich es immer noch tun, da bin ich mir ziemlich sicher. Ich habe immer weiter und weiter gemacht, obwohl ich Angst hatte und die Befriedigung nie lange dauerte ... Ich habe mich immer gefragt, von dem Moment an, als ich diesen ersten schrecklichen Fehler begangen habe, diese Sünde mit Hicks, ob es irgendwie vom Schicksal vorbestimmt war und es wirklich einen Weg gab, wie ich es hätte ändern können. Ich frage mich, wie sehr die Vorbestimmung das Leben eines Menschen beherrscht und wie viel Kontrolle der Mensch über sich hat.«

957 Jahre Haft

Weltweit erregte der Prozess Aufmerksamkeit, das Gericht verurteilte Jeffrey Dahmer zu 15-mal lebenslang. 957 Jahre Haft. Er war ein vorbildlicher Strafgefangener in Portage/Wisconsin. Am 28. November 1994 reinigte Jeffrey Dahmer mit zwei Mithäftlingen den Sanitärbereich. Christopher Scarver, verurteilter Mörder und geisteskrank, erschlug den »Kannibalen von Milwaukee« mit einem Besenstiel. Die Gerüchte, dass Scarver im Auftrag handelte, sind nie verstummt.

Auch über ein anderes Nachspiel schrieb die Presse: »Thomas Jacobson, ein Rechtsanwalt, der die Interessen der Familien von acht Opfern Jeffrey Dahmers vertritt, schlägt vor, den Kühlschrank, in dem Dahmer die Leichenteile aufbewahrte, zusammen mit anderen persönlichen Gegenständen Dahmers zu versteigern. Die Sachen von Dahmer seien mit den persönlichen Gegenständen Adolf Hitlers zu vergleichen. ›Es gibt Menschen, die am Kranken und Grotesken und an solchen Erinnerungsstücken interessiert sind‹, erklärte der Anwalt.« Angebote lagen vor.

Kochen und Würzen

»Wenn du das Blut getrunken hast, brät dir Li-bai
das Herz und die Leber.«
Günter Eich, *Träume*

Der Vollzugsbeamte sagte aus: »Wir gingen in die Zelle und fanden einen Toten unter dem Bett. Er wurde erstochen und stranguliert. Den zweiten fanden wir in einem Karton daneben. Der Kopf des Mannes war aufgeplatzt wie ein gekochtes Ei. Im Schädel steckte ein Löffel. Maudsley hatte sein Gehirn gegessen.«

Robert John Maudsley gilt als lebendes Vorbild des literarischen Kannibalen Dr. Hannibal Lecter. Maudsley aß vom Gehirn seines Zellengenossen. Und Gehirn tierischen Ursprungs gilt auch heute noch als Delikatesse. Wiener Rezepte anno 1926 empfehlen, »ein Kalbshirn in warmes Wasser zu legen und danach zu häuten. In Stücke geteilt wird es gesalzen, mit Ei, Mehl und Bröseln paniert und in heißem Kunerol herausgebacken.« Da die menschliche Konstitution tierischer sehr ähnlich ist, liegt es nah, auch Menschenfleisch zuzubereiten und zu verspeisen. Kleinkinder haben kaum Zweifel, dass man sie zum Fressen gern hat. Erst Moral und ethisches Empfinden lässt den Menschen vorm menschlichen Mahle erschrecken. Selbst Aasfresser des Tierreichs scheuen vor ihresgleichen. Und doch liegt die Idee des Menschenfraßes keinem Menschen fern. »Bei vielen Stämmen sollen die Gebräuche, die man beim Einführen eines Eingeborenen unter die Männer anwendet, mit einigen scheußlichen und abstoßenden Vornahmen verbunden sein: Um den Knaben Mut einzuflößen, pflegte ein Krieger, Kerketegerkai genannt, Auge und Zunge eines toten Menschen zu nehmen (wahrscheinlich eines erschlagenen Feindes), diese in kleine Stücke zu schneiden und mit seinem Harn zu vermischen. Dieses Gemengsel verwendete er dann in folgender Weise: Er sagte dem Knaben, dass er die Augen schließen und nicht hinsehen solle, wobei er hinzufügte: ›Ich gebe dir richtiges Kaikai.‹ (Kaikai ist ein entliehenes Wort, das im englischen Kauderwelsch so viel wie Speise bedeutet). Der Krieger stand dabei aufrecht hinter dem sitzenden Knaben und fütterte ihn, wobei er des Knaben Hände zwischen seine Beine klemmte. Nach einer solchen Gabe ›ist das Herz stark und der Knabe hat keine Furcht mehr‹.« Genüsslich verspeist man solch Sagen urzeitlicher Stämme, verwirrter Mörder und Monster.

Belegt ist Menschenfresserei auch in der Jetztzeit. Ist es – ob Mann, ob Frau – unmöglich, Nahrung zu erlangen, werden dem Überlebensdrang die moralischen Tabus geopfert. In solchen Extremsituationen speist man den toten Mitmenschen. Dass man die Schwächsten dafür opfert (oder diese sich), ist nicht zu belegen, wird aber gern literarisch und medial ins rechte Bild gesetzt. Journalisten berichten stets wieder von Expeditionen, die ins Abseits einsamer Inseln oder Gebirge gerieten und im Kannibalismus endeten. Ähnliches erzählt man von Überlebenden unbemerkter Flugzeugabstürze. Krieger fraßen voneinander, bis Sanitäter sie fanden. So schwer es fällt, doch scheint diese Menschenfresserei ums Überleben verständlich. Ob man die eigenen Skrupel in solch Situationen auch überwindet und speist oder dem Tod entgegenhungert mit der Nahrung vor Augen?

Wie auch immer die Antwort ausfällt: Fest steht, dass es Menschen gibt, die dem menschlichen Mahl nicht widerstanden. Aus Interesse. Aus Leidenschaft. Die Täter unterlagen ihren Obsessionen und Fantasien. Manche Körperteile werden bevorzugt. Sicherlich erregen die Geschlechtsorgane qua Funktion und gelebter (oder ungelebter) eigener Erfahrung besonderes Interesse. Die Völkerkunde weiß von getrennter Bestattung der Genitalien, von ihrer separaten Verbrennung, von ihrer Konservierung zu wundertätigen Zwecken. Als Trophäen schickten die siegreichen Aufständischen nach der »Sizilianischen Vesper« im Jahre 1282 ganze Tonnen voll abgeschnittener Penisse ihren Feinden nach Hause. Auch die Engländer entmannten die schottischen Gegner nach der Schlacht bei Culloden 1746. Gleiches Schicksal widerfuhr Schweizer Gardisten nach dem Sturm auf die Tuillerien 1792. Selbige Fakten berichten Chronisten aus dem Zweiten Weltkrieg, aus den Vietnam- und Balkankriegen. Sie werden davon auch weiter berichten, steht zu befürchten. Denn die magische Bedeutung solchen Handelns »ist leicht erklärbar: Der Feind wird seiner geschlechtlichen Identität beraubt, entmannt, erniedrigt und gleichzeitig soll seine Potenz und sexuelle Kraft auf den Täter übergehen.«

Auch die privaten Krieger, die Mörder, die Monster in Menschengestalt, zeigen Vorlieben für die Sexualorgane ihrer Opfer. Glaubt man den Quellen, sind Brüste weniger schmackhaft. Der Penis schwer verdaubar. Als delikat wird seine Vorhaut beschrieben. In Vater Denkes Fleischvorräten fand sich kein Geschlechtsteil der Opfer. Vorsichtig konserviert und angemalt waren die in den Stuben von Ed Gein. In Dresden zu Beginn des letzten Jahrhunderts fanden Passanten hinter Hecken die Leiche eines 18-jährigen Knaben. Der Täter hatte dem Toten sorgfältig Penis und Hoden abgetrennt. Der später überführte Mörder hielt sich für impotent und hatte in Zeitungen von den Erkenntnissen der Endokrinologie gelesen, dass Sexualhormone in den

Sexualorganen gebildet würden und dass man sie daraus gewinnen könne. Als sich bei ihm die erhoffte Wirkung nicht einstellte, offenbarte er sich einem Freunde und damit der Polizei.

Manchem menschlichen Körperteil werden magische Kräfte nachgesagt. Dem Herzen der Jungfrauen. Dem Fett kleiner Kinder. Ungeborenem Leben. Melchior Hedloff war Serienmörder zum eigenen Vorteil im Dreißigjährigen Krieg. Neben den Raubmorden gestand er 1654 vor dem Gericht zu Oels, er habe vor etwa zehn Jahren eine schwangere Frau, die von Breslau nach Andlau reisen wollte und ihn deshalb um Schutz gebeten hatte, zuerst in die Irre geführt. Dann hat er der Frau in den Kopf geschossen und auch ihr Kind, ein Mädchen, ermordet, obwohl es laut schrie und um sein Leben bat. Dann riss Hedloff der toten Mutter die Kleider vom Leib. Die Leiche schnitt er auf und riss der Leibesfrucht, einem Mädchen, das Herz heraus, »ungefähr so groß wie ein Daumennagel«. Dieses fraß er sogleich roh, »damit er desto teuffelhafftiger werde«. Ein anderer Räuber zu Schlesien, Hanns Liehmann, aß gemeinsam mit seiner Lebensgefährtin das soeben entbundene Kind, »um sich unsichtbar machen zu können«. Liehmann hatte »vorher schon mit zwei Genossen zwei schwangere Weiber in die Büsche geführt und ihnen mit einer Axt auf den Kopf geschlagen, dass sie bewusstlos wurden, dann die noch Lebenden aufgeschlitzt und ihrer Leibesfrucht, die noch lebte, die Herzen herausgerissen und die Händlein abgeschnitten und mitgenommen.« Solch abergläubische Fressereien enden nicht mit dem Zeitalter der Aufklärung, auch heute versuchen Medien, rituellem Menschenschlachten auf die Spur zu kommen. Zeugen berichten. Staatsanwälte ermitteln. Eindeutige Beweise blieb man bis heute schuldig.

Fakt ist: menschliche Körperteile finden den Weg in menschliche Mägen. Oft frisst man roh. Auch dem sagenhaften Jack the Ripper wird der Genuss einer Niere nachgesagt. Andere hingen die Leichen oder deren Teile erst zum Trocknen in den Schuppen oder über Feuer. In der Höhle der inzestuösen Familie des Swaney Bean sollen anno 1360 Hunderte Leiber gefunden worden sein: geräuchert. In Salzfässern eingelegt. Seltener unterzieht sich der Kannibale der Mühe des Kochens. 1971 briet sich nach erfolgtem Mord ein betrogener Gatte in Glauchau, Sachsen die Hinterbacken seines untreuen Weibes. Nicht vielen stand die Mutter hilfreich zur Seite wie Sascha Spesiwtsew.

Der Rhabarberkönig:

Karl Denke

Die erste Tat des Menschenfleischhauers Karl Denke blieb unentdeckt. Für die zweite büßte ein Kollege von der strikt zoologischen Abteilung: Kurz vor den Weihnachtstagen des Jahres 1909, am 21. Dezember, verschwand die 25-jährige Fabrikarbeiterin Emma Sander aus Neuhof, Kreis Münsterberg in Preußisch-Schlesien. Sie war wie jeden Werktag, wenn sie Nachtschicht hatte, um etwa halb sechs Uhr abends von Zuhause nach ihrer Arbeitsstätte in Heinrichau aufgebrochen, dort aber nie angekommen. Erst zwei Tage später machten Arbeiter in einem kleinen Wäldchen bei Neuhof einen grausigen Fund: In einer Mulde, nur oberflächlich zugedeckt, lag der Rumpf einer weiblichen Leiche, die schnell als die Vermisste diagnostiziert wurde. Zwei Tage später fand man in einem anderen Wäldchen den Kopf und die Arme, wieder zwei Tage später in der Nähe der Bahnlinie Münsterberg–Strehlen die beiden Unterschenkel des Mädchens. Sie wiesen eine eigenartige Verletzung auf: Vom Schienbein, und zwar von den Knien bis zu den Zehen, waren an der Vorderseite zwei breite Hautstreifen herausgeschnitten und abgelöst.

Die Leichenteile der Emma Sander waren obduziert worden, noch bevor man die Beine gefunden hatte. Die Todesursache war eindeutig ein Stich in den Hals, der zu Verbluten geführt hatte. Vorher aber hatte der Täter sein Opfer bis zur Bewusstlosigkeit gewürgt, die Spitzen ihres Zungenbeines waren gebrochen.

Beim Zerteilen der Leiche musste ein Fachmann am Werk gewesen sein. Die Arme waren aus dem Schultergelenk so fachgerecht gelöst, dass weder die Gelenke noch die Gelenkköpfe beschädigt waren. Der Schnitt, der den Kopf vom Rumpf trennte, führte gerade durch die Halswirbel, und die Schnittstellen zeigten ganz glatte Ränder. Auch die Beine waren, zwar nicht lege artis, aber doch sauber vom Rumpf geschnitten.

Auffallend war, dass die Leiche völlig blutleer war und selbst für eine Tote eine außergewöhnliche Blässe aufwies. Der Täter hatte die Tote nach dem Stich in den Hals langsam ausbluten lassen. An keiner der drei Fundstellen fanden sich jedoch Blutspuren, das Verbrechen musste daher an einem anderen Ort begangen worden sein.

Hammelstich

Einer der obduzierenden Ärzte hörte zufällig im Gespräch mit einem Fleischer, dass gelernte Fleischhauer, wenn sie ein Tier so töten wollen, dass weder sie selbst noch das Fell des Tiers mit Blut befleckt werden, einen besonderen Kunstgriff anwenden, den so genannten Hammelstich. Der Arzt legte Bilder der Halswunde der Toten vor, aber damit konnten die Fleischer den Hammelstich nicht sicher identifizieren. Die Leiche wurde exhumiert und ein zweiter Fachfleischer beigezogen. Beide waren sich jetzt einig, dass die Todeswunde der Sander eindeutig ein fachgerecht ausgeführter Hammelstich war. Dieses Faktum wurde auch in das abschließende Gutachten der beiden Pathologen mit aufgenommen. Todesursache sei der Hammelstich in den Hals, der nur von einem gelernten Fleischer stammen könne, »ein Laie bringe so etwas nicht ohne weiteres zu Stande«. Auch die saubere Zerstückelung der Leiche sei eindeutig einem Fleischer zuzuschreiben, so sachkundig sei sie durchgeführt. Ein Humanmediziner allerdings hätte das Abtrennen der Beine vom Rumpf anders ausgeführt.

Die Polizei, die zuerst den Schwager der Toten, bei dem sie gewohnt hatte, verdächtigte, musste jetzt nach einem Fleischer suchen. Der fand sich bald in der Person des ebenfalls in Neuhof wohnenden Eduard Trautmann, der auch ein Motiv hatte. Emma Sander soll seinen Heiratsantrag abgewiesen haben, worauf der Abgewiesene gesagt haben soll, er möchte sie dafür schlachten, und wenn er sie unter vier Augen träfe, schlüge er sie tot.

Auch zu anderen Damen seiner Umgebung hatte er ähnliche Fachausdrücke seines Gewerbes verwendet. Wenn er mit ihr, sagte er zu einer anderen, verheiratet wäre und sie zanke mit ihm, mache er Presswurst aus ihr. Wieder einer anderen drohte er mit Kopfabschneiden, wenn sie nicht täte, was er wolle. Das alles machte Trautmann natürlich sehr verdächtig, zumal er auch sonst im Ort wegen seines brutalen und rohen Wesens alles andere als beliebt war. Erkundigungen der Polizei bei früheren Arbeitgebern brachten ebenso wenig Vorteilhaftes zu Tage. Er

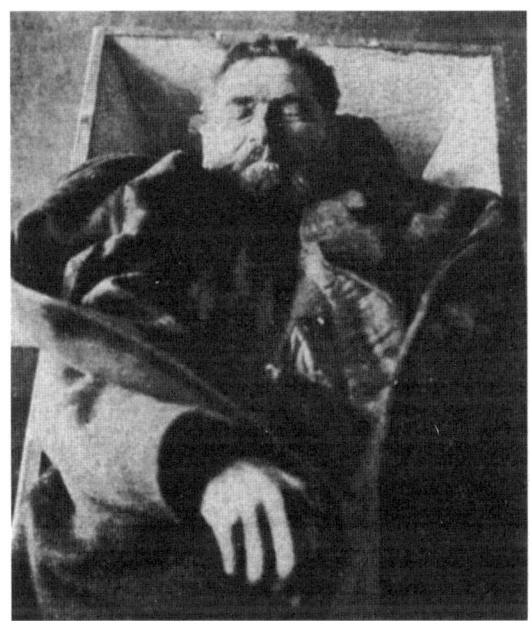

Karl Denke

sei ein sehr gefährlicher Mensch gewesen, bezeugte der Fleischermeister in Breslau, bei dem Trautmann 1892 zwei Monate lang gearbeitet hatte. Herausgefunden wurde auch, dass der Verdächtige Experte für den Hammelstich war. In Breslau beim besagten Meister und auch in anderen Dienststellen hatte er oft Gelegenheit, die Technik anzuwenden. Er führte ihn, der bei verschiedenen Meistern in unterschiedlicher Weise ausgeführt wird, so aus, dass er nur eine Stichwunde hinterließ, durch die der Hals nicht ganz durchstochen wurde und das Blut nur eine Abflussstelle hat. Wie bei Emma Sander.

Eine Zeugin meldete sich, die angab, sie hätte zur entsprechenden Zeit in der Nähe des Fundortes der Beine, beim Bahnwärterhaus, einen Mann gesehen, der einen braunen Krimmerpaletot trug, in etwa die Statur Trautmanns hatte und einen Handwagen zog, auf dem ein Jutesack lag. Trautmann besaß nachweislich ein derartiges Kleidungsstück, leugnete den Besitz aber entschieden. Eine zweite Zeugin erzählte dazu, dass es in den Tagen nach dem Mord um das Trautmannsche Haus stark nach verbranntem Leder und verbrannter Wolle gerochen habe. Da muss er wohl den verräterischen, blutbefleckten Mantel verbrannt haben. Die Spurensicherung hatte an Trautmanns Hose Frauenhaare gefunden, die wahrscheinlich, eine exakte Bestimmung war damals noch nicht möglich, vom Opfer herrührten. Als Tatort hatte die Polizei aufgrund von Blutspuren eine Stelle rekonstruiert, die unweit der Landstraße von Neuhof nach Heinrichau lag, die Emma Sander auf ihrem Weg zur Arbeit hätte gehen müssen.

Trautmann wurde angeklagt und von dem Schwurgericht in Glatz aufgrund dieser wenigen, fragwürdigen Indizien zu zwölf Jahren Zuchthaus verurteilt. Auch den Geschworenen war er nicht sympathisch gewesen. Von den Hautstreifen der Unterschenkel und wo sie abgeblieben waren, wurde nicht geredet.

Trautmann beteuerte und beschwor seine Unschuld, auch sein Verteidiger versuchte alles, um eine Revision des Prozesses zu erreichen, aber der Verurteilte musste die volle Strafe absitzen. Erst 1923 entließ man ihn aus der Haft.

Im Nachhinein lässt sich sagen, dass schon die Aufstellung eines einfachen Zeitdiagramms Trautmanns Unschuld beweisen hätte müssen. Emma Sander war um 17.35 Uhr von zu Hause weggegangen, Trautmann hatte nachweislich um 17.50 Uhr das Wirtshaus am anderen Ende Neuhofs betreten. Der hypothetische Tatort lag an einer viel frequentierten Landstraße, auf der, es war Feierabend, einige Passanten unterwegs waren. Die Nacht war klar und sternenhell gewesen. Niemand aber hatte etwas Verdächtiges bemerkt. Die Blutspuren am Tatort waren gering, dabei war die Leiche völlig ausgeblutet. Wo war das Blut? War Trautmann als Fleischer wirklich so geschickt, dass er in einer knappen Viertelstunde unbeobachtet den Mord vollbringen, die Leiche ausbluten und fachgerecht zerstückeln konnte? War er so schnell unterwegs, dass er auch die Teile, Rumpf, Arme, Kopf und Beine in einem Radius von mehr als fünf Kilometern verteilen oder sie in ein sicheres Zwischenlager bringen, sich umziehen und zum Wirtshaus gehen konnte?

Zeugen hatten ausgesagt, Emma Sander hätte schon seit längerer Zeit von zu Hause ausziehen wollen und sich in Münsterberg nach einem neuen Quartier umgesehen, unter anderem in einem Haus am Rand der Gemeinde, Teichstraße 10.

Ein ruhiger Zeitgenosse

In diesem Haus wohnte auch, neben drei anderen Familien, ein älterer allein stehender Herr namens Karl Denke. Die Nachbarn schätzten ihn als ruhigen, gutmütigen Zeitgenossen sehr. In einem kleinen Garten vor seiner Behausung zog er Gemüse, das er billig verkaufte. Beliebt war vor allem sein Rhabarber. Sonst lebte er von Gelegenheitsarbeiten, werkte unter Tags in seinem Schuppen oder in der ebenerdig gelegenen Wohnung und fuhr nur frühmorgens oder spätabends mit einem Handkarren in den nahen Wald. Um Kleinholz zu sammeln, wie er sagte. Im Städtchen nannte man ihn den Rhabarberkönig oder, allgemeiner, einfach Vater Denke. Wie wenig beide Spitznamen, der mit dem familiären ebenso wenig wie der mit dem botanischen Prädikat, seinem wirklichen Wesen entsprachen, sollte sich bald genug herausstellen.

Mit ihm hatte am 21. Dezember 1924 – der Mord an Emma Sander lag fast auf den Tag genau 15 Jahre zurück, ihr angeblicher Mörder war erst vor einem Jahr freigelassen – der 41-jährige Steinarbeiter Vinzenz Olivier ein unangenehmes Erlebnis.

Die Zeiten waren, fast fünf Jahre nach dem Ende des Ersten Weltkriegs, immer noch mehr als schlecht, besonders in diesen fernen, industriearmen Gegenden. Viele Handwerker konnten mangels Aufträgen in ihrer Heimat keine Arbeit finden und hatten daher den alten Brauch der Wanderschaft wieder aufnehmen müssen, auch wenn sie selbst längst ausgelernte Gesellen oder Meister waren. Dabei versuchten sie von Gelegenheitsarbeiten zu leben und, oft gezwungenermaßen, vom Betteln. Ein Schicksal, das auch Vinzenz Olivier teilte.

Am Nachmittag dieses 21. Dezember 1924 stürzte er aufgeregt, aus einer Kopfwunde blutend, in die Wachstube des Polizeipostens Münsterberg. Am Vortag, am Sonnabend, sei er, hieß es dann im Protokoll, nach Münsterberg gekommen und habe in der mehr als bescheidenen »Herberge zur Heimat«, die fast ausschließlich von reisenden Handwerkern frequentiert wurde, übernachtet. Am nächsten Tag wollte er in der Umgebung Arbeit suchen beziehungsweise um etwas Geld oder Essen betteln. Dabei war er auch in das Haus Teichstraße 10 gekommen. Von der Frau des im Haus wohnenden Lehrers bekam er 20 Pfennig. In der nächsten Tür traf er auf Vater Denke. Dieser bat ihn zu sich und sagte ihm, er würde nochmals 20 Pfennig verdienen, wenn er ihm einen Brief schreiben könnte. Olivier sagte zu, trat ein und legte seinen Hut auf den niedrigen Schrank im Zimmer, während Denke einen Stuhl zum Tisch rückte und ihm einen Bogen Papier und einen Bleistift gab. Auf dem Tisch war alles stark verstaubt und daher verlangte Olivier eine Schreibunterlage.

»Haben Sie Tinte?«, fragte er Denke.

»Nein«, sagte dieser, »die hier ist wässrig und taugt nicht zum Schreiben.«

Olivier war bereit anzufangen.

»Soll ich schreiben: Münsterberg, den …?«

»Nicht notwendig«, sagte Denke. »Schreiben Sie: Adolf, du dicker Wanst.«

Dabei trat Denke, der bis jetzt unmittelbar neben Olivier gestanden war, ein paar Schritte zurück. Olivier schrieb »Ado…«, musste dann aber lachen und drehte sich nach Denke um. Was ihm das Leben rettete, denn gerade hatte Denke mit seiner Spitzhacke ausgeholt.

»Ich erhielt plötzlich einen schweren Schlag gegen meinen Kopf. Im Augenblick war ich etwas betäubt, hatte aber noch die Geistesgegenwart und die Kraft, mich umzudrehen und nach der Hacke zu greifen. Denke wollte zum zweiten Mal auf mich einschlagen, doch ich hielt die Hacke mit beiden Händen fest und versuchte sie ihm zu entreißen. Eine ganze Weile zerrten wir gegenseitig hin und her, dann gelang es mir, sie umzudrehen, sodass Denke sie loslassen musste. Bei diesem Kampf flogen von einem zweiten Tisch große Gläser und Glaskrausen herunter und es gab einen fürchterlichen Krach. Nun hatte ich die Hacke in der rechten Hand. Denke fasste mich aber mit beiden Händen am linken Arm und wollte mich nicht hinauslassen. Mit aller Kraft jedoch riss ich mich los, öffnete die Stubentür und rief um Hilfe. Hierauf erschienen zwei Söhne einer Hausbewohnerin, denen ich mitteilte, dass hier ein Verrückter sei, der mich erschlagen wolle. Diese beiden Männer haben mich dann von Denke befreit und den im Hause wohnenden Lehrer herbeigerufen, der sofort die Hacke an sich nahm. Als wir die Denkesche Kammer wieder betraten, um meinen dort zurückgelassenen Hut zu holen, stand Denke mit zitternden Armen da. Er knirschte mit den Zähnen. Sein Gesicht was zinnoberrot, die Mundwinkel verzerrt. Ab und zu lief ein Zucken über seinen Körper, das diesen von oben bis unten erschütterte. Denke brachte nur ein Stammeln heraus und behauptete, ich, der Bettler, hätte ihn berauben wollen.«

Die Obrigkeit wollte zuerst dem Handwerker nicht glauben. Der gute

Vater Denke, der Rhabarberkönig? Sicherheitshalber überführte man Olivier in das Amtsgericht, das ihn wegen Bettelei und Vagabundage zu 14 Tagen Arrest verurteilte. Da aber die Aussagen der anderen Beteiligten seine Angaben bestätigten, musste auch Denke in Schutzhaft genommen werden, was in der kleinen Stadt, in deren Mitte Denke seit mehr als 30 Jahren lebte, Empörung hervorrief. Wie konnte man den guten Alten so behandeln, und noch dazu nur auf die Aussage eines dahergelaufenen, windigen Vaganten hin? Die seltsam gefärbten Hosenträger des Inhaftierten, die noch Bedeutung erlangen sollten, waren niemandem aufgefallen.

Mit einem Taschentuch erhängt
Als man Denke am nächsten Morgen zu einer ersten Befragung wegen des Überfalls führen wollte, war er tot. Er hatte sich in der Nacht in seiner Zelle mit einem zu einem Strick zusammengedrehten Taschentuch erhängt.

Erst durch den vorerst nicht erklärbaren Selbstmord erhielt der Fall eine dramatische, vorher unvorstellbare und in unvorhergesehene Abgründe führende Wendung.

Der Nachlass des Selbstmörders musste aufgenommen werden. Da Denke ohne Erben verstorben war, rückte die Obrigkeit aus. Als Erstes fand man in Denkes Zimmern eine große Zahl von Ausweispapieren junger und älterer Männer, Arbeitsbücher, Invalidenscheine und Krankenhausbestätigungen. Den Eintragungen nach mussten sie alle von ebenso vielen wandernden oder vazierenden Handwerkern stammen, wie auch Olivier einer gewesen war. Man wusste im Dorf, dass Denke in der Herberge zur Heimat immer wieder Wandersburschen angesprochen und sie, wahrscheinlich mit Versprechungen auf Arbeit, Essen und Unterkunft, mit nach Hause genommen hatte. Dass sie aber weggegangen oder abgereist waren, ohne die für sie lebenswichtigen Papiere mitzunehmen, war unwahrscheinlich. Wo waren sie abgeblieben?

In Denkes Quartier, in der Wohnung wie in dem von ihm benützten Schuppen standen auffällig viele Vorratsgefäße mit verschiedenem Fleisch herum. Er hatte sich offenbar einen großen Vorrat von diesem von ihm bevorzugten Nahrungsmittel eingelagert, so groß, dass es der Behörde verdächtig sein musste. Wer zuerst die Idee hatte, das Eingelagerte und Eingeweckte zu untersuchen, ist nicht überliefert, er hat damit aber eine Lawine losgetreten, die noch jahrzehntelang in der

Öffentlichkeit, bei den Kriminalisten und Psychologen Wirkung zeigen sollte. Der Gemeindearzt wurde gebeten und seine erste Analyse war so klar wie niederschmetternd: Denkes Vorräte bestanden ausschließlich aus Menschenfleisch.

Der Fall musste ab jetzt zur Stabssache erklärt werden, Polizeimannschaften wurden angefordert, auf die Dinge, die sie erwarten würden, behutsam vorbereitet und Sachverständige, Gerichtsmediziner und Anthropologen beigezogen. Denkes Aufenthaltsräume im Haus, seine Schuppen und Werkstätten und die Umgebung mussten auf das genaueste durchsucht und inventarisiert werden. Beim Niederschreiben der Abschlussinventur von Denkes Lager sträubte sich nicht nur damals dem Protokollführer die Feder.

Inventur

Gefunden wurden:

1. Neben der Kochstelle in der Kammer: eine große Schüssel voll Fett.
2. Am Herd: Stücke frisch gebratenen Fleisches.
3. Auf dem eisernen Ofen in der Stube: 13 Emailletöpfe mit gekochten Fleischstücken.
4. Im Holzschuppen: ein großer Holzkübel voll mit eingesalzten Fleischstücken, darunter Teile einer behaarten Männerbrust, Teile eines männlichen Unterkörpers und Teilstücke eines männlichen Gesäßes.
5. Auf einem Gerüst im Holzstall: ein großes hölzernes Fass mit Knochen, menschlichen Fingergliedern, Zehen und einigen großen Röhrenknochen von Oberarmen und Oberschenkeln. Insgesamt 480 (!) Stück von mindestens acht Personen. Dazu gezählte 420 Zähne.
6. Am Boden des Holzstalls: eine weitere große, gut einen Meter hohe Tonne voll Knochen.
7. Im Schuppen: eine ganze gekochte Haut einer männlichen Person, von der zur Konservierung säuberlich innen alles Fleisch abgeschabt worden war.
8. Ein Korb im Wohnraum war angefüllt mit Wäschestücken, die mit eigenartig aussehenden, gelblich ledrigen Schnüren zusammengebunden waren. Denke hatte offenbar die Wäsche seiner Opfer zertrennt, um sie später leichter verwerten zu können.

9. Im Kleiderschrank im Wohnzimmer: zwei Paar Hosenträger von gelblich brauner Farbe, detto Hosenriemen. Solche Hosenträger hatte Denke auch bei seiner Verhaftung getragen.

10. In allen Räumen zahlreiche Brotkörbe.

11. Hinter dem Zugloch des Ofens im Wohnzimmer, das offenbar erst vor ganz kurzer Zeit mit Lehm abgedichtet worden war: 15 blutbefleckte Westen in Bündeln, mit Riemen wie unter Punkt 8 zusammengebunden.

12. Im Kleiderschrank des Wohnraums und in einem Schrank im Schuppen: zahlreiche Kleidungsstücke der Opfer, darunter Hosen, Hemden, Schuhe und Stiefel, eine Militärjacke, zwei Paar Militärstiefel und sieben verschiedene Hüte.

Da Denke oft mit seinem Wagen in den nahen Stadtwald gefahren war, musste auch dort nachgeforscht werden.

Man fand wieder Knochen, nur oberflächlich unter Laub und Ästen versteckt, meist kleinere Knochen wie die in der Tonne im Schuppen.

Denkes Handwerkszeug, eine dreiseitig geschliffene Hacke, eine große einfache Holzsäge und drei große Küchenmesser, lagen geputzt und geschliffen griffbereit neben der Kochstelle. Blutspuren fanden sich auf der Diele und am Bettzeug, vor allem auf dem Keilkissen.

Alle Fundstücke, Denkes gesamte Speisekammer, wurden an das gerichtsmedizinische Institut in Breslau überstellt. Dessen Leiter, Prof. Dr. Friedrich Pietrusky, musste die sicher wenig erfreuliche Aufgabe der Analyse übernehmen. Seine Erkenntnisse trug er 1925 auf dem Kongress für soziale und gerichtliche Medizin in Bonn den Kollegen vor und publizierte den Vortrag ein Jahr später in der »Deutschen Zeitschrift für die gesamte gerichtliche Medizin«.

Zur Nummer vier des Inventars, dem großen Kübel im Schuppen, analysierte er: »Die Knochen und Fleischstücke lagen in einem Holzschaff in einer Salzlösung. Es waren 15 Stücke mit Haut. Zwei Teile sind von einer Brust, die stark behaart ist. Der Schnitt liegt in der Mittellinie und geht bis drei Finger oberhalb des Nabels. Die seitliche Begrenzung ist die vordere Achsellinie. In dem Stück der vorderen Bauchwand ist in der Mitte der Nabel zu sehen. Die übrigen Teile gehören den seitlichen Partien und dem Rücken an. Das größte ist etwa 40 mal 20 Zentimeter groß. Besonders auffallend war, dass die Afteröffnung sehr sauber mit doppelt handbreiten Teilen von beiden Gesäßhälften präpariert war.

Das Fleisch ist braunrot und macht nicht den Eindruck, als wenn der

Körper vorher viel Blut verloren hätte. Auf den Teilen des Rückens sind zart bläuliche Verfärbungen sichtbar, die für Totenflecken angesprochen werden und den Schluss zulassen, dass die Zerlegung des Körpers erst einige Stunden nach dem Tode vorgenommen wurde. ... Haut und Muskelpartien des Halses [fanden sich] nicht unter den vorhandenen Fleischstücken, ebenso wenig wie auch Extremitäten, Kopf und Geschlechtsteile fehlten.«

Zu Punkt drei, den Töpfen am Ofen:

»In drei mittelgroßen Töpfen fand sich eine Sauce, die das Aussehen von Sahnesauce hatte, gekochtes Fleisch, zum Teil mit Haut bedeckt, an welcher menschliche Haare nachgewiesen werden konnten. Innen war das Fleisch zart rosa. Die Stücke schienen aus der Gluteal-Gegend geschnitten. In einem Topf war nur noch die halbe Portion vorhanden. Den übrigen Teil soll Denke kurz vorher gegessen haben.«

Die Schale mit Fett, unter Punkt eins ins Inventar genommen, ließ sich dagegen nicht mehr eindeutig identifizieren. Das Fett war bernsteingelb, hatte das Aussehen von Menschenfett, aber die biologische Prüfung ergab nur ein schwach-positives Resultat für das Vorhandensein menschlichen Eiweißes.

Die Knochen aus dem Stall, dem Schuppen und aus dem Stadtwald waren, so das Untersuchungsergebnis, sauber von Sehnen, Muskeln befreit, präpariert und wahrscheinlich vorher (zu Suppe?) gekocht worden. Deshalb war eine Altersbestimmung kaum möglich, an den Schnittstellen konnte aber nachgewiesen werden, dass die in der Küche sichergestellten Werkzeuge Messer, Hacke und vor allem die große Baumsäge zum Zerkleinern gedient haben mussten.

»Auffallend war, dass sich nur ein einziges, kleines Stück eines Schädelknochens fand. Die Köpfe von Denkes Opfern wurden nie gefunden. Aufgehoben hatte er dagegen all ihre Zähne und die Zahnsammlung war aufschlussreicher«, sprach und schreibt Dr. Pietrusky. Sein Institut quittierte den Empfang von 351 Zähnen, eigenartigerweise 69 weniger als ursprünglich sichergestellt. Denke hatte sie in einer Geldtasche, in zwei Blechschachteln, auf denen »Pfeffer und Salz« geschrieben stand, und in drei Papierbeuteln, auf denen »Pfeffer« stand, sorgfältig, der Größe nach sortiert, aufbewahrt. Pfeffer hatte Denke viel verbraucht. Zur Untersuchung wurde der Leiter des Breslauer zahnärztlichen Instituts, Prof. Dr. Euler, zugezogen. Er sortierte noch einmal und kam zu dem Schluss, dass es sich um die Zähne von mindestens zwölf, wahrscheinlich aber von 25 verschiedenen Personen handelte, vier Fünftel der ursprünglichen Besitzer standen in höherem Alter, ein Einziger war sicher nicht älter als 16 Jahre, zwei zwischen 20 und 30 und einer zwischen 30 und 40. Die Zähne waren alle, der sozialen Schicht der Opfer entsprechend, in schlechtem Zustand, stark abgenützt und von Karies und Parodontose befallen. Kein einziger zeigte Spuren professioneller Behandlung. Manche Zähne, aber nicht alle, waren gezogen worden, wie die Spuren einer scharfen Zange bewiesen, aber kaum bei Lebzeiten des Individuums, eher aus den schon vorgekochten Kiefern. Über die Zeit der Extraktion ließen sich kaum genauere Angaben machen, sicher war nur, dass die Extraktion an dem jugendlichen Individuum schon einige Zeit zurückliegen musste. Warum hatte Denke all die Zähne so sorgfältig aufbewahrt?

Auch die Hosenträger und Riemen untersuchte Prof. Pietrusky. Die Hosenträger waren jeweils etwa sechs Zentimeter breit und 70 Zentimeter lang, nicht geschmeidig und stellenweise schon gebrochen. Die Haut war daher nicht gegerbt, sondern nur abgeschabt, vom Unterhautgewebe befreit und getrocknet worden. Einem Träger war so quer über die Brust geschnitten, dass die deutlich sichtbaren Brustwarzen ein makaberes Schmuckelement bildeten. Viele waren geflickt, mit Haut aus der Schamgegend, was sich an den noch vorhandenen Schamhaaren erkennen ließ. Unter dem Mikroskop entdeckte Dr. Pietrusky darin die Nissen von Filzläusen.

Notizen

Ein exakte Übersicht über Denkes Tätigkeiten aber boten die fünf Blätter handschriftlicher Notizen, die in der Stube gefunden wurden und die er wie ein Wareneingangsbuch genau geführt hatte. Darin waren, chronologisch geordnet, die Namen, Personalien mit Geburtsdatum und Geburtsort seiner Opfer, nach ihrem Eingang verzeichnet.

Auf einem weiteren Blatt hatte Denke zusätzlich das Gewicht, genauer das so genannte Schlachtgewicht der verwertbaren Fleischteile ohne Kopf, Knochen und Gedärme notiert. Dafür hatte er, wie erhoben wurde, bei einem professionellen Fleischhauer hospitiert.

Wenn auch in beiden Aufzeichnungen Namen und Daten nicht restlos in Übereinstimmung zu bringen waren, so ließ sich aus dem Wareneingangsbuch doch errechnen, dass Denke nach zögerlichem Beginn in den Jahren 1903 und 1909 (jeweils nur ein Opfer) vom Februar 1911 bis zu November 1924 insgesamt 25 Zentner und 79 Pfund reines Menschenfleisch (das sind knapp 300 Kilogramm) erbeutet, geschlachtet, zubereitet und bis auf das als Vorräte beiseite gestellte Eingemachte auch verdaut hatte.

Die wenigen, nicht mit vollem Namen verzeichneten Schlachtopfer konnten nur zum Teil durch Vergleiche mit alten, oft Jahre zurückliegenden Vermisstenmeldungen eruiert werden. »Ida« vom 21. Februar 1902, die Erste auf der Liste, war aller Wahrscheinlichkeit nach die Ende Februar als vermisst gemeldete Ida Launer, eine Arbeiterin, die zu einer Freundin gehen wollte und seitdem spurlos verschwunden war. Nummer 31, bei der nur das Datum, der 17. November 1924, angegeben war, musste der Breslauer Fellhändler Rochus Pawlik gewesen sein. Von ihm lagen keine Papiere vor, aber seine Frau erkannte in Denkes Kleiderkammer das braune Jackett ihres Mannes. Den Leinenfleck links hatte sie selber eingenäht. Von ihm mussten die eingepökelten Stücke stammen – die behaarte Männerbrust und das Gesäß, die im Schuppen unter Punkt vier des Inventars verzeichnet waren.

Zwei Opfer blieben unbekannt, die am 2. Januar 1917 ermordete Marie und das Opfer A. T. vom 9. März desselben Jahres.

Einen positiven Aspekt hatte Denkes Liste immerhin. Sie rehabilitierte Trautmann, denn die unter 21. Dezember 1909 verzeichnete Emma war zweifellos Emma Sander gewesen. Es fehlten die Angaben über ihr Schlachtgewicht, leicht erklärbar, da alle ihre essbaren Teile mit Ausnahme der Oberschenkel gefunden wurden, bevor sie in Denkes Speisekammer gelangen konnten. Die seltsamen Hautwunden an den Beinen waren damit ebenfalls erklärt: Denke hatte aus ihnen Riemen und Schnürsenkel gefertigt.

Auf Antrag seines Verteidigers wurde Trautmann daraufhin in einem so genannten stillschweigenden Verfahren – auf Publikum wollte die Justiz aus nahe liegenden Gründen verzichten – frei gesprochen und bekam für die Haft eine kleine Entschädigung ausbezahlt.

Denkes gesamte Tätigkeit ließ sich rekonstruieren aufgrund seiner eigenen sorgfältigen Buchhaltung: In knapp 13 Jahren hatte er 31 Menschen umgebracht, erschlagen, meist mit der Hacke, zerteilt, zersägt und klein geschnitten, ausgelöst, enthäutet, gekocht, gebraten, eingepökelt und gegessen. Wie hatte er das alles in dem Haus, in der kleinen, ebenerdigen und vom Vorplatz aus einsehbaren Wohnung geschafft? Seine Arbeit konnte nicht geräusch- oder geruchlos gewesen sein. Hatte wirklich niemand etwas davon bemerkt, gesehen, gehört oder gerochen? Nicht einmal die Hausparteien, darunter ein Lehrerehepaar, sollten geahnt haben, was der gute alte Vater Denke, der berühmte Rhabarberkönig, tagsüber und nächtens trieb oder was er in seinem Handwagen in den Wald führte?

Kaum aber waren die Gründe für seine Verhaftung und seinen Selbstmord trotz der Versuche der Behörde, das Schreckliche geheim zu halten, in die Öffentlichkeit durchgesickert, meldeten sich doch die Zeugen. Man wusste, dass Denke immer wieder junge und auch ältere Männer ansprach, die offenbar vazierend waren, und dass er sie nach Hause mitnahm, man hatte aber nie gesehen, dass sie wieder herausgekommen wären. Einen hatte er einmal von hinten mit einer Kette angefallen und zu würgen versucht. Ein Mann erzählte davon, unterließ aber die Anzeige, da er fürchten musste – dem Vinzenz Olivier war es ja so ergangen – wegen Bettelei eingesperrt zu werden. Mieter des Hauses, die schon lange ausgezogen waren, gaben an, vor zehn Jahren Blutgeruch im Flur bemerkt zu haben. Eine Frau sagte, sie habe bei Denke, als sie Rhabarber kaufen wollte, am Tisch einen menschlichen Nabel (!) liegen gesehen. Kinder sollen beim Schlittschuhlaufen auf dem kleinen Teich vor dem Haus einen menschlichen Daumen gefunden haben. Die Mitbewohner hatten sich angeblich schon lange über nächtliches Klopfen und Sägen in der Wohnung des Anthropophagen geärgert oder sich gewundert, wie oft er Fleischtöpfe vom Schuppen zur Wohnung trug und warum er öfters Blutwasser in den Garten schüttete, um den Rhabarber zu wässern. Eines aber war im ganzen Dorf bekannt: Denkes besondere Vorliebe für Fleisch, gerade jetzt, in den schlechten Zeiten. Er war Sklave seines Magens, bei Schlachtfesten in der Umgebung aß er nie weniger als zwei Pfund Fleisch.

Alle diese Gerüchte und Beobachtungen aber waren im Dorf geblieben, unter den Einwohnern, und nie weitergegeben worden. Die Obrigkeit hatte nichts davon erfahren, die Polizei nichts gewusst. In der Presse gab dieses Faktum Anlass zu einigen kritischen Bemerkungen über das Verhältnis von Bürger und Behörde in Schlesien.

»... ist sehr verstockt und nicht zu loben«

Vater Denke hatte sich der irdischen Justiz entzogen, den Richtern und den Kriminalisten, die gerne mehr über seine Psyche erfahren hätten. Wenig war über sein Leben bekannt.

Er wurde 1860 als dritter Sohn eines Kleinbauern geboren. Als Kind entwickelte er sich spät, erst im sechsten Lebensjahr konnte er einige Worte sprechen. In der Schule galt er als Idiot, »ist sehr verstockt und nicht zu loben« stand im Zeugnis. Sein Verhalten besserte sich allerdings später, Verstocktheit und der Hang zu eigenbrötlerischer Zurückgezogenheit blieben. Nach der Schule arbeitete er auf dem elterlichen Hof, zog aber ohne Vorankündigung nach dem Tod seiner Eltern aus und kaufte sich in Münsterberg an. Da er viel zu viel für das kleine Grundstück bezahlt hatte, versuchten seine Geschwister ihn entmündigen zu lassen, was sie aber auf Anraten des Arztes wieder zurückzogen. So jemand, sagte dieser, könne aus Enttäuschung und Zorn sehr gefährlich werden, man wäre dann seines Lebens nicht mehr sicher. In Münsterberg lebte er unauffällig, galt allgemein als verschlossen, aber gutmütig und freundlich. Er lebte vom Gemüseanbau und kleineren Basteleien, Brotkörbchen zum Beispiel, die er verkaufte. In der Inflationszeit gab er auch seinen kleinen Besitz auf und behielt nur das Wohnrecht in der kleinen Stube des Hauses. Den Haushalt besorgte er selbst, das Kochen zum Beispiel, nur ließ er hie und da die Wäsche waschen. Mit Frauen hatte er keinen Verkehr, auch mit Männern nicht, man wusste nicht, ob er »Männchen oder Weibchen oder beides zusammen« war.

Prof. Pietrusky musste auch die Leiche Denkes obduzieren, bestätigte die Todesursache durch Erhängen: »am Hals, unterhalb des Schildknorpels, eine 0,3 cm breite, vertrocknete einfache Strangmarke«.

Krankhafte Veränderungen fand er keine: »Die Leiche ist die eines 164 cm großen, muskulösen Mannes mit genügendem Fettpolster und kräftigem Knochenbau. Kopf und Barthaare grau. Männlicher Körperbau, männliche Behaarung des Körpers. Beide Hoden im Hodensack. Am Gehirn kein krankhafter Befund. An den inneren Organen der Brust und des Bauches sind krankhafte Veränderungen nicht zu erheben. Beide Hoden sind walnussgroß und zeigen ebenso wie die Nebenhoden und die Nebenniere keine krankhaften Veränderungen. An den Organen sind keine Fehlbildungen oder Neubildungen festzustellen.«

Im Magen lag Denkes letzte Nahrung: »50 ccm grauer, breiiger, sauer reagierender Inhalt, in dem Fleischstückchen vorhanden sind.« Ob es sich dabei um Teile der Portion Menschenfleisch in Sahnesauce gehandelt hat, die in seiner Küche sichergestellt worden war, schreibt Herr Prof. Pietrusky nicht. Über Denkes Geisteszustand wollte er sich bei der schlechten Quellenlage nicht bestimmt äußern, nahm Schizophrenie als wahrscheinlich, aber nicht sicher an und bat seine Hörer und Leser, Vater Denke nicht als verabscheuungswürdiges Ungeheuer anzusehen, sondern »als Unglücklichen, der nach ewigen, ehernen, großen Gesetzen seines Daseins Kreise vollenden musste«.

Eine fatale Folge hatten Denkes Untaten noch. Einer der wenigen in Münsterberg ansässigen Industriebetriebe und Arbeitgeber kam, nachdem die Meldungen durch die Weltpresse gegangen waren, in Schwierigkeiten: die ortsansässige, für die Güte ihrer Produkte weltbekannte Konservenfabrik. Niemand wollte mehr ihre Produkte kaufen, auch wenn sie niemals Fleisch oder Rhabarber in ihrem Sortiment gehabt hatte.

Die Würstchenbude am Stettiner Bahnhof:

Karl Grossmann

Die Öffentlichkeit wurde, sicher zu ihrem Leidwesen, für die gesamte Dauer des Prozesses gegen den vielfachen Mörder und Menschenfresser Karl Grossmann vor dem Berliner Schwurgericht vom 1. bis 5. Juli 1922 ausgeschlossen. Die Verhandlung hatte naturgemäß wegen der Taten und der Persönlichkeit des Angeklagten gewaltiges Aufsehen erregt, aber alle Nachrichten, auch die Berichte in den Zeitungen, die deshalb keine verlässliche Quelle sind, waren nur auf Mutmaßungen und Gerüchte angewiesen. Umso mehr, als sich der Beschuldigte in der Nacht vor dem letzten Prozesstag, vor Anhörung der psychiatrischen Sachverständigen und vor dem Schlussplädoyer, das Leben genommen hatte.

Beim Morgenappell war er erhängt in seiner Zelle gefunden worden. Den Selbstmord hatte er mit Hilfe eines großen Taschentuchs, das zu einem Strick zusammengedreht war, und »mit großer Energie« ausgeführt. So wurden Taten und Täter mangels konkreter Tatsachen zu einer grauslichen, finsteren Legende.

In seinem Buch »Geschlecht und Verbrechen« fasste der Berliner Sexualwissenschaftler Magnus Hirschfeld 1930 zusammen: »Der Fall des Mädchenmörders und Anthropophagen Karl Grossmann ist noch in aller Gedächtnis. Er lockte Mädchen ohne Anhang mit sich, missbrauchte sie in einer sadistischen Weise, saugte das dabei fließende Blut, schlug den Opfern, wenn sie schrien, den Schädel ein und fraß sie nachher ganz oder teilweise auf.« Einzelheiten über die Taten wusste er nicht. Bis heute hält sich die Legende, Grossmann hätte am Stettiner Bahnhof eine Würstchenbude gehabt, wo er an hungrige Passanten und Reisende Würste verkaufte, deren Rohstoff er durch seine Mordtaten selber herstellte. Was nicht ganz stimmte, oder doch?

»Es schwimmt eine Leiche im Landwehrkanal«

Die Gegend um den Andreasplatz und den Stettiner Bahnhof im Osten Berlins gehörte um die Jahrhundertwende sicher nicht zu den bevorzugten Wohngebieten der Stadt, im Gegenteil. Wie jede rasch wachsende Großstadt hatte auch Berlin Stadtteile, von den Zeitgenossen »Quartiere des Elends und des Verbrechens« genannt, in denen Fortschrittsverlierer, Ausgestoßene und Deklassierte in abgewohnten, abbruchreifen Häusern Unterschlupf fanden.

Oft, und nicht nur in Berlin, lagen diese Viertel in unmittelbarer Nähe zu Bahnhöfen, aus leicht begreifbaren Gründen. Die Zeit nach dem verlorenen Weltkrieg verschärfte die Situation noch, da sich Arbeitslose, Ausgesteuerte und Kriegsinvalide aus dem Umland in der Großstadt sammelten. Die Verbrechensrate schnellte in die Höhe, nicht nur bei Eigentumsdelikten. Das Leben des Einzelnen hatte, wie gerade im Krieg geübt, wenig Wert, soziale Bindungen existierten kaum, Gewaltdelikte gehörten fast zur Tagesordnung.

Trotzdem musste auffallen, dass ab 1918 in dem Viertel immer wieder, im Wortsinn gehäuft, Teile von weiblichen Leichen gefunden wurden, auf Müllplätzen abgelegt oder im Luisenstädter Kanal zwischen Schillingbrücke und Engel-Becken schwimmend. »Es schwimmt eine Leiche im Landwehrkanal« stimmte nur teilweise. Die Teile waren meist verpackt, in alte Körbe oder Fetzen, und es gelang in keinem einzigen Fall, sie zu identifizieren. Es wurden immer wieder nur Gliedmaßen oder Rumpfteile, nie ein Kopf gefunden, alle individuellen Merkmale wie Tätowierungen oder andere auffällige Körpermerkmale waren sorgfältig entfernt, herausgeschnitten worden. Der – oder die – Täter mussten äußerst organisiert und sorgfältig vorgehen. Die Gerichtsmediziner konnten nur feststellen, dass bis 1921 Teile von mindestens 23 verschiedenen Opfern gefunden worden waren, davon im letzten Jahr allein von zwölf, alle weiblich.

Die topografische Zuordnung der Fundstücke legte nahe, den Wirkungsbereich des Massenmörders irgendwo zwischen Andreasplatz und Stettiner Bahnhof festzulegen, aber es gab keine einzige verwertbare Spur. Im Viertel selber, unter den zahllosen, namenlosen Kriminellen, Dirnen und Zuhältern zu suchen wäre sinnlos gewesen, auch die ausgesetzten 5000 Mark Belohnung führten zu nichts. Allerdings hätte es Hinweise gegeben, hätte nur die Polizei die durch ihre stereotype Wiederholung mehr als lästigen Anzeigen eines vermeintlichen Querulanten ernster genommen. Ein gewisser Karl Grossmann erschien in regelmäßigen Abständen auf dem für den Bezirk zuständigen Kommissariat 50 und ersuchte nachdrücklichst um Strafverfolgung und Anzeige. Seine Wirtschafterinnen bzw. seine Damenbekanntschaften, für deren Arbeit und Gunst er ja bezahlt hatte, wären nach oder während ihrer Arbeit auch noch mit dem übrigen Rest seiner Barschaft verschwunden. Grossmann drängte auf sofortige Erhebung und Bestrafung. Er selbst hatte, wie er auch vorwies, Vermissteninserate in Zeitungen aufgegeben. Die Polizei zeigte sich allerdings wenig motiviert. Beischlafdiebstähle waren gerade zu diesen Zeiten, in dieser Gegend, in der auch die Prostitution kein besonders blühendes Unternehmen mehr war, keine seltene Verfehlung. Die Männer waren schon selber mit schuld und gerade dieser nicht mehr jugendliche Herr Grossmann wurde durch Schaden, wie die Wiederholungen bewiesen, nicht klug. Man hatte, siehe zum Beispiel die Leichenteile im Kanal, mehr und Wichtigeres zu tun.

Ein pünktlich zahlender Mieter

Leider kam offenbar auch niemand auf die Idee, dass zu diesem empörten Herrn eine Strafkarte existierten könnte. Ein Blick darauf hätte genügt, seine querulatorischen Vorbringungen in einem anderen, gegenteiligen Licht zu sehen. Gezählte 24 Vorstrafen waren darauf verzeichnet, alle ausschließlich wegen sexuell gefärbter Gewaltdelikte gegen Frauen, wegen Freiheitsberaubung, Nötigung, Notzucht, körperlicher Bedrohung und Vergewaltigung. Ganze 15 Jahre hatte er dafür bereits hinter Gittern verbringen müssen, die letzte Strafe lag erst zwei Jahre zurück.

Bei seinen Nachbarn in der Langestraße, wo er auf Nummer 88 ein kleines Zimmer im 4. Stock gemietet hatte, besaß Grossmann keinen schlechten Ruf. Den Lebensunterhalt verdiente er sich offenbar mit Straßenhandel aller möglicher Waren, Briefpapier zum Beispiel oder Streichhölzern. Öfters hatte er auch wohlfeile Würste im Sortiment, ein bei seinen Kunden in der Nachbarschaft wegen ihrer Billigkeit und ihres Wohlgeschmacks besonders beliebter Artikel. Die Zeiten waren schlecht und die Bauernhofgarantie noch nicht erfunden, nach der Herkunft erkundigte sich niemand.

Für sein Gewerbe hatte Grossmann einen Berechtigungsschein, er arbeitete fleißig und schien immer Geld zu haben. Seine Miete zahlte er

Karl Grossmann

pünktlich, ein eher seltenes Verhalten in seiner Umgebung. Die Klagen mancher Hausbewohner, die sich über nächtliche laute Hammer- und Sägegeräusche beschwerten, wies der Hausverwalter daher immer ab. Über den großen Verschleiß an Wirtschafterinnen und die vielen Damenbekanntschaften des fast 60-Jährigen machte man sich ebenso wenig Gedanken. Man hatte mit sich selbst und dem eigenen Überleben ausreichend zu tun und zum Sexualneid bestand kaum Anlass. Grossmann war bei seinen »Eroberungen« nicht wählerisch, die Damen stammten meist aus dem ambulanten Gewerbe, waren ältere Jahrgänge und zeichneten sich nicht durch äußere Vorzüge aus. Bekannt war ja zudem, dass seine Beziehungen nie von langer Dauer waren und immer mit Suchinseraten und Gängen aufs Polizeirevier endeten, wo er sich regelmäßig wiederkehrend über die ihm widerfahrenen Betrügereien und Diebstähle beklagen musste. Das Schreien und Stöhnen von Frauen, das Nachbarn aus Grossmanns Wohnung hörten, konnte doch durchaus »harmlose« Gründe haben. Der Hausverwalter jedenfalls wünschte sich, wie gesagt, mehr so pünktlich zahlende Mieter. Bis zum 21. August 1921.

An diesem Sonntag war Grossmann, wie erhoben worden war, schon seit dem frühen Nachmittag in mehreren Wirtschaften gewesen und hatte mit Freunden Bier und Schnaps getrunken. Plötzlich aber soll er aufgesprungen sein und angekündigt haben: »Jetzt geh ich mir eine holen.«

Vorhof zur Hölle

So eine, die Köchin Marie Nitsche, traf er nur ein paar Gassen weiter in der Koppenstraße und lud sie auf eine Lokaltour ein. Marie Nitsche, gerade aus der Untersuchungshaft entlassen, sagte erfreut zu. Sie tranken wieder Bier und Schnaps, jeder je drei, wurden dann aber aus der Destille verwiesen, da sie »durch angetrunkenes Benehmen« die anderen Gäste belästigt hatten. Draußen besorgte Grossmann noch eine Buddel Schnaps, die gemeinsam geleert wurde, und beide waren einigermaßen betrunken, als sie seine Wohnung erreichten. Eine Zeugin soll gehört haben, wie die Köchin zu Grossmann sagte: »Ach, du hast mich aber besoffen gemacht.« Am Flur zur Wohnung stand glücklicherweise ein hilfreicher Nachbar namens Max Iglitzki bereit, der den Betrunkenen die Wohnungstür öffnete. »Max«, sagte Grossmann, »schließ du mir mal die Tür auf, ich finde das Schlüsselloch nicht.« Marie Nitsche war in ihrem Rausch einfach bis zum Dachboden weiter gegangen und musste zurückgeholt werden. Max führte beide ins Zimmer und zündete noch die Lampe an, da Grossmann auch dazu nicht mehr in der Lage war. Als sich Marie Nitsche zu entkleiden begann, entfernte sich der Helfer diskret.

Nur wenige Minuten später aber hörte man aus der Wohnung einen hellen Schrei, dann lautes Röcheln und darauf mehrere heftige, dumpfe Schläge. Max wollte sofort wieder ins Zimmer, aber die alarmierte

Hausgemeinschaft hielt ihn zurück. Diesmal entschloss man sich doch, die Polizei zu rufen. Es verging gut eine halbe Stunde, bis die Obrigkeit kam. Die Ordnungshüter hielten nicht allzu viel von Beschwerden über Ruhestörung in dieser Gegend.

Grossmann wurde zum Öffnen der Türe aufgefordert.

»Ich schlafe schon. Ich kann nicht aufmachen, kommt morgen früh wieder!«, rief Grossmann, wenig um Logik bemüht, von drinnen. Da die Türe unversperrt war, trat die Polizei unter dem Kommando von Oberwachtmeister Klähr jetzt einfach ein – und betrat einen Bereich, der später als Vorhof zur Hölle bezeichnet werden sollte.

Der Raum war spärlich, nur durch eine heruntergedrehte Küchenlampe erleuchtet. Es roch muffig und eigenartig, in dem verwahrlosten Durcheinander standen links ein eisernes Feldbett, rechts eine hölzerne Bettstadt. In der Mitte aber stand Grossmann wie ein Dämon der Hölle, völlig nackt, die rechte Körperseite vom Kopf bis zu den Oberschenkeln, vor allem aber die Genitalien, mit Blut beschmiert. In der Hand hielt er eine Tasse, in der er mit einem Löffel herumrührte. Geistesgegenwärtig riss sie ein Polizist an sich, sie enthielt, wie die spätere Analyse ergab, eine hochprozentige Zyankalilösung. Ob sie für sich oder für die Besucher geplant war, musste dahingestellt bleiben.

Auf dem Feldbett lag die Köchin, ebenfalls nackt, auch ihr Körper war völlig mit Blut verschmiert. Die Hände waren mit starken Bindfäden auf den Rücken gefesselt, ein Bein oberhalb des Knies abgebunden und in grotesker Stellung an den Fußteil des Bettes gebunden. Im weit aufgerissenen Mund steckte ein zusammengeknülltes Handtuch als Knebel. Neben dem Bett lagen ein Kartoffelstampfer und eine hölzerne Kochkelle, beide blutig. Marie Nitsche gab zuerst noch schwache Lebenszeichen von sich, aber der eilig herbeigerufene Arzt konnte nur mehr den Tod feststellen.

Grossmann verteidigte sich spontan mit seinen bekannten Anschuldigungen, auch wenn sie überhaupt nicht zur vorgefundenen Szene passten. »Ich habe mich nur gerächt, weil sie mich bestohlen hat. Das Geld hat sie in ihrem Strumpf versteckt.« Geld war tatsächlich im Strumpf, aber da es ebenfalls mit Blut beschmiert war, konnte die Polizei leicht nachweisen, dass es Grossmann erst nach dem Mord, um seine Lüge zu verifizieren, dort hineingesteckt hatte. Immerhin erwies sich, wie raffiniert und geistesgegenwärtig Grossmann handeln konnte. Der Mörder wurde am Tatort oberflächlich gesäubert, bekleidet und abgeführt, der

Transport der Toten in die Pathologie veranlasst und die Wohnung versiegelt.

Die Obduktion wurde von den Gerichtsmedizinern Stauch und Strassmann durchgeführt. Marie Nitsche war als Folge von brutalen und vehementen, in ihrer Steigerung aber fast planmäßig unternommenen sadistischen Angriffen langsam und äußerst qualvoll gestorben. Man konnte nur hoffen, dass der hohe Grad der Alkoholisierung, den die Pathologen konstatierten, ihr das Ärgste an Angst und Schmerzen erspart hatte. Jede einzelne ihrer Verletzungen war schwer, keine allein jedoch tödlich gewesen. Der Kopf wies umfangreiche, aber immer nur oberflächliche Wunden auf, die durch Schläge mit einem stumpfen Gegenstand, wahrscheinlich dem Kartoffelstampfer, entstanden waren. Sie hatten die Hausbewohner gehört. Ob sie zu einer Bewusstlosigkeit des Opfers, was angesichts des Folgenden zu wünschen gewesen wäre, geführt hatten, war nicht mehr nachzuweisen. Am Hals waren manuelle Würgespuren erkennbar, Zunge und Rachenrand waren als Folge des gewaltsam und brutal eingepressten Knebels eingerissen. Am schwersten aber waren die Verletzungen im Unterleib, die Professor Kornfeld, der den Originalbericht referierte, nur in abstrahierendem Latein wiederzugeben wagte:

Die äußeren Geschlechtsteile wiesen Schnitte, Risse und schwere Blutergüsse auf, die Schleimhaut der Scheide war mehrfach eingerissen. Die überhaupt schwerste Einzelverletzung lag im Darm, eine Strecke hinter der Afteröffnung. Der Darm war völlig perforiert und Kot in die Bauchhöhle eingetreten. Die Wunden an den äußeren Geschlechtsteilen waren mit den Händen, durch Fingerdruck oder Faustschläge herbeigeführt worden, die der inneren und die im Darm durch einen langen, harten Gegenstand, der gewaltsam eingeführt worden sein musste, wahrscheinlich durch die aufgefundene Kochkelle. Alle Verletzungen waren dem Opfer noch bei Lebzeiten beigebracht worden, eigentliche Todesursache war Ersticken oder ein totaler Zusammenbruch aller vitalen Systeme.

Grossmanns Personaleinheit mit dem querulierenden Vermisstensucher, den man bisher nicht ernst genommen hatte, und die so explizit grausame, aber doch systematische Art der Tötung musste die Polizei unter der Leitung von Kommissar Werneburg direkt zu der Annahme führen, er könnte auch mit den vielen, auf Abstellplätzen oder in Kanälen gefundenen Leichenteilen zu tun haben. Seine Wohnung wurde genau unter die Lupe genommen und erbrachte sofort Hinweise auf eine viel umfangreichere und weitgehende Tätigkeit des Mörders. In den Ascheresten im Ofen fanden sich, neben Resten vieler weiblicher Kleidungsstücke, Teile vom Skelett eines menschlichen Brustkorbs und Knochen von mindestens zwei Händen. Im Schrank hatte Grossmann ebenfalls Kleider von Frauen und Mädchen gelagert, ein Frauenrock war bereits in eine Weste umgearbeitet worden. Einzelne Kleidungsstücke konnten später als die zweier, seit Anfang August vermisster Mädchen identifiziert werden. Am verräterischsten aber war die Holzbank. Auf ihr und auf den zwei darauf liegenden Messern wurden Spuren von Menschenfleisch nachgewiesen, das dort und damit offenbar zerkleinert worden war. Der erste Hinweis auf Heimarbeit im Bereich humaner Nahrungsmittelproduktion.

Geliebter Zeisig Hänseken

Im Verhör wiederholte Grossmann stereotyp seine Version des Tathergangs, Marie Nitsche habe ihn bestehlen wollen und er hätte sich, ganz zu Recht, deshalb zur Wehr gesetzt. Auf die Vorhaltungen, die Tötung seines Opfers sei alles andere als ein Totschlag im Affekt, und ob er nicht schon mehrmals Ähnliches begangen habe, schwieg er und gestand erst, als ihm sein geliebter Zeisig Hänseken in die Zelle gebracht wurde.

Die Polizei befragte Zeugen, Nachbarn, Zechkumpanen, vor allem aber wurde nach den Mädchen und Frauen gesucht, die mit Grossmann »Kontakt« gehabt hatten. Mehr als 20 Zeuginnen wurden einvernommen und dann zum Prozess geladen. Die Reichshauptstadt war entsetzt.

Ein Sumpf tat sich auf inmitten der Stadt, ein Reigen des Elends und der Verworfenheit, von dem man angeblich bisher nicht das Geringste geahnt hatte. Dabei hätte ein kurzer, abendlicher Spaziergang um den Stettiner Bahnhof genügt, wenn man schon Zilles Zeichnungen oder die Grafiken von George Grosz nicht sehen wollte.

Die Verhöre ergaben, dass man in Grossmanns Umgebung weitaus mehr über seine Tätigkeiten und seine sexuellen Vorlieben wusste, dass es aber auch niemand für notwendig befunden hatte, die Obrigkeit darauf aufmerksam zu machen. Wiederum Entsetzen in der Reichshauptstadt. Hatte man wirklich geglaubt, die Polizei würde auch in diesen Elendsvierteln als Freund und Helfer gesehen?

Schon in der Laube in Alt-Landsberg, Grossmanns erster Wohnstätte nach seiner Haftentlassung, war den Nachbarn sein unersättlicher Frauenkonsum aufgefallen. Täglich hatte er dort Besuche von weiblichen Wesen, die er »zum Zwecke des Geschlechtsverkehrs« – Zitate aus dem Polizeibericht – heimführte. Oft waren nicht nur eine, sondern mehrere Frauen bei ihm, die den Nachbarn »in völlig entkleidetem Zustand an den Fenstern der Hütte sichtbar« wurden. Oft hatte man untertags und nächtens Schreie, Stöhnen und das klatschende Geräusch von Schlägen gehört. Einmal hatte sich ein Mädchen offenbar bei seinem Zuhälter über die Behandlung durch Grossmann beschwert. Der rückte zur Rache aus, konnte aber mit Geld und Wertgegenständen, die in der Laube lagen, besänftigt werden.

Immerhin erzwangen die Nachbarn im Garten Grossmanns Auszug in die Langestraße. Dort wiederholten sich zwar die Beschwerden aus ebendenselben Gründen, aber Grossmann blieb unbehelligt. Er zahlte ja die Miete pünktlich.

Erst nach der Ermordung der Marie Nitsche meldeten sich Zeugen, die angaben, sie hätten öfters beobachtet, wie Grossmann nach eifrigem nächtlichem Sägen und Hämmern in den frühen Morgenstunden große Pakete, Körbe und Säcke, die alle nicht gut rochen, aus seinem Zimmer schleppte und in nahe Kanäle versenkte. Der erste Hinweis auf seine Beteiligung an den 23 Morden in den Jahren 1918 bis 1921?

Die Mädchen rekrutierte Grossmann ausschließlich unter den unterstandslosen, verelendeten und halb verhungerten Prostituierten, die er am Andreasplatz und dessen unmittelbarer Umgebung ansprach. Das Versprechen auf Essbares – sein stereotyper Köder waren »Schrippen« – genügte, um die Mädchen, die ohnehin nichts zu verlieren hatten als ihr Leben, zum Mitgehen zu bringen. Zuerst, sagten alle übereinstimmend aus, trat er ganz als seriöser Freier auf, sodass keine einzige Verdacht schöpfte, auch dann noch nicht, als die Existenz eines Massenmörders schon bekannt gewesen sein musste.

In der Behausung angekommen benahm sich Grossmann zuerst »wie eben die Männer alle«. Er kredenzte Schrippen, bot sie an oder stellte sie zumindest in Aussicht und zeigte sich beischlafbereit. Seine Erektionen wurden von allen Mädchen bemerkt und bestätigt, es war also nicht Impotenz, die ihn zu den sadistischen Handlungen veranlasste.

Erst knapp bevor es zu dem beabsichtigten Zweck des Besuchs kommen sollte, sagten wieder alle übereinstimmend aus, ließ Grossmann die biedermännische Maske fallen. Wenn sich die Mädchen vollständig entkleidet hatten, fesselte er sie an den Händen, die er auf den Rücken band. Dann spreizte er ihnen die Schenkel und band auch diese mit starken Schnüren an die Bettpfosten. Mit der Faust fuhr er den Mädchen in den Mund, steckte seine Finger weit in den Rachen und würgte sie kräftig am Hals. Dann fuhr er mit der ganzen Hand tief in die Vagina, so brutal und gewalttätig, dass Blut floss. Das sei notwendig, sagte Grossmann zu einer 23-Jährigen, um die Jungfernhaut zu entfernen. Oft drückte er die Finger in die Harnröhre oder in den After oder führte lange, harte Instrumente wie Kochlöffel oder Flaschen ein, dass die Mädchen vor Schmerzen schrien. Erst wenn er Blut sah, war er zum Koitus bereit.

Besonders soll er den Beischlaf mit menstruierenden Frauen bevorzugt haben. Ein Mädchen gab an, Grossmann habe sie, als sie die Regel hatte, dreimal in einer Nacht »gebraucht«, dabei hatte er untertags mit seiner »Wirtschafterin« schon fünfmal hintereinander Geschlechtsverkehr gehabt. Das Menstruationsblut trank er, gerne auch mit Urin vermischt.

»Es waren im Ganzen Stücker drei, höchstens fünfe.«

Immer wieder, sagen die Zeuginnen aus, habe es in Grossmanns Wohnung merkwürdig aussehende Stücke von Fleisch gegeben. Grossmann aß selbst davon, bot aber auch den Mädchen an. Die Fleischstücke zerteilte er auf der Bank, auf der die Kriminalbeamten Spuren von Menschenfleisch entdeckt hatten.

Mit den Indizien und mit den Zeugenaussagen konfrontiert gestand Grossmann nur, was ihm direkt nachzuweisen war: den Mord an Marie Nitsche und den an zwei Mädchen, deren Kleidungsstücke bei ihm gefunden worden waren und von denen er nur die Vornamen wusste – Anfang August 1921 eine Martha, am 13. August eine Johanna.

Im Verhör mit Kommissar Werneburg ließ er allerdings weitere Möglichkeiten offen: »Es waren im Ganzen Stücker drei, höchstens fünfe.« Der Kommissar hatte auch in minutiöser Kleinarbeit Parallelen zwischen Grossmanns Inseraten und den Vermisstenmeldungen einerseits, andererseits dem Auffindungsdatum der Leichenteile hergestellt, doch mit den Methoden der damaligen Kriminalistik waren eindeutige Zusammenhänge nicht zu beweisen. Die seinerzeitigen Gutachten der Gerichtsmediziner ließen auch nur Mutmaßungen über Grossmanns

Vorgehen zu, über seine spezifische Art, das bekannte Problem jedes Mörders »Wohin mit der Leiche?« zu lösen. Zuerst teilte er mit der Axt seine Opfer in grobe Stücke, mit der anschließenden Feinarbeit ließ er sich Zeit. Tagelang lagerten die Teile in Schüsseln unter seinem Bett, mit den beiden Messern, die sichergestellt werden konnten, schabte er dann das Brauchbare von den Knochen, das Unbrauchbare warf er weg, auf Abfallplätze oder in Kanäle.

Die vom Gericht beauftragten psychiatrischen Sachverständigen, Professor Strauch und Medizinalrat Störmer, attestierten Grossmann volle Zurechnungsfähigkeit, Schuldeinsicht und Straffähigkeit. In ihren Gutachten, die nicht mehr zur Sprache kommen sollten, interessierten sie sich, der zeitgenössischen kriminalistischen Wissenschaft entsprechend, vor allem für die Herkunft und Lebensgeschichte des »Monsters«.

»Ungewöhnliche Affekterregbarkeit«

Grossmanns Vater war Lumpenhändler von Beruf, ein äußerst jähzorniger, brutaler und dem Alkohol sehr zugetaner Mensch, die Mutter dagegen gutmütig, aber nur mäßig intelligent. Grossmann war das älteste von fünf Kindern, alle seine Geschwister sollen, bis auf eine Schwester, psychisch auffällig gewesen sein. Ein Bruder starb jung an »Gehirnerweichung«. In der Schule war Grossmann stets »Letzter«, eine Lehre absolvierte er nicht. Seine Asozialität begann früh, die erste Strafe verbüßte er mit 18 wegen wiederholter Landstreicherei, wegen Arbeitsscheu und Bettelns. Mehrere Strafen wegen Eigentumsdelikten und Körperverletzung folgten, mit 24 Jahren erhielt er die erste Zuchthausstrafe wegen gewaltsamer Notzucht an einem vierjährigen Mädchen, nach dem 30. Lebensjahr drei schwere Strafen wegen Sittlichkeitsverbrechen, zuletzt 15 Jahre Zuchthaus.

Insgesamt war Grossmann 24-mal vorbestraft, auch seine Aufführung in der Haft war alles andere als mustergültig. 55-mal musste er wegen Widersetzlichkeit gegen das Wachpersonal gezüchtigt werden, monatelang legte man ihn in Ketten. »Ungewöhnliche Affekterregbarkeit«, die der Alkohol noch steigerte, stand in seinen Strafakten.

Grossmann, so lautete ihr Resümee, sei ein »epileptischer Imbeziller, mit stärksten moralischen Defekten und erotischer Hemmungslosigkeit, dessen sadistische, hypererotische Disposition durch Lebenslauf und lange Haftstrafen mehr vermehrt als vermindert worden sei.«

»Auch wenn die Ehre des Menschengeschlechts es verbiete, ein derarti-

ges Subjekt als ungesund zu bezeichnen«, mussten sie ihm doch Straffähigkeit zugestehen. Auf Grossmanns Kannibalismus und mögliche
Motive dafür ging man nicht ein.

Der Staatsanwalt musste sich beschränken, nur in den drei eindeutig
nachweisbaren Fällen Anklage zu erheben. Für die Todesstrafe waren
sie ohnehin ausreichend. Die Polizei war überzeugt, in Grossmann
den Täter in allen Fällen gefunden zu haben. Tatsächlich gab es nach
seinem Freitod keine unidentifizierbaren Leichenteile mehr, weder in
Kanälen noch auf Abfallhalden. Ebenso überzeugt war die Polizei, dass
Grossmann nicht nur selber, wie ja aus Zeugenaussagen feststand, vom
Fleisch seiner Opfer gegessen und es präsumtiven Opfern angeboten
hatte, sondern dass er auch daraus seine beliebten, wohlfeilen und
geschmackvollen Würste hergestellt hatte, auch wenn sein Geständnis
fehlte. Zur Schonung der Kundschaft verzichtete man auf eingehende-
re Erörterungen. Auch sein Verteidiger Dr. Erich Frey erwähnt sie in
seinen Memoiren nicht.

Bernhard Oehme

»Na, Frau Oehme, stehen Sie auf, die Suppe ist fertig!« Mit diesen Worten bittet Bernhard Oehme die Gattin am 2. September 1947 zu Tisch. Er habe bereits gegessen und extra für sie hat er die Suppe zubereitet. Aber Liddy Oehme mag die Mahlzeit nicht. Ein eigentümlicher Geruch geht von ihr aus. Darauf der Koch: »Du hast aber eine Hundenase!«

»Aufgrund dieses Ausspruchs wurde ich stutzig, noch dazu als er äußerte, man müsste das einmal untersuchen lassen. Mein Mann ging anschließend in die Bodenkammer und mir kamen Bedenken. Ich füllte deshalb etwas von der Suppe ab um diese untersuchen zu lassen.« Auch der Sohn rät der Mutter, die Suppe ins chemische Untersuchungsamt zur Analyse zu geben. So bringt Liddy Oehme die ihr verdächtigen Mahlzeiten des 4., 5. und 10. September ins Labor. Am 10. September ist sie überrascht, ihren Mann ebendort zu treffen, auch er hat Essensreste untersuchen lassen. Sein Verdacht: Die Gattin wolle ihn vergiften.

Tatsächlich wird in allen untersuchten Speisen Zyankali nachgewiesen. Dreimal wäre die Menge tödlich gewesen, einmal lässt sie auf einen schlecht gereinigten Topf bloß schließen. Bernhard Oehme ist des Mordversuchs dringend verdächtig, zumal bei der sofort durchgeführten Wohnungsdurchsuchung zwei Gläser mit etwa 250 Gramm Zyankali und etwa 3 Kilogramm Antimon gefunden werden. Unklar sind die Angaben des Mannes nach der Herkunft all des Giftes. Zur Fälscherei hat er es benutzen wollen. Und seine Frau bestätigt: »Erst letzthin machte er mir den Vorschlag, man müsste Lebensmittelmarken seines Betriebes fälschen, um dadurch besser leben zu können. Ich verwahrte mich dagegen und mein Mann äußerte: ›Na gut, dann kannst du eben nichts fressen.‹«

Vorbestraft ist Bernhard Oehme bereits dreimal wegen Geldfälscherei.

8 Jahre verbrachte er in Haft. Aber die Gattin zum erhobenen Vorwurf weiter: »In der letzten Zeit äußerte er oft, dass ich daran schuld sei, dass er es zu nichts gebracht habe, weil er immer zu viel Angst gehabt hätte. In der letzten Zeit fühlte ich mich durch meinen Mann direkt bedroht. Er wurde auch einmal gewalttätig gegen mich, indem er mich mit den Fäusten in den Rücken schlug.« Der Staatsanwalt erhebt Anklage gegen Bernhard Oehme. Vor der Weihnacht, am 18. Dezember 1947, erfolgt der Freispruch mangels Beweisen. »Zusammenfassend kann gesagt werden, dass von hier aus angenommen wird, dass Oehme aller Wahrscheinlichkeit nach derjenige sein wird, der das Zyankali dem Essen beimischte, da dritte Personen ausscheiden und seine Frau nach den getroffenen Feststellungen für diese Tat nicht in Frage kommen kann. Lediglich dem Umstand, dass niemand gesehen hat, als Oehme das Gift ins Essen tat, ist es zu danken, dass er, Oehme, nicht endgültig überführt werden konnte.«

Schwester Ida

Konsequenz: Bernhard Oehme muss den gemeinsamen Haushalt verlassen. Seine Schwester Ida bietet ihm Obdach in der Uhlandstraße 25. Dort betreibt sie ein Kurzwarengeschäft. Sicher hofft sie auch, dass der Bruder ihr hinter der Ladentheke helfe. Seit dem 8. Januar des Jahres 1948 sind die Rollladen des Geschäfts allerdings unten und ein Zettel drangeheftet: »Wegen Krankheit geschlossen«. Nachbarn sorgen sich und Bernhard Oehme zeigt wenig Interesse am Schicksal seiner Schwester. Fest steht: Krank ist Ida Oehme keineswegs. Bruder Bernhard wird zum Handeln gezwungen.

»Am 17. 1. 1948 erschien auf dem Chemnitzer Polizeirevier der Former Oehme, Bernhard, geb. am 30. 12. 1882 in Hainichen,

wohnhaft Chemnitz, Uhlandstraße 25,

und gab an, dass seine ledige Schwester, die Geschäftsinhaberin

Oehme, Ida, Marie, geb. am 21. 11. 1884 in Hainichen,

wohnhaft gew. Chemnitz, Uhlandstraße 25,

bei der er zur Untermiete wohne, seit dem 8. 1. vermisst wird. Nach seinen eigenen Angaben hat sie sich auf eine Hamsterfahrt begeben, von der sie nicht zurückgekehrt sein sollte. Der Leiter des Polizeireviers hielt sofort Nachfrage über Oehme bei der Mordkommission des Kriminalamtes Chemnitz, da Oehme dort bereits wegen eines im September 1947 an seiner Ehefrau mit Zyankali versuchten Giftmordes bekannt geworden war. Es lag daher der Verdacht nahe, dass Oehme mit dem Verschwinden seiner Schwester in Zusammenhang zu bringen sei.

Er wurde aus diesem Grunde vorläufig festgenommen. Ohne Oehme über den Tatverdacht Vorhalt zu tun, wurde von der Mordkommission Chemnitz am 19. 1. 1948 eine Wohnungsdurchsuchung vorgenommen. [...] In der Wohnung wurden dann in mehreren Gefäßen größere Mengen Fleisches gefunden und in zwei Kochtöpfen auf dem Ofen befand sich zubereitetes Fleisch in gekochtem Zustand. Man konnte ohne weiteres erkennen, dass es sich um Menschenfleisch handelte. Außerdem wurde eine blutbefleckte Säge, ein Hammer und ein Fleischwolf, durch den Fleisch gedreht worden war, gefunden. Im Keller, unter Säcken versteckt, wurden der Kopf, die Hände und die Füße eines Menschen gefunden. Es stand nun einwandfrei fest, dass die vermisst gemeldete Oehme das Opfer eines Verbrechens geworden war und nach der Ermordung grausam zerstückelt wurde.

In Verdacht der Täterschaft stand dringend Oehme, der eingehend zur Tat vernommen wurde. Bei seinen ersten Vernehmungen bestritt er hartnäckig, seine Schwester vorsätzlich ermordet zu haben, und sagte aus, dass seine Schwester Selbstmord verübt habe und er, um den Makel eines Selbstmordes von ihr zu wenden, ihr dann einen Schlag mit dem Hammer auf den Kopf gegeben habe, um einen Mord vorzutäuschen. Da ihm aber der Gedanke gekommen sei, dass der Verdacht bei Bekanntwerden der Tat auf ihn fallen würde, habe er den Entschluss gefasst, die Leiche durch Zersägen und Zerlegen zu zerstückeln. Dabei sei ihm die Lust gekommen, das Fleisch für sich einzusalzen und zu essen. Obwohl Oehme von den Angehörigen der Mordkommission auf die unglaubhaften und unsinnigen Angaben hingewiesen wurde, blieb er bei dieser Darstellung. Aus diesem Grunde musste eine Schädelsektion durchgeführt werden um Oehme zu beweisen, dass der tödliche Schlag und der Halsschnitt zu Lebzeiten der Schwester geführt wurden. Die Schädelsektion ergab einwandfrei, dass Oehme seine Schwester durch Gewalteinwirkung bei Lebzeiten getötet hat. Auf die daraufhin gemachten Vorhaltungen bequemte Oehme sich endlich zu dem Geständnis, seine Schwester im Streit erschlagen zu haben. Zwischen beiden sei es nach seinen Angaben am fraglichen Abend zu einer Auseinandersetzung gekommen, wobei er im Jähzorn den auf dem Tisch liegenden Hammer ergriff und seiner Schwester damit den tödlichen

Schlag versetzt habe. Über die Zerstückelung und Zerlegung der Leiche machte er zusätzlich die Aussagen, dass er Herz, Leber und Nieren sowie sechs Pfund Rippenfleisch gemeinsam mit seinem Hund verzehrt habe. Die restlichen Fleischstücke habe er eingesalzen und gekocht, um sie nach und nach zu essen. Er habe auch versucht, seine Verwandten zum Essen einzuladen und sich von ihnen Einweckgläser auszuborgen, um das Fleisch darin einzukochen. Aus Händen und Füßen habe er Seife herstellen wollen.

Da auch diese Aussagen des Oehme nicht der Wahrheit entsprechen konnten, wurde ein Lokaltermin, in Anwesenheit der Mordkommission, des Täters und des Gerichtsmediziners anberaumt und die Tat des Oehme nach seinen Angaben rekonstruiert. Hierbei konnte einwandfrei nachgewiesen werden, dass seine gegebenen Darstellungen wiederum unwahr waren. Oehme gab an, am Tatabend in der Küche neben seiner Schwester auf einem Stuhle gesessen zu haben und sie dort im Streit getötet zu haben. Es befanden sich jedoch keine Blutspritzfiguren an der Wand über dem gegenüberliegenden Sofa und auf dem Sofa selbst konnte eine größere Lache eingetrockneten Blutes festgestellt werden. Durch Zeugenaussagen wurde hierzu ermittelt, dass die Schwester die Angewohnheit hatte, sich abends immer in die Sofaecke zu setzen. In dieser Stellung hat der Täter dann mit größter Sicherheit auf seine Schwester eingeschlagen und sie somit vorsätzlich ermordet. Oehme gab jedoch nur zu, seine Schwester im Affekt getötet zu haben, weil ihm bekannt war, dass er bei einem vorsätzlichen Mord die Todesstrafe zu erwarten hat …

Bei Oehme handelt es sich um eine kriminell erheblich vorbestrafte Person. Bereits 1902 wurde er wegen Münzverbrechens straffällig. Er hat insgesamt acht Jahre Gefängnis und Zuchthaus wegen Falschgeldherstellung verbüßt. Bei dem im September 1947 versuchten Giftmord an seiner Ehefrau wurden etwa 500 g Zyankali gefunden und sichergestellt. Dieses Gift hatte er angeblich noch aus der Zeit seiner Falschgeldherstellung in Besitz.

Oehme zeigte sich während seiner stundenlangen Vernehmungen äußerst kalt und gefühlsroh. Er wurde der Staatsanwaltschaft Chemnitz überstellt. Dieser Fall dürfte eine der seltenen Beispiele von Kannibalismus darstellen.«

Polizei verhindert Lynchjustiz

Der Fall erregt Chemnitz. Beim Lokaltermin in der Uhlandstraße kommt es zu Tumulten. »In den Kreisen unserer Bevölkerung herrscht größte Empörung über den seinerzeit erfolgten Freispruch des Oehme, der dem Gericht ja sehr wohl als krimineller Verbrecher bekannt war und dem auch nach unserer Meinung jegliche Möglichkeit hätte genommen werden müssen, solche oder ähnliche Taten zu begehen.« Die Polizei verhindert Lynchjustiz. Der Reporter der »Volksstimme« erfuhr »zu diesem furchtbaren Vorfall noch Folgendes: Oehme hat seine Schwester nach ihrem Tode nicht nur zerlegt, gekocht und zubereitet, sondern auch größere Mengen des Fleisches verzehrt. So verspeiste er zum Beispiel Herz, Nieren und Rippenfleisch! Auch tat es dem Appetit des Ungeheuers keinen Abbruch, wenn er sich seine Haferflocken in Menschenbouillon kochte! Andere Teile des Körpers drehte er durch den Wolf oder machte ›Gehacktes‹ davon. Aber der Gipfel seiner Bestialität dürfte es sein, wenn er gestern den ihn vernehmenden Kriminalinspektor ersuchte, ihm doch ›noch ein Stück Fleisch in die Zelle zu bringen! Es brauche nicht warm gemacht zu werden, er esse es gleich so …‹«

Leider unterblieb seinerzeit die heute übliche psychiatrische Begutachtung zur Feststellung der Schuldfähigkeit, es kann aber nicht ausgeschlossen werden, dass bei Bernhard Oehme eine symptomarme Schizophrenie vorgelegen hat. Zehn Jahre Zuchthaus sind angesichts der Tat eine verhältnismäßig milde Strafhöhe – ein Indiz dafür, dass bei der Strafzumessung seine gestörte Persönlichkeit berücksichtigt worden ist. Wie auch immer: Oehme kam bald darauf ganz offiziell in sowjetische Haft und in dieser verstarb er angeblich an einem altersbedingten Leiden. Nicht minder wahrscheinlich ist aber auch folgende Version: Die sowjetische Militäradministration erteilt leitenden Funktionären des SED-Machtapparates Ukas, den Verurteilten der deutschen Rechtshoheit zu entziehen und ihrem Strafvollzug zu überantworten. Da allgemein bekannt war, dass sowjetische Vollzugsbehörden mit Tätern à la Oehme nicht viel Aufhebens machten, war die Strafversetzung vielleicht nur der Versuch, das inoffiziell längst beschlossene Todesurteil zu kaschieren.

»Schließlich können wir uns an zuständiger Stelle noch darüber Aufklärung holen, dass solche Fälle alle 20 Jahre einmal auf der Welt vorkommen. Chemnitz hat nun den traurigen Ruhm, mit dem Fall Oehme einen wesentlichen Beitrag zu den entsprechenden Kapiteln der Kriminalgeschichte geliefert zu haben.« Zumindest im Letzten sagte der Reporter der »Volksstimme« Wahres. Oehmes Kannibalismus war nicht lustorientiert, hatte keinen sexuellen Hintergrund wie fast alle anderen Fälle der Anthropophagie. Bernhard Oehme tötete die Schwester (wahrscheinlich) im Affekt. Als der Hund Blut leckte, kam der Mörder erst auf die Idee, dass auch ihm das vorliegende Menschenfleisch Nahrung sein könne. Oehmes Skrupel, Oehmes Ekel belegen die Akten nirgendwo, das Mahl hatte ihm offensichtlich geschmeckt.

Mutti kocht:

Sascha Spesiwtsew

Nowokusnezk liegt in Sibirien. 600.000 Einwohner zählt die Stadt. Von 1932 bis 1961 trug sie den Namen Stalinsk. Nowokusnezk ist Industriestadt und ein wichtiges Zentrum der sowjetischen Eisenmetallurgie. Kohlebergbau, Aluminiumhütten, Fabriken prägen das Stadtbild, ebenso der mächtige Bahnhof. Politisch Inhaftierte fanden hier Arbeit und Lager. Noch immer erinnern die Straßennamen an sowjetische Zeiten: Straße der Komsomolzen, der Befreiung, des Sieges, Leninprospekt. Der Sozialismus existiert nimmer. Die neue gesellschaftliche Ordnung hat in Sibirien aber noch kaum Strukturen. Organisiertes Verbrechen funktioniert. Vielen Familien reicht der Unterhalt ausschließlich für Alkohol und Schläge. Kinder leben auf der Straße, in der Kanalisation. Eltern vermissen sie nicht. Freunde haben sie keine.

Ein Flüsschen mit Knochen
Durch Novokusnezk fließt die Aba, ein Flüsschen, an dessen Ufern die Bewohner Picknick machen. Eines Tages trauen sie ihren Augen nicht: In den Wellen schwimmen menschliche Knochen. Ein Kopf. »Insgesamt wurden 32 Leichenteile geborgen: nackte Beine, Arme, Hände, Füße, Teile vom Rumpf. Wir alle waren geschockt. Am meisten Entsetzen machte sich aber breit, als Walerij den eigentlich grauenvollsten Fund, einen Kopf, barg. Man konnte feststellen, dass selbst ein solch hartgesottener Mann Gefühle hat. Zunächst wollte er den Kopf an den Haaren aus dem Fluss ziehen, doch er überlegte es sich anders, er nahm ihn in beide Hände und übergab ihn dem Mitarbeiter der Gerichtsmedizin, der alles in Plastikbeutel packte. Es sah aus, als hätte er einen Pokal in den Händen. Es war der Kopf eines Mädchens mit weit aufgerissenen Augen, ich werde den Anblick in meinem Leben nie mehr vergessen. Jedes einzelne Teil, das die Männer aus dem Flussbett fischten,

144

musste ich fotografieren. Dann kam alles in Plastikbeutel und wurde mit Nummern versehen. Immer wieder schrie der Gerichtsmediziner: ›Fischt weiter, da müssen noch viele Köpfe im Wasser sein.‹« Es wird jedoch kein weiterer Kopf geborgen.

Es sind Teile von 16 Menschen. Alle weiblich, keine älter als 16. Nur der eine Kopf kann den Ermittlungsansatz bringen – er bringt ihn aber nicht. Auch als Wochen später die Polizei um Mithilfe bittet. Die 16 Mädchen werden von keinem vermisst und gesucht. Die Großfahndung hat keinen Erfolg. Gerüchte blühen: Mädchenhandel, Mafia, Monster, Kannibalen. Die Nowokusnezker sind argwöhnisch gegen Fremde. Gegen die Freunde. »Das Fenster zur Hölle schließt sich nur langsam und es vergeht Zeit, bis sich die Ängste der Dunkelheit auflösen und den Blick wieder freigeben auf das Licht des unbeschwerten Lebens. So ziehen Monate ins Land und die Bevölkerung denkt allmählich nicht mehr an den schrecklichen Fund im Fluss Abuschka. Auch für die Medien ist dieser ›Fall‹ nicht mehr von Interesse und so bleibt der Tod von 16 Mädchen ungeklärt. Natürlich treffen vereinzelt Hinweise bei der Polizei ein, doch zu neuen Erkenntnissen führen sie nicht. Die Polizei ist froh, dass dieser Fall in Vergessenheit gerät, denn man ist keinen Schritt weitergekommen. Die örtliche Polizei hat schnell registriert, dass die Leute viel zu sehr mit sich selbst beschäftigt sind, als sich über die Funde noch Gedanken zu machen.«

Plattenbau mit Toten

Plattenbauten stehen an der Straße der Pioniere. Acht Stockwerke hoch. Es ist eine der besseren Wohngegenden in Nowokusnezk. Hier haben die Mieter Arbeit. Haben Geld. Die Wohnungen sind fernbeheizt. Mit Küche und Bad. Und trotzdem: Am 24. Oktober lässt der sibirische Winter ein Heizungsrohr bersten. Wasser läuft in den Hausflur. Es wird kalt. Die Ursache liegt hinter der Tür von Ludmilla Spesiwtsewa. Sie lebt hier mit ihrem Sohn Sascha und dieser lebt für sich und seinen Dobermann. Ludmilla und ihre Tochter Nadeshda arbeiten als Sekretärinnen bei Gericht, Nadeshda ist hier oft Gast. Doch jetzt ist niemand zu Hause. Ein Installateur öffnet die Tür. Nachbarsfrauen schreien: »Hier sind lauter Tote!«

»Wir konnten uns nach diesem Anruf zunächst nicht vorstellen, dass sich mehrere Leichen in einer Wohnung in dieser guten Wohngegend befinden sollten. Wir überlegten lange, ob wir nicht eine Polizeistreife

vorbeischicken sollten, um den Sachverhalt aufzuklären. Doch ein An-
rufer aus diesem Haus, wir kannten ihn, war uns glaubwürdig genug,
um auch die Staatsanwaltschaft zu verständigen. Was soll ich ihnen
sagen, wir trafen uns mit der Polizei vor dem Haus und betraten es
gemeinsam. Zunächst mussten wir die hysterisch schreienden Mieter
beruhigen und in ihre Wohnungen zurückschicken. Durch die Aufge-
regtheit der Frauen, die offensichtlich diese Wohnung betreten hatten,
waren auch wir gespannt, was uns hier erwartete. Ich glaube, alle anwe-
senden Herren hatten Angst.«
Die Beamten bemerkten sofort einen Leichengeruch. Der Gestank
stand im Kontrast zu der ansonsten recht adretten Wohnung. Schon
das Vorzimmer vermittelte einen aufgeräumten und wohnlichen Eindruck. »Das erste Zimmer auf der rechten Seite war das Wohnzimmer.
Zunächst konnte man nichts Verdächtiges in dem Raum ausmachen.
Auf einem Sofa lag ein mit einer Decke zugedecktes Mädchen, dessen
Gesicht man nicht erkennen konnte. Das nächste Zimmer, das wir
betraten, war wohl ein Schlafzimmer. Es war mit einem Schrank und
einem Doppelbett möbliert, und außer den Postern von halbnackten
Mädchen, die überall an den Wänden hingen, war nichts Auffälliges
zu erkennen.« Auch in der Küche war nichts Auffälliges: Frühstücksge-
schirr am Tisch, am Boden einige große, mit einem Deckel versehene
Töpfe. »Die roten Flecken im Schlafzimmer und im Korridor bemerkten wir zunächst nicht, wegen der vielen aufgehängten Poster.« Doch
der Leichengeruch wurde immer intensiver. Offensichtlich kam er aus
dem Badezimmer. »Hier fanden wir frische Leichenteile in verschiedenen Verwesungsstadien; in der Wanne lag ein relativ frischer Torso, bei
dem gerade mit der Zerstückelung begonnen worden war. Von dem
dazugehörigen Kopf fehlte jede Spur. Die Kacheln im Bad waren bis
zur Decke mit Blut bespritzt. Wir dachten, wir seien in einem kleinen
Schlachthaus. Vor der Wanne standen verschlossene Töpfe. Als wir
sie öffneten, sahen wir, dass diese mit halb verwesten Organen gefüllt
waren.«
Die Untersuchung der Wohnung beginnt. Die Beamten stellen fest,
dass das Mädchen, das auf dem Sofa im Wohnzimmer lag, schwerst-
verletzt war, aber noch lebte. Es wurde sofort in eine Klinik gebracht.
Die genaue Inventur ergibt: »In der Küche standen zwei Kübel mit
halb verwesten Resten von menschlichen Organen, in weiteren großen
Plastikbehältern mit Deckel befand sich durch den Wolf gedrehtes

Fleisch. In der Diele stand ein Hundefressnapf mit einem Rest Frischfleisch. […] Im Kühlschrank der Küche standen halb volle Töpfe und Einmachgläser mit Fleisch. Überall in der Wohnung fanden wir blutverschmierte Beile und Sägen. […] Wo man hinsah, fand man die Habseligkeiten von vermutlich ermordeten Kindern. Wie sich herausstellte, hatte Sascha jedes einzelne Kleidungsstück der Mädchen, die sich in der Wohnung aufgehalten hatten, aufbewahrt. Auch ihr bescheidener Schmuck war in seinem Schrank zu finden. Wir fanden Ringe, Kettchen und Ohrringe. Makaber waren die Aufzeichnungen zu jedem Schmuckstück: eine genaue Beschreibung der Trägerinnen der Schmuckstücke und von wann bis wann sie in dieser Wohnung gelebt hatten. Neben Saschas blutverschmiertem Bett lag sein Heiligtum: ein von ihm selbst gebasteltes Kinder-Pornoheft mit Fotos seiner gepeinigten Opfer. Er hatte ihre Geschlechtsteile auf Papieren fein säuberlich nachgezeichnet und jede Skizze mit dem Vornamen des Mädchens versehen. Er hielt fest, wie oft er die Mädchen missbraucht hatte, ja, er führte Buch über all seine Gräueltaten. Stapelweise pornografische Bilder wurden gefunden, doch keines, worauf der Kopf der Mädchen zu sehen war. Dem Fotografen waren andere Körperteile wichtiger gewesen als das Gesicht.«

Olga Kaisewa hat Spesiwtsews Wohnung mit Messerstichen in Bauch und Brust überlebt. Den Ermittlern berichtet sie im Krankenhaus Unglaubliches: Eine Babuschka hat sie und ihre zwei Freundinnen Anastasia Bornajewa und Jewgenja Baraschkina um Hilfe gebeten. Als die 13-jährigen Mädchen die schwere Tasche zur Wohnung geschleppt hatten, kam Sohn Sascha und ließ sie mit Hilfe der Mutter nicht wieder hinaus. Olga, Ana, Shenja wurden misshandelt. Geschlagen. Getreten. Vergewaltigt. Und war Sascha Spesiwtsew nicht am Ort des Geschehens, hielt sein bissiger Hund Wache. Anastasia starb als Erste. Jewgenja starb noch selbigen Tags. Und Olga, die all das berichtete, erlag den Verletzungen 17 Stunden nach ihrer Rettung.

Sofort läuft die Fahndung an: Sascha Spesiwtsew wird bei einem Vergewaltigungsversuch verhaftet. Mutter und Schwester später in der Wohnung Nadeshdas. Der Sohn gesteht, die Mutter leugnet. Schwester Nadeshda lässt man frei. Die Gerüchte besagen bis heute, dass den Frauen ihre Beziehungen zu Anwälten und Richtern halfen. Es wurde vertuscht und verharmlost. Erst als Saschas Angaben durch Indizien eindeutig bestätigt wurden, gestand die Mutter ihre Mithilfe beim

Morden. »Ich habe alles nur aus Liebe zu meinem Sohn getan!« Sie liebt ihre Nadeshda. Sie liebt Sascha. Sie fühlt sich schuldig.

Nach zu langen Jahren beendete Ludmilla Spesiwtsewa ihr Eheleben mit dem brutalen Ehemann. Er hatte sie geschlagen. Die Kinder. Er trank. Nadeshda hatte der Papa wieder und wieder vergewaltigt. Zu spät war der Tyrann aus dem Haus. Sascha trat an seine Stelle. Er dominierte. Die Mutter, die Schwester handelten widerspruchslos, beschützten, halfen. Auch als sein Morden begann.

Es war laut in der Wohnung Spesiwtsew

Die Hausbewohner hörten Schreie. »Wir glaubten, der Sascha verprügelt bestimmt seine Schwester und seine Mutter. Vor einigen Jahren, ich glaube, das ist jetzt sechs Jahre her, war es ganz schlimm. Sascha hatte sich mit einem 16-jährigen Mädchen verlobt. Und die schrie fast jeden Tag, bis irgendwann die Polizei kam und sie tot auf einer Bahre aus der Wohnung trug. Aber niemand ist verhaftet worden. Man hat nie etwas von diesem Mädchen gehört. Auch in der Zeitung hat man nichts gelesen. Ich habe ständig die Todesanzeigen gelesen, aber nie stand etwas von einem 16-jährigen Mädchen drin. Na ja, die beiden Frauen arbeiten schließlich beim Gericht und das Mädchen kam ja auch aus der sozialen Unterschicht, wer macht sich da schon große Gedanken über so etwas.« Dieses Mädchen hinterließ keine Spur. Keine Unterlagen. Nicht einmal ihr Begräbnis ist in der Registratur.

Seine Opfer suchte sich Sascha Spesiwtsew unter den Ausgestoßenen. Die Mädchen der Straße vermisste keiner: »Sowieso nur Untermenschen.« Sascha suchte das ultimative Vergnügen. Auch Olga, Shenja und Ana hatten keine Chance: »Anfangs haben sie sich schon ein wenig gewehrt, aber das half ihnen nichts. Bei mir bekamen sie die Prügel, die sie zu Hause hätten bekommen sollen. Wenn es mir zu bunt wurde, habe ich sie vom Hund beißen lassen, der tut das nämlich ganz gern. Dann sind sie wieder tagelang mit Klopapier über den Wunden herumgelaufen … Von der ersten Minute an wussten sie, dass sie sterben werden. Ich habe ihnen doch immer wieder gesagt, dass sie nett zu mir sein müssen, wenn sie nicht lange leiden wollen. Ich habe ihnen auch gesagt, dass sie Schmerzen leiden müssen, wenn ich nicht zufrieden mit ihnen bin. Eine von ihnen – ich glaube, es war Anastasia – wollte einmal nicht so, wie ich wollte, da habe ich sie vor den anderen Mädchen in die Badewanne gelegt und ihr den Oberschenkel aufgeschnitten.«

Mutter und Schwester in der Küche müssen die Schreie, das Flehen der Kinder gehört haben. Geholfen haben sie nicht. Anastasia bricht sich das Bein. »Was will man anfangen mit so einem Mädchen. Doch ich hatte trotzdem eine gute Idee. Aus dem Küchenschrank holte ich mir einen großen Zettel und schrieb darauf: ›Heute Schlachtfest‹. Die Mädchen verstanden anfangs nicht, was ich damit meinte, ich habe es ihnen sofort erklärt. Ich sagte zu ihnen, die Anastasia liebt mich nicht mehr, denn sie weint und schreit immerzu. Ich verkündete den Mädchen, dass ihre Freundin heute sterben werde. Sie wollten es anfangs nicht glauben, doch ich sagte ihnen: Wer mich nicht mehr liebt und nicht macht, was ich will, der muss eben sterben. Da waren sie doch ein wenig geschockt. Warum, weiß ich heute noch nicht, denn ich sagte ihnen noch, dass die Anastasia in ihnen weiterleben wird. Dann ist das doch gar nicht so schlimm.«

In diesem Stil geht Saschas Geständnis weiter. Er erklärte den Mädchen, dass er ihre Freundin »am Bein operieren müsse, um sie endlich von ihren Schmerzen zu befreien«. Er zwang die zwei Mädchen, ihre Freundin am Badewannenrand festzuhalten und sie am Schreien zu hindern. Doch als das erste Opfer das Schlachtermesser sah, entglitt ihm die Kontrolle. »Die Mädchen waren nicht mehr in der Lage, sie ruhig zu halten, obwohl sie es ja versuchten. Ihr Körper bäumte sich immer wieder auf, wie sollte ich ihr da helfen? Da konnte ich den Mädchen gar keine Schuld geben, die waren wirklich nicht schuld, dass sie nicht ruhig blieb. Immer wieder sagte ich ihr, sie solle sich nicht so haben, aber sie wollte es nicht anders. Inzwischen schrie sie so laut, dass ich Angst bekam, die Nachbarn würden etwas mitbekommen … Ich musste sie irgendwie zum Schweigen bringen. Narkosemittel hatte ich keine, also habe ich ihr die Kehle durchgeschnitten und den Kopf gleich ganz abgetrennt. Ich wollte meine Ruhe, verstehen Sie, nur so wusste ich, dass sie ruhig bleiben würde und ich keine Angst vor den Nachbarn haben muss. Das hatte ich schon so oft gemacht … Das ging ruck, zuck … Das glauben Sie nicht, wie schnell das ging …«

Die beiden Mädchen waren verzweifelt. Kreischten und drängten sich in eine Ecke. »Sie sollten einfach nur ruhig sein und mit mir alles genießen. Es war doch auch für sie schön, da bin ich mir ganz sicher …«

Er ließ die Mädchen zusammen mit ihrer toten Freundin im Bad. Und sperrte seinen Dobermann dazu. Die ganze Nacht. Der Hund war darauf trainiert, weinende Menschen anzufallen. Die Mädchen wussten das. Als Sascha am nächsten Morgen wieder die Tür öffnet, muss er mit dem Tier schimpfen. Denn »er hatte wohl aus Hunger an dem toten Mädchen herumgefressen. Nicht schlimm, aber das darf er eigentlich nicht ohne meine Erlaubnis. Und Sie wissen ja – ein Hund muss merken, was er darf und was nicht ...«

Tagsüber sollte dann die Leiche zerteilt werden. Die Mutter stand in der Küche bereit, um mit dem Kochen zu beginnen. Die zwei Mädchen sollten ihm bei seiner Arbeit helfen. »Die haben vielleicht geschaut. Dabei muss man das doch, so ein Körper passt doch in keinen Topf rein.« Weil Olga und Shenja sich mehrmals übergeben mussten, schlug und trat Sascha auf sie ein. Als sich Shenja verzweifelt in eine Ecke verkriecht, wird ihr Peiniger »wirklich wütend« und hetzt den Hund auf sie. »Und der ist wirklich scharf, der hat sie am Fußknöchel gepackt und fest zugebissen. Dann habe ich mich der anderen zugewendet, ich ging zu ihr und schlug ihr ins Gesicht: Und dabei muss ich meinen Hund vergessen haben, der ja immer noch den Befehl hatte, auf die eine loszugehen. Plötzlich wurde es still im Raum. Komisch, denke ich mir noch und drehe mich um – und da sehe ich, wie der blöde Hund ihr in den Hals gebissen hat. Sie röchelte und gurgelte und rief nach ihrer Mutti – dabei war die doch gar nicht da! Ich war doch da!«

Mutter Spesiwtsew bereitet später aus dem toten Mädchen ein Essen zu. Eine Suppe. Ihr Sohn setzt sich mit Olga an den Tisch, beide werden bedient. Als Sascha dem Mädchen erzählt, wen sie gerade isst, muss sie sich erneut übergeben. »Sie spuckte mir die ganze Bude voll. Machte aber nichts, zu diesem Zeitpunkt sah es sowieso aus ... das kann man sich nicht vorstellen ... in den nächsten Tagen war ich etwas nervös, deshalb holte ich mir lieber kein Mädchen mehr. Und die, die ich hatte, taugte ja nicht mehr viel. Sie aß nichts. Es war einfach nichts reinzukriegen in sie, also stopfte ich ihr am nächsten Abend das gebratene Fleisch ihrer Freundin einfach in den Hals. Man muss doch essen! Ich sagte ihr das immer wieder, doch sie wollte nicht und fast wäre sie daran erstickt.«

Auch die Drohung, sie zu töten, bringt Olga Kaisewa nicht dazu, ihre Freundin zu essen. Das Mädchen tritt und schreit, will fliehen. Doch Spesiwtsew ist stärker. Er sticht zu. In den Bauch, die Brust. Immer wieder. Und dann läuft endlich die Wohnung voll Wasser. Das Heizungsrohr ist geplatzt. Die Nachbarn haben den Schaden bemerkt. An der Tür stehen sie. Klopfen und Rufen. Erst dann flieht Sascha Spesiwtsew.

Offizielle Opferzahl: 19

Mutter Ludmilla gesteht, die Kinder angelockt und die zerstückelten Leichen zubereitet zu haben. Sie hat auch die nicht verzehrten Leichenteile entsorgt. Manche vergraben. Manche im Fluss entsorgt. Man erinnert sich plötzlich des grausigen Fundes: 16 Mädchen! Persönlich greift die Mutter zum Spaten und gräbt wieder aus. Doch es bleiben Zweifel. Bei weitem sind die Leichen nicht vollständig. Selbst wenn man Appetit und Konservierung in Abrechnung stellt. Wo sind die Köpfe? »Dem Hund haben wir sie zum Fraße gegeben. Das mochte er gern.« Die Ermittler geben sich zufrieden. Auch mit der Opferzahl 19. Sascha Spesiwtsew ist sicher, dass er exakt Buch führte: »Wenn so viele auf den Zetteln stehen, dann waren es auch 19.«

Nadeshda Spesiwtsewa wurde niemals vor Gericht gestellt. Mutter Ludmillas Urteil lautete: Lebenslang. Saschas Todesurteil wurde vollstreckt.

Die Medienstars

»Wie blubbert doch die Volkesseele
Mit schaurig zugeschnürter Kehle
Bei jedem Polizeibericht
Wenn man was Neues aus der Haarmannshöhle
Zu lesen kriegt.«
Erich Weinert, *Haarmann*

»Warum fesseln uns die Nachrichten über Verbrechen und Skandale so sehr?«, fragt Journalistin Barbara Eligmann und versucht die Antwort: »Vermutlich, weil wir von Kindesbeinen an gelernt haben, wo die Grenzen des gemeinsamen Lebens liegen. Unsere Maßstäbe orientieren sich zum großen Teil noch immer an den Zehn Geboten. Auch wenn Religion vielen Menschen nicht mehr viel bedeutet, so bleibt doch der Satz ›Du sollst nicht töten‹ der oberste moralische Grundsatz. Wer das Tabu bricht, der überschreitet die Grenze des Erlaubten. Serienmörder wie Jürgen Bartsch oder Friedrich Haarmann führen an die dunkelsten Stellen der Seele.« Die Faszination, die Untaten auslösen, haben mit den Taten ebenso viel zu tun wie mit uns selbst. Sie zeigen uns selbst.

»Jeder Mensch ist ein Abgrund; es schwindelt einen, wenn man hinabsieht.« Georg Büchner lässt diese Worte seinen Woyzeck sprechen. Jener Johann Christian Woyzeck hatte am 21. Juni des Jahres 1821 die Woostin Johannen Christianen, eine 46-jährige Chirurgen-Witwe, erstochen. Drei Jahre darauf, am 27. August 1824, erfolgte die Hinrichtung des Täters mittels Schwert. Es war die letzte öffentliche Hinrichtung in Leipzig. Mehr als der Mord selbst war Woyzecks Ermordung Sensation, sodass sich der Stadtmagistrat veranlasst fühlte, vor dem Termin der Hinrichtung ein Plakat aufzuhängen.

»Nächst bevorstehenden Freitag, den Sieben und Zwanzigsten des Monats August, wird auf dem hiesigen Marktplatze der zum Tode verurteilte Delinquent Johann Christian Woyzeck hingerichtet werden. Wir dürfen nun zwar voraussetzen, dass sämtliche Bürger und Einwohner der Stadt Leipzig von selbst geneigt seyn werden, ihrerseits sich so zu benehmen, dass die gewohnte Ruhe und Ordnung auch bey der Eingangs erwähnten Execution in irgendeiner Art nicht gestört werde, und ist es daher nur eine Erinnnerung an die Mittel zur Erhaltung der Ruhe und Ordnung, wenn wir die gesamte hiesige Einwohnerschaft auffordern, sich selbst still zu bezeigen und alle Ungelegenheit zu vermeiden, auch die Ihrigen, insbesondere Lehrpursche und Gesinde möglichst im Hause zu halten, ferner, dass diejenigen, welche auf dem Markt, wo die Execution erfolgen soll, sich begeben und Letztere mit ansehen wollen, sich allen ungestümen Drängen schlechterdings enthalten. Sollte aber wider Erwarten irgendjemand dem entgegen handeln, so würde er die daraus entstehenden Unannehmlichkeiten und unausbleibliche Strafe sich selbst beimessen müssen.

Zur Sicherung des Publikums ist die Anordnung getroffen worden, dass am 27. August, von früh sieben Uhr an bis nach beendigter Execution die sämtlichen inneren Stadttore für Wagen gesperrt werden, auch Wagen den Marktplatz und die dahinführenden Gassen schlechterdings nicht befahren dürfen, so wie wegen der Lebensgefahr, die für die Untenstehenden aus dem Herabfallen der Ziegel und sonst erwachsen könnte, hiermit auf das gemessenste und bey Vermeidung von ZEHN TALERN Strafe untersagt wird, in den Häusern um den Marktplatz herum und in dessen Nähe die Dächer aufzudecken oder gar Gerüste anzubringen, auch dürfen während der Hinrichtung auf dem ganzen Marktplatze und in den Straßen und Gassen in dessen Nähe Wagen, Fässer und dergleichen für Zuschauer schlechterdings nicht aufgestellt werden.«

Trotz angedrohter empfindlicher Strafe: Leipzigs Bürger missachteten die Verbote. Sie wollten dabei sein und blieben dabei. Noch am Hinrichtungstag erhielt man Woyzecks letzte Worte säuberlich gedruckt auf einem Flugblatt. Heute ist es Ausstellungsstück.

Seit je sind Menschen die peniblen Chronisten eigener Untat. Die Antike überlieferte mehr Grauen denn Geschwätz. Des Mittelalters Minnelieder sind vergleichsweise gering neben den beschriebenen Martyrien aller Heiligen. Die Stadtchroniken beschreiben gern und ausführlich die Untaten ihrer Bürger: Nahe von Zeitz schlug 1562 »ein Weib ihren Manne im Schlafe mit einem Holzschemel zu Tode. Und es trieb sie der Satan noch mehr und gräulicher zu handeln, denn sie schlachtete den toten Körper und weidete ihn aus wie ein Kalb, kochte Hände und Füße, wie man Sülze kocht, zerschrötete danach den Stumpf wie Rindfleisch und hängt es in den Rauch zum Welken. Der Rauch wurde groß und roch unfreundlich. Die Bauern mussten das Haus aufbrechen. Da sah man, wie der Teufel geschlachtet und das Wildbret eingesalzen und in den Rauch aufgehängt hatte. Das Weib wurde mit heißen Zangen gezwackt und danach auf ein Rad gestoßen.«

Vor der Erfindung des Buchdrucks und der Zeitungen gab es Boten, die die neuesten Neuigkeiten überbrachten. Sie stellten sich dafür an zentrale Stelle und verlasen, was passiert war. Um nicht zu langweilen fassten sie ihre Berichte oft in Bänkellieder. Eines erzählt vom »Roten Kind«, was der Name sei »eines furchtbaren Bösewichts in Ungarn, welcher in 7 Jahren 96 Mordtaten begangen hat«.

Er schleppte sie ins dunkle Haus
Und – furchtbar anzuschauen! –
Riss er das Herzlein ihnen aus,
Verzehrt es sonder Grauen.

Dass der kannibalische Mörder später »beim Schmause der Kinder« gefasst, »gliedweis … zerfetzt« und zuletzt von vier Stieren geviertelt wird, vermeldet das Bänkellied auch noch.
Ein anderes Lied berichtet von »fünf unglücklichen deutschen Matrosen, welche von den Seeräubern in Sklaverei gebracht wurden und sich da mit Hilfe einer jungen Schwedin selbst aus der Sklaverei befreit haben, indem sie auf einem kleinen Nachen in die offene See gestochen sind. Unterwegs hat sie der Hunger so sehr gepeinigt, dass der eine Kamerad Beyer sich selbst erstach, dass sie sein Fleisch essen sollten, um sich vor dem Hungertode zu retten.«

Verzweiflung stieg mit jeder Stunde,
Sie schrien um ein Stückchen Brot.
Hört, Brüder, hört, was ich bekunde!
Maria rief: Aus ist die Not!
Schlachtet mich, denn ihr sollt leben,
Und Gott wird mich ins Paradies erheben.

Und doch geht es den Autoren meist um mehr als den banalen Kriminalfall, um die Sensation. Theodor Lessing stellt »Haarmann – Geschichte eines Werwolfs« die Worte voran: »Und so wurde es … zur Pflicht gegen die künftigen Geschlechter, den merkwürdigen Rechtsfall unserer Tage aufzubewahren. Es geschah so, dass dem einfachen Leser alle Vorgänge bildhaft lebendig werden, dass andererseits aber auch für die Wissenschaft: Psychologie, Psychiatrie, Strafrecht und Rechtsethik, das Studium dieses Kriminalfalles wertvoll bleibt. Darüber hinaus aber sehe man in dieser Schrift ein Stück Zeitkritik und Charakterkunde.«
Solange es Menschen gibt, werden wir von ihren Untaten hören und lesen und sehen. Wir sind dabei, weil wir es wollen. Die Mörder sterben nicht aus. Wir wollen sie kennen lernen. In Vergangenheit. In Gegenwart. In Ewigkeit.

Mit Zwiebeln, Möhren und Kartoffeln:

Albert Howard Fish

Am Sonntag, dem 28. Mai 1928 saß die Familie Budd – Vater Albert, Mutter Delia, der 18 Jahre alte Sohn Edward, die zehnjährige Tochter Grace – beim Essen in ihrer Erdgeschoßwohnung im Haus Nr. 406, West 15. Straße in Manhattan. Es klopfte an der Tür. Draußen stand ein kleiner, grauhaariger älterer Herr. Freundlich entschuldigte er sich für die Störung und stellte sich vor. Er heiße Frank Howard und käme aufgrund der Annonce, die Edward wegen Arbeitssuche in der Tageszeitung *New York World Telegram* geschaltet hatte. Er besäße, sagte der Besucher, eine Gemüsefarm in Farmingdale auf Long Island und würde dort Helfer benötigen. Für einen guten Arbeiter könne er 15 Dollar die Woche zahlen. Edward solle sich alles in Ruhe überlegen, er würde in Kürze wieder vorsprechen. Die Budds waren hocherfreut.

Der Alte schien besonders nett und die Entlohnung durchaus anständig. Die Familie konnte zusätzliches Geld gut gebrauchen, der Vater verdiente als Portier oft nicht einmal das Nötigste.

Der nette Mr Howard

Mister Howard hielt sein Versprechen. Am 2. Juni kam ein Telegramm, verspätet, da die Adresse nicht korrekt angegeben war, am darauffolgenden Tag erschien er selbst um die Mittagszeit und brachte einen Topf voll Kochkäse und Erdbeeren mit, Produkt der Farm, wie er sagte. Gemeinsam setzte man sich zu Tisch. Wieder beeindruckte der Gast die Familie durch seine guten Manieren und die gepflegte Kleidung, mehr aber noch durch die Rolle Banknoten, die er aus der Tasche zog, um den beiden Kindern Geld fürs Kino zu geben. Mit Edward schien er handelseins.

Die Eltern wagten daher auch keinen Widerspruch, als er Grace zu einem Kinderfest einlud, das abends bei seiner verheirateten Schwester in deren Wohnung Ecke 137. Straße – Columbus Avenue stattfinden sollte. Grace holte ihr bestes Kleid, das weiße Konfirmationskleid, und machte sich voll Vorfreude, Hand in Hand mit ihrem Begleiter, auf den Weg.

Als sie aber am folgenden Morgen noch immer nicht zu Hause war, ging der Vater sie abzuholen. Zu seinem Entsetzen gab es die angegebene Adresse nicht, die Columbus Avenue führte nur bis zur 130. Straße.

Voller Sorgen und böser Vorahnungen meldete er das Verschwinden seiner Tochter bei der Polizei. Dort fand man bald heraus, dass auch ein Farmer namens Howard in Farmingdale nicht existierte. Damit fehlten, außer einer guten Personenbeschreibung, die selbst allerdings nichts Spezifisches enthielt, alle weiteren Anhaltspunkte. Dass aber die Entführung möglicherweise geplant sein könnte, ergab sich aus einer Tatsache: Der vorgebliche Herr Howard hatte sogar das Telegramm wieder mit sich genommen, unter dem Vorwand, er müsse sich wegen der verspäteten Zustellung beschweren. Hatte er absichtlich eine persönliche Spur beseitigt?

Detective William King, der das Missing-Persons-Bureau leitete, beschloss daher, sich des Falles persönlich und nachdrücklicher, als es beim Verschwinden halbwüchsiger Mädchen sonst üblich war, anzunehmen. Er ließ zuerst nach dem Original-Aufgabeformular des Telegramms suchen. Drei Mitarbeiter sortierten Tausende von Unterlagen und wurden erst nach 13-stündiger Arbeit fündig: das Telegramm war am Abend des 1. Juni bei der East-Harlem-Filiale der Western Union aufgegeben worden, allerdings mit derselben falschen Absenderangabe. Die Spur führte zu nichts, denn es wäre natürlich sinnlos gewesen, das ganze Viertel nach einem älteren Herrn und einem zehnjährigen Mädchen abzusuchen.

King versuchte einen zweiten Weg: die Herkunft des sichtlich neuen Vorratstopfes zu klären. Alle Küchen- und Geschirrgeschäfte im Bezirk wurden befragt, aber auch in diesem Fall hatte der Entführer offenbar planmäßig gehandelt. Der Topf war nicht in einem Geschäft, sondern bei einem fliegenden Händler gekauft worden. Der erinnerte sich zwar an den Kunden und die Beschreibung passte genau auf den vorgeblichen Herrn Howard, aber weitere Informationen konnte er nicht geben. Er war ihm ansonsten völlig unbekannt.

Suchanzeigen in Zeitungen und im Rundfunk brachten über hundert

Albert Howard Fish (Mitte)

Hinweise aus der Bevölkerung, aber kein einziger davon war zielführend. Die Suche nach Grace Budd und ihrem Entführer war an einem toten Punkt angelangt. Die Polizei musste den Fall als ungeklärt schließen. Nur Detective King ließ, sicher auch motiviert durch den Schmerz der Eltern, nicht locker. Er verfolgte weiter auch jede noch so dünne Spur, reiste Tausende von Kilometern hinter einem Betrüger namens Corthell her, der versucht hatte, ein Mädchen gleichen Alters wie Grace Budd aus einem Waisenhaus zu entführen nur um festzustellen, dass der Verdächtige für den Zeitpunkt des Howard-Falles ein sicheres Alibi hatte.

Erst nach sechs langen Jahren – zwei Jahre, nachdem er deswegen seine Pensionierung hatte hinausschieben lassen – sollte King das Schicksal Grace Budds klären. Ein Schicksal, das weit schrecklicher war, als er es sich je hatte vorstellen können.

Mr Howard schreibt einen Brief

Am 11. November 1934 erhielt die Mutter von Grace einen anonymen Brief, in dem sie, noch verstärkt durch die direkte, vertrauliche Anrede, Dinge lesen musste, für die das Adjektiv »fürchterlich« noch weit untertrieben ist.

»Meine liebe Frau Budd! Im Jahre 1894 diente einer meiner Freunde als Matrose auf dem Schiff ›Tacoma‹ unter Kapitän John Davis, das von San Francisco nach Hongkong bestimmt war. Am Zielort angekommen ging er mit drei seiner Kameraden an Land um sich zu betrinken. Als sie am nächsten Morgen aus ihrer Berauschtheit erwachten, war das Schiff ohne sie abgefahren. In China herrschte gerade eine schreckliche Hungersnot. Die arme Bevölkerung hatte so unter dem Mangel zu leiden, dass sie gezwungen war, ihre Kinder unter zwölf Jahren, die sie ohnehin nicht mehr ernähren konnten, an Fleischhauer zu verkaufen. So konnte man in vielen Geschäften doch noch Fleisch kaufen, Steaks, Koteletts oder Ragoutfleisch. Es wurde einfach das gewünschte Stück aus dem aushängenden nackten Körper eines kleinen Mädchens oder Jungen herausgeschnitten. Der Hintern, der die beste Partie und das zarteste Stück ist, war so teuer wie ein Kalbskotelett.

John, mein Freund, blieb so lange in China, dass er eine ausgesprochene Vorliebe für Menschenfleisch entwickelte. Nach New York zurückgekommen entführte er zwei Knaben, sieben bzw. elf Jahre alt, und nahm sie zu sich nach Hause. Dort entkleidete und fesselte er sie an einen Wandschrank. Mehrmals pro Tag schlug er sie, um damit ihr Fleisch zarter zu machen. Zuerst tötete er den älteren der beiden, da dieser der fleischigere war. Jeden Teil des Körpers, mit Ausnahme des Kopfes und der Eingeweide, kochte und aß er: das Fleisch des Knaben wurde geröstet, der ganze Hintern gekocht, geschmort, gebraten oder zu Ragout verarbeitet. Später wurde dann der jüngere auf die gleiche Art behandelt. Zu der Zeit habe ich auf Nummer 409 in der 100sten Straße Ost gewohnt. John hat sich immer wieder so begeistert über Menschenfleisch geäußert, dass ich beschloss, es auch einmal selber zu versuchen.«

Wie schrecklich aber die folgenden Zeilen, die konkret auf das Schicksal Grace Budds anspielten und Details enthielten, die nur der Täter wissen konnte, für die Mutter gewesen sein müssen, lässt sich kaum nachvollziehen:

»Am Sonntag, dem 3. Juni 1928 kam ich zu Ihnen ins Haus, Nr. 406

in der 15. Straße West. Ich hatte Erdbeeren und Käse mitgebracht. Wir haben miteinander gegessen. Grace hatte sich auf meine Knie gesetzt und mich umarmt. Da habe ich beschlossen, sie zu essen. Ich habe mir ein Kinderfest ausgedacht, und Sie haben die Erlaubnis gegeben, dass sie dort hingeht. Ich habe sie in ein verlassenes Haus in Westchester geführt, in dem ich Renovierungsarbeiten übernommen hatte. Nachdem wir dort angekommen waren, schickte ich sie nach draußen. Sie pflückte Blumen. Ich habe mich im ersten Stock ganz nackt ausgezogen, um meine Kleider später nicht mit Blutflecken zu verunreinigen. Als ich fertig war, rief ich Grace vom Fenster aus wieder herein. Bis sie kam, versteckte ich mich hinter einem Schrank. Als sie mich nackt sah, begann sie zu weinen und wollte davonlaufen. Ich fing sie ein und sie sagte, sie würde alles ihrer Mutter erzählen. Ich riss ihr die Kleider vom Leib. Sie wehrte sich, biss und kratzte. Ich habe sie erwürgt und ihren Körper dann in kleine Stücke geschnitten, um ihr Fleisch zu mir nach Hause zu tragen, zu kochen und dann zu essen. Ich kann Ihnen gar nicht sagen, wie zart und wunderbar ihr kleiner Hintern war und wie gut er, am Ofen geröstet, geschmeckt hat. Neun Tage habe ich mich ausschließlich von ihr ernährt. Ich habe sie aber nicht gefickt, obwohl ich dazu Gelegenheit gehabt hätte. Sie ist als Jungfrau gestorben.«

Albert Budd brachte das Schreiben sofort zu Detective King, der auch das Originalformular des Telegramms noch aufbewahrt hatte. Ein Schriftvergleich bestätigte sofort die Identität der Schreiber. Der Brief war, entgegen einer vagen Hoffnung, es könne sich um einen äußerst geschmacklosen Scherz handeln, eindeutig vom Entführer, dem pseudonymen Herrn Howard, geschrieben. Am Kuvert des Briefes war ein Firmenzeichen aufgedruckt, das der Absender mit dicken Tintenstrichen unleserlich zu machen versucht hatte. Es musste irgendwie in seine Nähe führen, sonst hätte er sich die Mühe nicht gemacht. Unter der UV-Lampe wurden die Buchstaben erkennbar: N.Y.P.C.B.A. King entschlüsselte sie mit Hilfe des Telefonbuchs als »New York Private Chauffeurs Benevolent Association, 627 Lexington Avenue«, einer Freiwilligenorganisation von Privatchauffeuren. King verbrachte eine ganze Nacht, um die handschriftlichen Eintragungen auf den Beitrittskarten von über 400 Mitgliedern zu vergleichen, blieb aber ohne Erfolg. Er musste sich direkt an das Personal wenden.

Mr Howard ist Mr Fish

Hatte jemand Briefpapier der Firma selbst verwendet oder weitergegeben? Erst als King Straflosigkeit zusicherte, meldete sich ein gewisser Lee Siscoski, der im Firmengebäude als Hausmeister arbeitete. Es sei schon möglich, sagte er vorsichtig, dass er in seinen beiden letzten Wohnstätten das eine oder andere Kuvert mitgenommen und dort liegen gelassen haben könnte. Die erste Adresse, die er nannte, führte nicht weiter, wohl aber die zweite: Nr. 200 Ost 52. Straße war eine billige Pension. Die Besitzerin erkannte in der Personenbeschreibung, die ihr King vorlegte, sofort ihren Mieter von Nummer sieben, der aber nicht als Frank Howard, sondern als Albert H. Fish gemeldet war. Die Eintragung im Meldebuch stimmte mit der Handschrift des Telegrammformulars und des ominösen Briefes überein. Fish war zweifellos der freundliche ältere Herr, der Grace entführt hatte. Aber stimmten die fürchterlichen Details, die er im Schreiben an Frau Budd geschildert hatte? Darüber konnte er nur selbst Auskunft geben.

Leider, sagte die Vermieterin, wäre Herr Fish am 11. November, genau an dem Tag, an dem Frau Budd den Brief erhalten hatte, ausgezogen, ohne eine Adresse zu hinterlassen. Möglicherweise aber würde er wiederkommen, sich den Scheck über 25 Dollar, den ihm einer seiner Söhne Anfang Dezember schicken wollte, zu holen. King ordnete Rund-um-die-Uhr-Bewachung der Pension an und verständigte auch das zuständige Zustellpostamt.

Wieder bewährte sich seine Hartnäckigkeit: Am 4. Dezember meldete die Post das Eintreffen des Briefes, am 13. Dezember erschien tatsächlich Fish persönlich in der Pension. Eile täte Not, sagte die Wirtin am Telefon, Fish hatte ihr gesagt, er wolle nur kurz bleiben. King fuhr sofort los und klopfte an die Tür von Nummer sieben. Es öffnete, wie erwartet, der kleine ältere grauhaarige Mann, grüßte freundlich und erklärte sich ebenso freundlich gleich bereit, ins Wachzimmer mitzukommen. Im Treppenhaus aber sprang er ohne jede Vorwarnung King von der Seite an, in jeder Hand ein scharf geschliffenes Rasiermesser. King gelang es nur aufgrund seiner Körpergröße, den Angriff abzuwehren. Er bekam die Handgelenke des Gegners zu fassen und schlug sie so lange gegen das Stiegengeländer, bis dieser die Messer fallen lassen musste und ihm Handschellen angelegt werden konnten. In seinen Taschen trug er noch eine ganze Reihe scharf geschliffener Messer und Dolche. Auf der Polizeistation gestand Albert Fish dann bereitwilligst und ohne

Ausflüchte, aber auch ohne ein Zeichen von Reue oder Mitgefühl, immer freundlich bleibend, die Entführung und den Mord an Grace Budd. »Ich habe«, sagte er laut Polizeiprotokoll, »die Geschichte mit der Geburtstagsparty natürlich nur erfunden, um das Mädchen aus dem Haus zu bringen. Mitsammen fuhren wir mit der Untergrundbahn bis zur Grand Central Station. Dort holte ich mein ›höllisches Arbeitszeug‹, eine braune Segeltuchtasche mit einer Hacke, einer Säge und einem großen Fleischermesser, das ich bei einem Zeitungshändler deponiert hatte. Wir nahmen den Vorortzug nach Westchester. Am Bahnhof ausgestiegen bemerkte Grace, dass ich mein Paket im Abteil vergessen hatte. Sie lief zurück, es mir vor Abfahrt des Zuges zu bringen.

Dann gingen wir die Mountain Road hinauf bis zu einem Haus am Waldrand, das unbewohnt war und in dem ich gerade arbeitete. Es hieß Wistaria Cottage, Glyzinien-Haus. Zuerst schickte ich Grace in den Garten, wo sie Blumen pflückte. Ich ging in den ersten Stock hinauf und zog mich völlig nackt aus, um später Blutflecken an meiner Kleidung zu vermeiden. Dann rief ich nach Grace, aber als ich nackt hinter dem Wandschrank hervorkam, schrie sie auf und versuchte über die Treppe wegzulaufen. Ich erwischte sie gerade noch, packte sie und warf sie auf eine Decke, die ich vorbereitet hatte. Ich würgte sie mit beiden Händen und drückte die Knie in ihre Brust, um sie so schneller zu töten. Dann nahm ich das mitgebrachte Fleischermesser und schnitt ihr die Kehle durch. Den Kopf zertrümmerte ich mit einem 20 Kilo schweren Farbkanister, mit dem ich auch das Blut, soweit es nicht von den langen blonden Haaren des Mädchens aufgesogen wurde, auffing. Dann zerschnitt ich den Körper, den Rumpf unterhalb des Nabels, trennte den Kopf und die Gliedmaßen ab. Kopf und Schuhe versteckte ich in der außerhalb des Hauses am Waldrand gelegenen Toilette. Rumpf und Glieder vergrub ich nach vier Tagen, als sie schon zu riechen begonnen hatten, zusammen mit dem Kopf an der Gartenmauer hinter dem Haus.« Dort hatte sie die Polizei auch gefunden.

Kannibalistische Details

Kein Wort mehr von den kannibalistischen Details des Briefes. Die wiederholte Fish erst in den Gesprächen, die er mit dem psychiatrischen Sachverständigen Frederic Wertham in der Haft führte, und reicherte sie mit noch ein paar blutrünstigen Einzelheiten an.

»Eigentlich wollte ich ja zuerst den Jungen, aber als sich das Mädchen während des Essens mir auf den Schoß setzte, schien sie mir zarter und fleischiger. Wie ich ihr die Gurgel durchschnitt, versuchte ich, das aus den Arterien sprudelnde Blut zu trinken, erbrach es aber gleich wieder. Aus dem Körper schnitt ich Stücke, zuerst aus den Unterarmen, wickelte sie in mein Taschentuch und nahm sie mit nach Hause. Am nächsten Tag besorgte ich mir bei einem Gemüsehändler ein Kilo Karotten, gleich schwer Zwiebel, eineinhalb Kilo Kartoffeln und mehrere Bünde Petersilie. Das Fleisch schnitt ich in drei Stücke und kochte es mit Wasser, einem Suppenwürfel und dem Gemüse in einem großen Topf.«

Wie im Brief erwähnt aß er davon neun Tage lang, musste sich aber immer wieder Nachschub aus dem Wistaria Cottage holen. Auch variierte er die Zubereitungsart. Die Stücke aus dem Gesäß des Mädchens briet er mit Speck am Ofen. Diese Mahlzeiten, sagte er zu Wertham, hätten ihn in einen Zustand des »permanenten Orgasmus« versetzt. Auch während des Schlafes hätte er unablässig davon geträumt.

Wertham war es – ähnlich wie den Professoren Berg und Sioli bei Kürten – gelungen, zu seinem Klienten ein besonders nahes Vertrauensverhältnis aufzubauen. Fish erzählte ihm rückhaltlos alles, motiviert sicher auch wie viele seinesgleichen durch eine charakteristische Geltungssucht. Besonders ausführlich und mit erkennbarer Freude berichtete er von seiner sexuellen Entwicklung, seinen sexuellen Vorlieben und Praktiken. Wegen obszöner Schreibereien und Briefe war er schon zweimal mit dem Gesetz in Konflikt geraten. Seine Auslassungen werden daher, was vor allem Quantität und Qualität der Angaben betrifft, nur mit Vorsicht zu lesen sein. Wertham jedenfalls schrieb alles mit und veröffentlichte seine Protokolle nach dem Prozess. Bis heute sind sie ein viel zitiertes, paradigmatisches Werk zur Gedankenwelt und zum Werdegang eines sadistischen Serienkillers.

Bei der ersten Begegnung, musste auch Wertham bestätigen, erschien Albert Fish, wieder wie fast alle seinesgleichen, nicht als Monster, sondern als unauffälliger, freundlicher und höflicher Zeitgenosse, als der liebe Opa, so wie er sich ja auch bei der Familie Budd eingeführt hatte. »If you wanted someone to entrust your children to, he would be the one to choose.« Hinter der Fassade allerdings verbarg sich ein »polymorpher Perverser«, von einer Aggressivität, wie sie ihm, so Wertham, weder persönlich noch in der gesamten Fachliteratur je untergekommen war.

Mit Bibel und Schlägen traktiert

1870 war er als Howard Fish – den Vornamen Albert legte er sich erst später zu – in Washington geboren. Sein Vater, ein pensionierter Flussschifffahrtskapitän, war bei Howards Geburt schon 75 Jahre alt, er starb fünf Jahre später an einer Herzattacke.

Die Familie war von der Vater- wie von der Mutterseite her entsprechend erblich belastet: Onkel starben in Irrenhäusern, Tanten verfielen dem religiösen Wahn, zwei seiner Brüder waren hochgradig schwachsinnig. Da die Mutter allein nicht imstande war, sich um die zwölfköpfige Familie zu kümmern, musste Howard in das Waisenhaus St. Johns Refuge. Dort kam er zum ersten Mal mit den Praktiken in Berührung, die später sein Leben bestimmen sollten. In dem streng geführten Internat wurde pausenlos in der Bibel gelesen, auch kleinere Verbrechen sofort drakonisch bestraft, in der Regel mit Rutenstreichen auf das nackte Gesäß. Howards Kameraden lachten ihn aus, als sie bemerkten, dass er jedes Mal bei der Bestrafung Erektionen hatte. Was sie nicht sehen konnten, war, dass er auch dann Erektionen hatte, wenn andere bestraft wurden. Strafen und Schlagen, gestraft und geschlagen zu werden, sagte er zu Wertham, sind seither »die größten und wichtigsten Vergnügen in meinem Leben«.

Natürlich hatte er auch alle Möglichkeiten und Praktiken der Selbstbefriedigung gelernt, bis ihn seine Mutter, die inzwischen eine Staatsstelle bekommen hatte, nach fünf Jahren wieder aus dem Heim holen konnte. Beim Kirschenpflücken fiel er einmal vom Baum und litt seitdem an periodisch auftretenden starken Kopfschmerzen und zeitweiligen Bewusstseinstrübungen. Einer seiner älteren Brüder war bei der Marine eingerückt gewesen und hatte, zurückgekehrt, Geschichten von Menschenfressern erzählt, die er in exotischen Ländern gehört hatte. Howard war so begeistert davon, dass er sie nicht oft genug hören konnte und nächtelang davon träumte. Er beschloss für sich, das alles auch später einmal auszuprobieren.

Mit 15 Jahren verließ er die Schule, arbeitete bei einem Gemüsehändler und dann als Zimmermaler und Dekorateur. Diesem Beruf blieb er sein Leben lang treu, da er ihm Gelegenheiten bot, in allein und leer stehenden Häusern seinen Leidenschaften ungestört nachzugehen. Damit reiste er auch durch alle Länder der Vereinigten Staaten, ohne je wirklich sesshaft zu werden. Trotzdem gelang es ihm, zumindest nach außen hin, eine halbwegs bürgerliche Fassade aufrechtzuerhalten.

1898 heiratete er eine um sechs Jahre jüngere Frau, mit der er sechs Kinder hatte – »Kinder habe ich«, sagte er zu Wertham, »immer gern gehabt«. Seine Frau verließ ihn nach 20 Ehejahren mit einem Untermieter. Danach soll er noch dreimal, ohne sich scheiden zu lassen, geheiratet haben. Zu seinen Kindern war er äußerst fürsorglich und liebevoll. Sie unterstützten ihn auch später und hielten während des Prozesses zu ihm.

Seltsame Angewohnheiten

Sie wussten wohl, dass der Vater seltsame Angewohnheiten hatte, dass er zum Beispiel in Vollmondnächten besonders gerne rohes Fleisch aß, auch hatte ihn einer seiner Söhne einmal bei einer onanistischen Vorstellung mit Peitschen überrascht, wie weit aber diese Seltsamkeiten gehen konnten und wie gefährlich sie wurden, ahnten sie nicht.

Es gab kaum eine Spielart masochistischer und sadistischer Praktiken, die Fish nicht bei sich selbst und bei anderen ausprobiert hatte. Zu seinen bizarrsten Unternehmungen dieser Art gehörte zweifellos die Methode, sich selbst mit Alkohol getränkte Wattebäusche in den Anus zu stecken und sie dann anzuzünden. So ausgestattet soll er auch über der Leiche von Grace Budd, erzählte er Wertham, sich besondere Lust verschafft haben. Mit langen, dreikantigen Tapeziernadeln stach er sich in Gesäß und Hodensack. 27 davon, viele schon korrodiert und zerfallen, fand man bei einer Röntgenuntersuchung während der Haft. Als Opfer bevorzugte Fish vor allem halbwüchsige Knaben. Mit Versprechungen auf Geld oder Süßigkeiten lockte er sie in leerstehende Häuser, in denen er gerade arbeitete. Wie Haarmann, über dessen Prozess er sich eine Mappe von Zeitungsausschnitten angelegt hatte, requirierte er besonders gerne Streuner und Ausreißer, die niemanden abgingen und nach denen so schnell nicht gesucht würde. Ausführlich erzählte er Wertham von einem Fall aus dem Jahr 1911 in St. Louis:

Am Bahnhof hatte er die Bekanntschaft eines 19-jährigen Farbigen namens Kedden gemacht, eines hübschen, aber geistig zurückgebliebenen Jungen, der gerade mit einem Zug aus dem Süden angekommen war. Fish nahm ihn nach Hause mit, befreite ihn vom Ungeziefer, wusch ihn und rasierte ihm alle Körperhaare ab, auch die Schamhaare. »Drei bis vier Wochen haben wir dann alle Möglichkeiten sadistischer und masochistischer Akte ausprobiert, ich als Lehrer, er als Schüler. Die Spiele wurden immer schärfer. Eines Tages band ich Kedden an einen

Sessel und setzte mich vor ihn. Er hatte eine Erektion und ich begann ihm mit einer Schere sein Glied abzuschneiden. Als ich bemerkte, wie es ihn schmerzte, habe ich wieder aufgehört und das verletzte Glied verbunden. Ich ließ dann 6 Dollar am Bett zurück und ging weg, in eine andere Stadt.«

Abrahams Menschenopfer

Nach dem 52. Lebensjahr begannen sich bei Fish immer deutlicher religiöse Wahnvorstellungen bemerkbar zu machen. Seit dem Internat hatte die Bibel, neben Edgar Allan Poes Novellen, zu seiner Lieblingslektüre gehört. Jetzt vernahm er immer häufiger Stimmen, die ihm besonders die Geschichte von Abraham und Isaak nahe legen wollten. »Ich hatte die Idee von Menschenopfern, wie bei Abraham. Auch ich musste ein Kind als Opfer darbieten, um mich von den Freveln und Sünden, die ich vor den Augen Gottes begangen hatte, zu reinigen.«

Seine Absonderlichkeiten waren auch vor dem Auge des Gesetzes nicht unbemerkt geblieben. Insgesamt achtmal war Fish vorbestraft, zuerst wegen kleinerer Betrügereien und Scheckfälschungen, zweimal wegen des Verfassens und Versendens obszöner Briefe und zweimal war er in allerdings stationäre psychiatrische Behandlung gekommen, zum letzten Mal zwei Jahre nach dem Mord an Grace Budd. In seinem Zimmer hatte man eine angefaulte Karotte, eine blutige Peitsche und ein halb verwestes Wiener Würstchen gefunden. Das brauche ich, um mich selbst befriedigen zu können, hatte Fish gesagt. Trotzdem wurde er, als sexuell motivierte psychopathische Persönlichkeit, die aber völlig ungefährlich sei, nach ein paar Tagen wieder entlassen.

Die entscheidende Frage, wie viele Morde Fish tatsächlich auf dem Gewissen hatte, konnte nie eindeutig geklärt werden. Seine Opfer waren anonym, seine »Tätigkeit« erstreckte sich über einen langen Zeitraum und durch eine lange Reihe von Bundesstaaten, deren Strafverfolgungsbehörden nur wenige Kontakte zueinander hielten. Er selber sagte zu Wertham, es könnten wohl an die 100 gewesen sein. Wertham nahm, nachdem er lange mit seinem Klienten gesprochen hatte, eine weitaus höhere Opferzahl, an die 400, als durchaus möglich an, was Fish zum mit Abstand größten zivilen Serienmörder der Geschichte gemacht hätte.

Generell behauptete Fish ja, sich an nichts mehr erinnern zu können. In merkwürdigem Gegensatz dazu stehen die detailgenauen Angaben, die er seinem Psychiater gegenüber machte, wie etwa im Fall Kedden oder in dem Brief, den er seinem Verteidiger John Dempsey schickte und in dem er die Ermordung und Verkochung eines vier Jahre alten Jungen namens Billy Gaffney, begangen am 11. Februar 1927, beschrieb. Der Fall war der Polizei bis dahin unbekannt geblieben.

»Damals arbeitete ich in einem leer stehenden Haus an der Riker Street. Dorthin lockte ich den Kleinen und entkleidete ihn, bevor ich ihn mit einem dort herumliegenden Taschentuch fesselte. Seine Kleider verbrannte ich, seine Schuhe warf ich in eine Mülltonne. Dann fuhr ich zu mir nach Hause, Nr. 228, 81. Straße Ost. Am nächsten Tag kam ich um ungefähr 2 Uhr nachmittags mit meinem höllischen Handwerkszeug und einer neunschwänzigen Peitsche, die ich mir selbst gemacht hatte, zurück. Damit habe ich ihn auf dem nackten Hintern geschlagen, bis ihm das Blut über die Oberschenkel rann. Dann schnitt ich die Ohren und die Nase ab, den Mund vergrößerte ich mit dem Messer von einem Ohr zum anderen. Die Augen drückte ich aus den Höhlen. Da war er schon tot. Dann stieß ich ihm ein Messer in den Bauch und legte meinen Mund auf die Wunde, um das Blut daraus zu saugen. Dann holte ich Säcke, einige voll mit Steinen, einige mit Kartoffeln. Dann habe ich ihm die Schamglieder abgeschnitten. Ich hatte eine Nagelschere mit. Sie diente mir, um die Ohren und die Nase abzuzwicken und kleine Stücke aus dem Bauchfleisch zu schneiden. Dann zerteilte ich den Rumpf unterhalb des Nabels. Dann die Beine, etwa fünf Zentimeter unter dem Gesäß. Weiters schnitt ich den Kopf ab, die Füße, die Arme, die Hände und die Unterschenkel unterhalb des Knies. Das alles habe ich in die Säcke mit den Steinen gegeben, sie zugebunden und in die Teiche an der Straße nach North-Beach geworfen. Das Wasser ist dort tief, etwa eineinhalb Meter, und die Säcke sind sofort untergegangen.

Ich bin zu mir nach Hause zurück und habe das Fleisch mitgehabt, die Teile des Körpers, die ich bevorzuge. Seine Eierchen, die Nieren und den hübschen Hintern, schön mollig, um ihn am Feuer zu braten und zu verzehren. Ich habe ein Ragout bereitet mit seinen Ohren, der Nase, Stücken vom Bauch und aus dem Gesicht. Ich habe sie mit Zwiebeln, Karotten, Rübchen und Sellerie zusammengetan, gewürzt mit Salz und Pfeffer. Das war gut.

Danach habe ich seine Hinterbacken in zwei Teile geschnitten, ebenso sein Hodensäckchen und sein ›Pee-wee‹, und alles gewaschen. Ich habe sie auf eine Bratpfanne gelegt und darunter Feuer gezündet. Dann habe ich Speckstücke geschnitten und auf die Gesäßhälften gelegt, dann vier Zwiebel geschält und nach einer viertel Stunde Garens habe ich mit Wasser für die Sauce aufgegossen, dann die Zwiebeln beigegeben. Mit einem Holzlöffel habe ich immer wieder Saft über die Hinterbacken geschüttet, damit das Fleisch besser und saftiger wird.

Nach etwa zwei Stunden waren die Hinterbacken gut durch. Ich habe nie gebratenen Truthahn gegessen, der auch nur halb so gut gewesen wäre wie sein kleiner molliger, zarter Hintern. Das ganze Gericht brauchte etwa vier Stunden. Seine Eierchen waren exquisit, aber das ›Pee-wee‹ war zu hart. Ich habe es kaum beißen können und in die Toilette geworfen.«

Kulinarische Fantasie?

Nicht nur die Detailfreude bei sonstiger Amnesie, auch die Übereinstimmungen mit dem Fall Budd im kulinarischen Bereich könnten durchaus darauf hinweisen, dass es sich eher um Fantasieprodukte Fishs als um tatsächliche Unternehmungen gehandelt hatte. Andererseits aber besaß er durchaus spezifische Kenntnisse, die nur durch Erfahrung an der Realität gewonnen sein konnten. Dass das »Pee-wee« zum Beispiel nicht schmeckt und eigentlich ungenießbar ist, auch bei ausgewachsenen Opfern, mussten, wie inzwischen alle Zeitungsleser wissen, auch andere Kannibalenkollegen erfahren.

Wie auch immer – ob Fish tatsächlich gekocht und gegessen hat, oder ob sich seine kulinarischen Künste nur in seinem Kopf abgespielt haben, er ist als der große Gourmand in die Geschichte der kannibalischen Kriminellen eingegangen. Auf ihren Wahrheitsgehalt untersucht oder überprüft wurden seine Auslassungen nie. Direkte Beweise, kriminalistische Nachweise hätte es auch in keinem Fall mehr geben können. Für Medien und Kriminalhistoriker jedenfalls »das große Fressen«, um im Bild zu bleiben.

Die Polizei aber musste sich ausschließlich an beweisbare Fakten halten. Detective King war sich sicher, in Fish den Verantwortlichen für die fünf Mädchenmorde gefunden zu haben, die in den letzten zehn Jahren allein im Gebiet von Brooklyn und der Bronx verübt worden waren. Vier davon waren bisher ungeklärt, einen davon, den Mord an der elfjährigen Helen Sterler, die erwürgt, erstochen und verstümmelt am Dachboden eines leer stehenden Hauses gefunden worden war, was exakt dem Modus Operandi Fishs entsprach, hatte ein unschuldiger farbiger Landstreicher mit dem Tod büßen müssen. Direkte Beweise gab es aber auch in diesen Fällen nicht.

Fish wurde deshalb nur wegen des Mordes an Grace Budd angeklagt. Der Prozess begann am 11. März 1935 vor dem Geschworenengericht in Westchester. Verteidiger James Dempsey plädierte, unterstützt durch das Gutachten Werthams, auf Geistesstörung und Unzurechnungsfähigkeit. Die Geschworenen jedoch folgten ihm nicht. Wie immer in derartigen Fällen, die wegen ihrer grausigen Details der öffentlichen Meinung nach nur mit dem Tod und nicht durch lebenslange Pflege in einem Irrenhaus auf Kosten der Steuerzahler gesühnt werden könnten, entschieden sie am 22. März, nach nur kurzer Beratung, auf die Todesstrafe mittels des elektrischen Stuhls. Er freue sich schon sehr darauf, soll Fish dazu gesagt haben, denn das wäre der »ultimative Kick«, den er bis jetzt noch nicht hätte ausprobieren können. Nach einer kurzen Pause setzte er aber hinzu: »Sie wissen ja, dass das Urteil falsch ist. Ich bin doch geistig nicht gesund.«

Zur Henkersmahlzeit hatte er sich gebratenes Huhn erbeten, das ihm vorgeschnitten serviert wurde. Man wollte ihm nicht Gelegenheit geben, sich mit einem Essmesser selbst zu justifizieren.

Am 16. Januar 1936 sollte das Urteil in Sing-Sing vollstreckt werden. Erst der zweite Stromstoß um 11.09 Uhr führte zum beabsichtigten Erfolg. Der erste um Punkt 11 Uhr war misslungen. Die vielen Tapeziererernadeln in Fishs Unterkörper hatten für einen Kurzschluss gesorgt.

Der Damenschneider von Plainfield:

Ed Gein

»*Edward Theodore Gein.* Ein Name, der von seinem Träger abgelöst wurde, weil er seinem Mythos unmöglich standhalten konnte. Ed ist eigentlich immer stärker, wo er nicht anwesend ist. Was es an Zusätzlichem gibt, kommt bereits nicht mehr von Gein, sondern von den Legionen seiner ›Leser‹, deren Interpretationen das Pandemonium ›Schlachthaus Gein‹ erst geschaffen haben. Vielleicht liegt hierin ein Grund für die vielseitige Verwendbarkeit des ›Falles‹ Gein: Er liefert hochbrisantes Material mit minimaler persönlicher Konnotation. Sein eigenes Schweigen provoziert die Genese der Mythen. Sein Tod fand gerade noch rechtzeitig vor der großen kultischen Wiederentdeckung statt.«

Das schreibt Franz Rodenkirchen in dem von Michael Farin herausgegebenen Band *A Quiet Man.* Im Dickicht der Legenden ist Wahrheit kaum noch feststellbar. Das Leben des Edward Theodore Gein haben Zeugen, Richter und Autoren beschrieben, interpretiert und verfremdet. Nicht nur Cineasten erinnern sich der Filme *Psycho, The Texas Chainsaw Massacre* und *Das Schweigen der Lämmer.* Und das sind bei weitem nicht alle Kunstwerke, die auf diesem Kriminalfall beruhen. Personen wie Norman Bates oder Leatherface blieben weitaus hartnäckiger im Gedächtnis als der Name Edward Geins. Doch waren es die Untaten jenes unscheinbaren Mannes, die inspirierten und inspirieren. Nicht nur Künstler. »Ed Gein ist wohl der einzige Killer des 20. Jahrhunderts, dessen Popularität weitgehendst losgelöst von der tatsächlichen Person entstand.« Tatsächlich.

Fünfziger Jahre, USA

Der Schrecken und die Unmoral hausten (wenn überhaupt) in Transsylvanien, vielleicht noch in den großen Städten New York, Los Angeles und Chicago. Doch in Plainfield/Wisconsin niemals. Und trotzdem machte Mr Edward Theodore Gein genau dieses Provinzstädtchen zur Heimstatt der Perversionen. Jetzt war keiner vor dem Schrecken Mensch mehr sicher. Nirgends. Die Bürger in Plainfield traf das Grauen völlig unvermutet.

Denn »Plainfield ist überhaupt kein richtiger Ort, eher handelt es sich um die Kreuzung zweier zweitrangiger Überlandstraßen. Drei moderne Tankstellen, ein Drive-in, ein großer Parkplatz für Lastwägen, der immer Betrieb hat, immer hängen übernächtigte Trucker herum, die sich mythisch gebärden. Ein, zwei flache Selbstbedienungsläden, ein etwas älterer Bau, der früher ein Eisenwarengeschäft war, abgeerntete Maisfelder, brackige Tümpel, eine Kirche, die eher wie eine Baracke wirkt, nahe dabei der Friedhof, eine Polizeistation. Das alles wirkt übergangen, vergessen. Das ist das Ende. Aber ringsum, das ahnt man, dehnt sich die Ebene über den halben Kontinent, ohne Veränderung, und da ist überall genauso das Ende. Die Farmhäuser, die sich in einiger Umgebung um die Straßenkreuzung gruppieren, sind alle so schlampig und barackenartig gebaut, dass man leicht sehen kann: da will keiner auf Dauer bleiben. In der Nähe der Polizeistation bestärken etwa ein Dutzend jener überlangen mobile-homes nur den Eindruck, dass da Menschen auf der Durchreise nach nirgendwohin sind. Überall unerhört hohe Masten für Fernsehantennen, die mit Stahlkabeln verankert sind. Ein gewaltiger Himmel dehnt sich und das Land ist öde darunter …« Mit diesen Worten beschrieb Werner Herzog jenen Ort 20 Jahre danach, als er ihn für einen seiner Filme nutzte. Wie war die Atmosphäre zu Zeiten des Geschehens? Denn »in diesem Ort wurden innerhalb von fünf Jahren acht dieser Leute zu Massenmördern! Und der berüchtigtste Fall – vielleicht haben Sie davon gehört – war der von Ed Gein, von dem Mann, der Menschen den Kopf abschnitt und ihnen die Haut abzog, der einen Thron aus Menschenhaut machte und noch mehr. Er war ein Bewohner von Plainfield/Wisconsin.«

Jeder im Ort kannte Ed Gein, den Junggesellen mit der sanften Stimme. Ed unterschied sich äußerlich von keinem aus der 600-Seelen-Gemeinde. Ed scherzte. Ed lachte. Vor allem über Frauen und Verbrechen. Ed half, wo er konnte, und immer, wenn er gefragt wurde. Als Babysitter vertrauten Eltern Ed den Nachwuchs an. »Der gute alte Ed, so ein Einzelgänger mit einem vielleicht sonderbaren Humor, aber gerade der Richtige, der vorbeikommt und bei den Kindern bleibt, wenn ich und meine Alte ausgehen wollen …«

Ed Gein

Ed war als Sonderling bekannt und bekannt war auch Eds Schicksal. Es verwunderte keinen, dass Ed niemals Besucher auf der abgelegenen Farm empfing. Der Vater alkoholabhängig verstorben. Der Bruder Henry bei Löscharbeiten verbrannt. Und nach langem Leiden hatte Mutter Augusta vor zehn Jahren ihre Augen geschlossen. Der gute alte Ed, etwas wunderlich vielleicht, aber noch immer eine gute Partie, dachte die späte Jungfer Adeline Watkins: »Er war so nett. Er tat so viel für mich, ich glaubte ihn auszunützen. Ich wollte ihn nur deshalb nicht heiraten, weil ich Angst hatte, seinen Erwartungen nicht entsprechen zu können.«

Sympathien genoss Edward Gein. Er gehörte zur Gesellschaft und wurde akzeptiert in Plainfield. Man traf ihn abends in der Kneipe oder beim Lebensmittelhändler Lester Hill, beim Essen und beim Bier. Junggeselle Ed kochte nicht gern, ernährte sich daheim von Dosensuppen, Haferflocken. Wenn Ed die nicht mehr junge Adeline ausführte, hat die potenzielle Schwiegermutter immer gesagt: »Bring mir um 10 Uhr abends meine Tochter zurück.« Ed hat sie nie enttäuscht. Auch die Wirtin des Pine Grove, die 51-jährige Mary Hogan, mochte den Ed, den schüchternen Mann, der öfter bei ihr einkehrte, auch um seine Einsamkeit zu vertreiben. »Seine langsame Art, zu sprechen, seine Ernsthaftigkeit und seine Wahl merkwürdiger Gesprächsthemen hatten es Mrs Hogan mehr angetan als das übliche Geplapper ihrer anderen Kunden. Dann, am 9. Dezember 1954, war Mary Hogan von nichts mehr angetan, jedenfalls nicht in Plainfield. Sie verschwand.

Mary Hogan verschwindet

Nun gibt es 15 000 Menschen in Waushara County. Jede Woche sterben einige davon; andere kommen ins Gefängnis. Wieder andere bekommen ein Kind oder machen ein Vermögen. Manche haben mit ihren Geschäften zu tun oder auf ihrer Farm, manche betrinken sich und manche werden krank. Aber bis jetzt war noch nie jemand verschwunden. Der Sheriff, der Bezirksstaatsanwalt und ein paar Meisterdetektive aus Madison, an die 70 Meilen entfernt, ermittelten. Sie wiesen nach, dass Mary Hogan am 9. Dezember kurz nach Mitternacht den letzten beiden Gästen auf Wiedersehen gesagt und ihre Kneipe geschlossen hatte. Im Laufe des Abends war noch ein Dutzend andrer Gäste in der Kneipe gewesen. Einer davon war Edward Gein.
Aber Gein wusste offenbar nicht mehr über das mysteriöse Verschwinden als irgendein anderer. Mrs Hogan hatte ihre Kneipe bestimmt verlassen. Ihr Bett war unbenutzt. Nichts von ihren Kleidern oder anderem persönlichen Besitz schien zu fehlen. Die Einnahmen des Tages waren vollständig. Es gab keine Spur, keinen Hinweis und keine Theorie der Polizei. Mary Hogan hatte sich in Luft aufgelöst. Die erfinderischsten Geister der Gegend konnten mit keiner haltbaren Theorie aufwarten, die ihr Verschwinden erklärt hätte. Nur Edward Gein konnte es.
Er hatte von Zeit zu Zeit für Elmo Ueeck gearbeitet. Ueeck, ein 43-jähriger Farmer, betrieb auch ein Sägewerk. Ueeck kannte Gein seit fast 20 Jahren. Er wusste, worüber dieser am liebsten sprach, wenn sie zusammen arbeiteten. Entweder über Frauen oder über Verbrechen. Im Fall von Mary Hogan war es eine Kombination aus beidem.

»»Die Polizei vermurkst diese Mary-Hogan-Sache«, sagte Gein zu Ueeck. ›Sie baut Mist.‹

Ueeck, gewöhnt an Geins Theorien, grinste. ›Ich habe gedacht, für dich ist es immer der Verbrecher, der Mist baut.‹

›Nur wenn er sich erwischen lässt‹, sagte Gein. ›Der Kerl, der die arme Mary umgebracht hat, ist nicht erwischt worden. Wird er wahrscheinlich auch nicht mehr. Diesmal macht die Polizei die Fehler, nicht der Verbrecher.‹« Er wusste, von wem er sprach, der Edward Theodore Gein.

Dass Mary Hogan sich freiwillig aus Plainfield/Wisconsin wegbegeben hatte, zumal ohne Koffer und persönliche Sachen, schien unwahrscheinlich. Trotzdem: Die Wirtin war nicht aufzufinden, blieb verschwunden. Nach Bearbeitungsfrist ohne jegliche Spur, ohne jeden Erfolg wurde die Vermisstensache Hogan zu den Akten gelegt. Unaufklärbar.

Ed Gein verdiente weiter seinen Lebensunterhalt mit gelegentlichen Jobs. Ab und an verkaufte er ein Stück vom ererbten Farmland. Die ursprünglichen 275 Morgen des Gein-Grundstücks waren jetzt auf 160 Morgen zusammengeschmolzen. Landwirtschaft betrieb Ed nicht. Und Ed war auch kein Jäger. Alljährlich rüsten die Männer von Waushara County zur Jagd. Am 16. November 1957 rief man zur Eröffnung der Jagdsaison gar ein Preisschießen aus: Wer der Herren erlegt den größten Bock? Tankstellenbesitzer Muschinsky ölte die Waage, er war der Einzige in Plainfield, der eine der notwendigen Größe besaß.

»Es war etwa 8 Uhr abends, als Gein in seinem Ford nach Plainfield fuhr. Als er an der Tankstelle vorbeikam, winkte er Muschinsky zu, der gerade die Waage austarierte. Er parkte seinen Wagen auf der anderen Straßenseite vor Wordens Haushaltswarenladen. Als er das Geschäft betrat, stand Mrs Bernice Worden hinter der Ladentheke. Ihr Sohn Frank, der Hilfssheriff, ölte in Vorbereitung auf die morgige Jagd gerade sein Gewehr. Mrs Worden, eine runde, fröhliche und attraktive Frau, begrüßte Gein mit einem Lächeln, als er an die Theke trat.

›Hi‹, sagte Gein, ›wie wär's, wenn wir morgen Abend zusammen Rollschuh laufen würden?‹

Mrs Worden lachte. Sie kannte die Einladung schon. Und sie wusste die richtige Antwort. ›Ich kann nicht Rollschuh laufen, Eddie.‹

›Ich auch nicht‹, sagte Gein grinsend.

›In dem Fall‹, sagte Mrs Worden, ›machen wir's.‹

›Gut. Eigentlich bin ich in die Stadt gekommen, um Frostschutzmittel zu kaufen. Aber jetzt, wo ich schon mal hier bin, nehme ich ein Eis und vielleicht trinke ich auch ein Bier. Das Frostschutzmittel kann ich morgen früh holen. Hast du auf? Oder gehst du mit Frank auf die Jagd?‹

Frank Worden sah von seinem Gewehr hoch. ›Mom ist schon da, Ed‹, sagte er. ›Ich mache mich auf und schieße den stärksten Bock im ganzen County. Mit dem Preisgeld kaufe ich dir dann was zu trinken. Aber Mom passt auf den Laden auf.‹

›Okay‹, sagte Gein. ›Ich schaue dann bis um acht wegen dem Frostschutzmittel vorbei.‹«

Auch Bernice Worden verschwindet

Das Schießen im Wald war vorbei, die kapitalen Böcke erlegt. Hilfssheriff Frank Worden kam von der Jagd und wollte berichten, doch Mutter Bernice war weder zu Hause noch in ihrem Geschäft. Der Laden abgeschlossen, obwohl die Schließzeit noch nicht heran war. Auch Tankwart Muschinsky zuckte die Schultern: Nein, nur am Vormittag habe er Bernice Worden gesehen. Dann nie wieder. Frank bekam die Tür letztlich auf, vor der Ladentheke entdeckte er Blut. Der Sohn vermutete das Schlimmste (auch wenn die Realität später alles Vorstellbare noch übertraf). Allerdings: Auf Raubüberfall deuteten Blut- und andre Spuren keineswegs, auch wenn die Kasse nicht am Platz stand. Frank Worden fiel wieder der letzte Abend ein, als Ed Gein kurz vor Ladenschluss vor dem Geschäft gehalten und gesagt hatte, er möchte morgen Frostschutzmittel kaufen. Hatte er nicht gefragt, ob Worden zur Jagd ginge? War Gein in den vergangenen Wochen nicht ziemlich oft im Laden aufgetaucht? Jetzt, wo die Registrierkasse verschwunden war: Vielleicht hatte Gein ja die ganze Zeit herauskriegen wollen, wann die Luft rein war, um den Laden auszurauben? Sheriff Art Schley fuhr mit Sohn Worden zu Ed Geins Farm. Sie liegt 11 Kilometer außerhalb von Plainfield, abseits der Straßen.

»Sie stellten das Auto vor dem düsteren alten Haus ab. Schley hämmerte gegen die Haustür. Niemand antwortete. Sie gingen um das Haus herum zur Küche. Die Küchentür war abgeschlossen, aber eine andere Tür, die zu einem als Küche eingerichteten Anbau führte, stand offen. Es war ein schlampiger Anbau mit nur einem Raum.

Schley machte die Tür weit auf, ging hinein und holte eine Lampe aus der Tasche. Er knipste sie an und einen Augenblick lang hörte sein Herz auf zu schlagen. Mit belegter Stimme rief er nach draußen: ›Frank, komm nicht hier rein. Bleib draußen.‹

Aber es war zu spät. Frank Worden hatte den Raum betreten. Er stand neben dem Sheriff. Im schrecklichsten Augenblick seines Lebens erfuhr er, was aus seiner Mutter geworden war. Bernice Wordens Körper hing, die Füße nach oben, an einem Balken von der Decke. Fleischerhaken aus Stahl waren durch die Sehnen ihrer Knöchel gestoßen. Sie war splitternackt und ihr Kopf fehlte. Sie war ausgeweidet worden wie ein Reh.«

Die Sheriffs Schley und Worden meldeten die Entdeckung des Unvorstellbaren. Einsatztruppen kamen und nahmen das »Schlachthaus Gein« in Augenschein. Was sie dort fanden, übertraf alle Ängste und Vermutungen: Die Zimmer waren voller Abfälle. Knöcheltief, in manchen Zimmer knietief lagen alte Zeitungen, Dutzende von Detektivzeitschriften, Kronkorken, leeren Büchsen und Spielsachen, die in Haferflockenschachteln verschenkt worden waren, herum.

Nur ein Zimmer war sauber, und das seit zwölf Jahren: das Schlafzimmer von Augusta Gein. »Edward hielt es in tadellosem Zustand. Der Boden war gebohnert. Die Teppiche waren sauber gekehrt. Das Bett war ordentlich gemacht. Die Fensterchen glänzten und die Spitzenvorhänge waren weißer als Augusta Geins Grabstein auf dem Friedhof von Plainfield. Edward hatte seine Mutter gleich nach ihrem Tod in seinem dunklen Herzen heilig gesprochen.«

Die Beamten suchen weiter. Wühlen sich durch all den Mist. Ihre Arbeit lohnt sich: »Sie finden neun Gesichtsmasken (Echthaut, mit Haaren). Eines dieser Gesichter gehörte mal Mary Hogan. Schädel auf den Bettpfosten, Schädeldeckenteller (benutzt), diversen Zahnersatz, eine Schachtel mit vier Nasen, menschenhautbespannte Möbel (Stühle, Lampe, Trommel). Frauenleichenbrustwarze an Frauenleichenbrustwarze an Frauenleichenbrustwarze ergibt den famous nipple belt. Seine Magazinsammlung (verdächtig: Grays Anatomie-Bastelanleitung), einen Schuhkarton mit neun, zum Teil gesalzenen Vaginas. Eine davon silber angemalt. Eine Tasse voll mit durchgekauten alten, harten ekligen Kaugummis (o mein Gott). Echthautwesten (mit Brüsten) und Leggins … Den Kopf von Bernice findet man in einem Sack. An ihren Ohren sind Aufhängevorrichtungen angebracht. Ihr Herz liegt in einer Pfanne im Küchenofen.«

Die Beamten sahen sich mit der grausigsten Ansammlung von Beweisstücken in der amerikanischen Kriminalgeschichte konfrontiert. Die Ermittlungen begannen. Wie viele Frauen waren hier getötet worden? Und wo war der Mörder? Wo war Ed Gein?

Man machte sich auf die Suche. Erste Station: ein Laden in West Plainfield, in dem Gein gewöhnlich Lebensmittel kaufte. Und tatsächlich: Gein besuchte dort gerade den Ladenbesitzer Lester Hill und seine Frau. Sie hatten eben gemeinsam zu Abend gegessen. Als die Beamten Mrs Wordens Verschwinden erwähnten, machte Gein, damals 51 Jahre alt, seine üblichen Witze darüber. Dann gab er sich überrascht, warum sie ausgerechnet mit ihm darüber reden wollten. Als Ed Gein nicht mehr leugnen konnte, schwieg er und ließ sich artig von den Beamten in Handschellen legen.

»Da es in Plainfield kein Gefängnis gab, wurde Gein zunächst in das Dorfrestaurant gesperrt. Am nächsten Tag, einem Sonntag, wimmelte es in dem sonst so verschlafenen Nest nur so von Reportern. Einige Kinder erzählten den Presseleuten, dass Ed ihnen seine Schrumpfkopfsammlung sogar schon öfters gezeigt hätte. Wenn sie das danach ihren Eltern erzählt hatten, seien sie zur Strafe ohne Abendbrot ins Bett geschickt worden – schließlich erzählte man über seine Nachbarn nicht solche Gemeinheiten.«

Es folgt ein Dauerverhör ohne Anwalt, in dem Gein sich schweigsam gibt. Erst am nächsten Tag, dem 18. November 1957, gesteht er, Bernice Worden getötet zu haben. Ferner erzählt er, dass er sich auch im Friedhof von Plainfield bedient hat. Wie viele Leichen er da einer neuen Bestimmung zugeführt hat, weiß er nicht mehr. »Er war dann immer so benommen. Besoffen vor Erregung. Manchmal nahm er nur den Kopf oder andere Teile, die ihm wichtig erschienen. Danach hat er die Gräber wieder schön hergerichtet.« Pat Danna, der Totengräber, hält das für ein Gerücht. Doch die Stichproben anhand Geins Liste von den geschändeten Gräbern gibt seiner Version Recht.

Sündenbewusstsein

Wer ist dieser Mann, der Leichen stiehlt, der mordet?

Keiner in Plainfield hat in Ed das Monster entdeckt. Ed war einer von ihnen gewesen. Er verbrachte das, was man in manchen Kreisen der US-Gesellschaft eine ganz normale Kindheit nennen würde: Mrs Gein war eine fürsorgliche Frau mit religiöser Überzeugung. Die Witwe, die mit ihren zwei Söhnen Edward und Henry die große Farm bewirtschaftete, wusste, was Recht und was Unrecht war. Masturbation war Unrecht. Und andere Frauen waren ganz gewiss Unrecht, weshalb sie ihren Kindern nicht nur vorehelichen Geschlechtsverkehr, sondern auch eine Heirat verbat. Lieber sollten sie rund um die Uhr auf der Farm helfen und brave kleine Kinder bleiben. Ihr Mann, der Versager, war zum Glück schon tot.

Als Mrs Gein 1944 endlich ihren ersten Schlaganfall erlitt, war Ed schon fast 40. Wenig später kam Henry unter eigenartigen Umständen bei einem Waldbrand ums Leben: Hatte Ed ihn vorher erschlagen, um allein mit seiner Mutter sein zu können? Bis Mrs Gein 1945 nach einem zweiten Schlaganfall verstarb, war er das dann auch. Ein erwachsener Mann, der anderen Frauen als seiner Mutter nie nahe gekommen war.

Nach dieser »sündenfreien Kindheit« begann sein Abstieg. Das Farmhaus verkam zur Müllhalde (mit der bekannten Ausnahme), die Farm selbst wurde nicht mehr bewirtschaftet, Geld kam durch ein Regierungsprogramm für Landwirtschaft und Gelegenheitsjobs ins Haus – und so blieb genug Zeit für seine neue Vorliebe: die Anatomie. Zuerst las er einschlägige Bücher, doch dann waren ihm die Bilder nicht mehr gut genug. Mit Gus, einem verschrobenen Einzelgänger und Freund, holte er sich die erste Leiche vom Friedhof. Für »medizinische Experimente«, wie er sagte.

»Was Ed Gein Gus nicht offenbarte, war sein wachsendes Verlangen, selbst eine Frau zu werden. Das war der Grund, der ihn dazu verleitete, sich mit Anatomie zu beschäftigen. Er brütete darüber, ob er mit Hilfe einer ›Operation‹ zur Frau werden könnte. Ihn verlangte danach, einen weiblichen Körper zu sezieren und sich mit dessen anatomischer Struktur vertraut zu machen.

Er erzählte auch nichts über das besonders prickelnde Gefühl, das das Überstreifen der grässlichen Kleidung aus Haut menschlichen Kadavers in ihm auslöste. Zumindest gibt es keinen Beweis dafür.

Er verbrannte das Fleisch Stück für Stück im Ofen, begrub die Knochen. Und mit Gus' Hilfe wiederholte er seine makabren Raubzüge. Manchmal öffnete er bloß die Gräber und entnahm spezielle Leichenteile – vielleicht nur die Köpfe und einige Hautstreifen. Dann beseitigte er sorgfältig die Spuren seiner Arbeit. Seine Trophäensammlung wuchs ebenso wie das Ausmaß seiner Experimente und seiner Besessenheit. Dann wurde Gus weggebracht und Gein wandte sich dem Morden zu.«

Der Psychiater Dr. Martin Miller stellte in seinem Gerichtsgutachten über Edward Gein fest, dass er unter einem gewaltigen Zwiespalt litt: Sein Gewissen sagte ihm, dass seine Mutter die beste aller Frauen war. Gleichzeitig aber war da der Hass für all ihre Misshandlungen und diesen Hass bekamen all jene Frauen zu spüren, die ihn wie und warum auch immer an sie erinnerten.

»Als er 1954 die 51-jährige Mary Hogan und drei Jahre später die 58-jährige Bernice Worden erschoss und ausschlachtete, wählte er sie aus, weil sie seiner Mutter irgendwie ähnlich waren, aber nicht so gut und rein wie sie. Der Kneipenbesitzerin Mary Hogan wurde nachgesagt, dass sie früher mal ein leichtes Mädchen gewesen sei, die Geschäftsinhaberin Bernice Worden war zweimal geschieden – im Wisconsin der Vierziger und Fünfziger auch nicht gerade selbstverständlich.«

Penisamputation als Lösung?
Die Verklärung und der Hass auf die Mutter gingen so weit, dass Ed Gein nicht wusste, ob er tatsächlich ein Mann war oder nicht. »Mehrere Male erwägt er Penisamputationen oder andere operative Geschlechtsumwandlungen, was jedoch zu teuer gewesen wäre und zu aufsehenerregend. Schließlich, nach dem Tod der Mutter findet er einen Weg, sein Begehren zu befriedigen. Nein, er hat keinen Sex mit den Leichen seiner ermordeten Opfer, Gott bewahre. Im Gegenteil, erlöst er sie von ihren Sünden, indem er sie reinigt. Sauber räumt er die schmutzigen Innereien aus ihrem Leib, schneidet die weiblichen Geschlechtsteile heraus, die Brüste, die Lippen.

Er benötigt die Schmuckstücke für etwas anderes, wie auch schon die Leichenteile, die er zwischen 1950 und 1954 aus dem örtlichen Friedhof ausgegraben hatte. Manche gebraucht er als Dekoration: Schädel auf den Bettpfosten und als Suppentasse, hängende Mobiles aus Nasen, Lippen, Knochen. Er bastelt einen Lampenschirm, einen Papierkorb und Stuhlpolster aus menschlicher Haut, er lernt aus den ethnologischen Beschreibungen, wie man Schrumpfköpfe anfertigt und Trommeln mit Haut bespannt. Er schafft sich ein Environment aus Dreck und Tod, das in etwa seinem Inneren entspricht. Und er verschafft sich die Möglichkeit, wenigstens zeitweise zu einer Frau zu werden.

Er präpariert auserlesene Teile für rituelle Gelegenheiten: Wenn er im Mondlicht tanzt und trommelt, trägt er eine Maske aus einem weiblichen Skalp samt Gesicht, zieht eine ›Weste‹ mit Brüsten an und über sein eigenes Geschlecht bindet er eine der gesammelten Vaginas. Vielleicht fühlt er sich wie Göttin Kali persönlich. Alles, was er nie bekommen hatte, holt er nach, Stück für Stück, nimmt es in Besitz, wird eins damit. Der ›nipple belt‹, ein Gürtel aus Brustwarzen, muss ihm wie ein weibliches Allmachtsinstrument erschienen sein – so viele Brüste für ihn, der nie eine lebende Brust berührt hat. Selbst als Säugling vermutlich nie genug ›Brust bekommen‹ hatte.

So viel weibliche Haut um ihn, die er nie zuvor hat streicheln dürfen, so viel Geschlecht an ihm, das er nie hat sehen dürfen. Indem er diese mütterlichen Frauen tötet, scheint er sich von seiner Mutter zu befreien, in ihnen tötet er sie, durch ihre Leiber wird er neu geboren, erhält das gewünschte Geschlecht, will endlich erwachsen werden. Als ihm diese Verwandlungsmöglichkeit genommen wird, regrediert er wieder zum Kind. Von den Gerichtspsychiatern als geisteskrank erklärt und vom Richter in die Irrenanstalt verwiesen, ist er brav wie ein Lamm, verhält sich vorbildlich, gehorcht den Schwestern und Pflegern, die gar nicht glauben können, dass dieser freundliche Patient die Bestie Ed Gein sein soll.«

Ed wird Kult

Ed Gein wird mythische Figur nicht wegen der Zahl seiner Opfer, sondern weil er als symbolischer Muttermörder mit ausgeprägtem Todeskult und primitivischen Zügen Gruppenfantasien wie alle (Anti-)Idole in sich vereinigen kann. Ed wird Projektionsfläche. Ed Gein wird Kult. Witze erzählt man wie diesen: Ed berührt im öffentlichen Nahverkehr (aus Versehen?) die Brust einer Dame. »Ich schneid sie dir ab«, sagt sie und meint seine Hände. Ed aber meint ihre Brust und fragt ungläubig: »Wirklich, Sie geben sie mir?« Kinder singen Reime: »There was an old man named Ed, who wouldn't take a woman to bed. When he wanted to diddle, he cut out the middle, and hung the rest in the shed.« Ed wird als Puppe verkauft. Edward Theodore Gein wird Nationalheld negativ. Er wird »verehrt als Opfer einer Gesellschaft, die keine Modelle gefunden hat, erwachsen zu werden, als Märtyrer des pubertären Aufstands, der niedergeschlagen wurde. In der Fantasie jedoch arbeitet er weiter, als Legende, als mythische Figur, die den Übergang von der Jugend zum Erwachsensein markiert, mit all seiner Sehnsucht, in einem unabhängigen Ich wohnen zu dürfen, weg von zu Hause, weg von den Eltern.«

Seit jenem 16. November 1957 möchte Plainfield/Wisconsin vergessen. Doch die Heimstätten der Idole ziehen Besucher an in Massen. »Wir feiern einmal im Jahr Halloween, aber in Plainfield war immer Halloween«, berichtet der Reporter. »Ein findiger Geschäftsmann kaufte den Truck des Mörders und stellte ihn auf Rummelplätzen als Jahrmarktssensation aus. Für 25 Cent durfte man sich hinter einer Zeltplane gruseln: »Sehen Sie das Auto, das die Toten vom Friedhof transportierte!« Da Gein ständig pleite war und einen Haufen Schulden hinterließ, sollte sein Holzhaus am 31. März 1958 versteigert werden. Ein anderer Unternehmer kam auf die Idee, ein Gruselkabinett daraus zu machen und damit Touristen aus aller Welt nach Plainfield zu locken. Einigen Bewohnern des Dörfchens ging das entschieden zu weit. 24 Stunden vor der Auktion, zu der Hunderte von Interessenten gekommen waren, stand Geins Geburtshaus plötzlich in Flammen. Und bei den Bemühungen, das Feuer zu löschen, konnten Beobachter damals keine übertriebene Eile erkennen. Es brannte völlig ab, die Käufer verließen das Nest so schnell, wie sie gekommen waren.« Heute wachsen an Stelle des »Schlachthauses« Birken. Doch das Vergessen gestattet man Plainfield auch heute nicht. For ever Ed Gein.

Studentinnen-Sushi:

Issei Sagawa

Der Abend des Samstag, des 12. Juni 1981, war schön und angenehm warm. In den Restaurants am Ufer und auf der Insel des Lac Inferieur im Bois de Boulogne saßen die Gäste auch knapp vor Mitternacht noch im Freien. Amüsiert beobachteten einige, wie ein kleiner Mann, der mit einem Taxi gekommen war, zwei offenbar besonders schwere Koffer mit Hilfe eines Kofferkulis in der Dunkelheit über die Wiese zu schleppen versuchte. Wollte er sie im See versenken? Wie er aber bemerkte, dass ihm zwei Spaziergänger aus der Nähe zusahen, ließ er die Gepäckstücke fallen, rannte zum Taxi zurück und fuhr davon.

Verständlicherweise neugierig geworden, näherten sich die Spaziergänger den Koffern, prallten aber entsetzt zurück. Einer war aufgegangen und aus ihm ragte eine blutbesudelte menschliche Hand.

Die herbeigerufene Polizei ließ beide Koffer öffnen und fand in dem einen Arme, Beine und Kopf, im anderen den Torso und die offenbar dazugehörenden Kleidungsstücke und Schuhe einer jungen Frau.

Schon eine oberflächliche Untersuchung der Leichenteile ergab, dass aus der Hüfte, dem Gesäß und den Brüsten große Stücke herausgeschnitten worden sein mussten. Auch fehlten der Toten die Nasenspitze und eine Lippe.

Die sofort durchgeführte Obduktion ergab die Todesursache: Das Mädchen, zwischen 20 und 25 Jahre alt, war von hinten mit einem angesetzten Schuss aus einem Jagdgewehr getötet und nach dem Tod, aber vor der Zerstückelung, vergewaltigt worden.

Ein psychotischer Literaturstudent

Den »Schlächter vom Bois de Boulogne« zu finden erwies sich für die Kriminalpolizei als unerwartet einfach. Übereinstimmend hatten alle Zeugen ausgesagt, der Kofferträger wäre auffallend klein gewesen und höchstwahrscheinlich von asiatischem Typus. Er war mit einem Taxi gekommen und bei Nachfragen unter den Pariser Unternehmen meldete sich der Fahrer sofort. Er erinnerte sich gut an den seltsamen Kunden. Spätabends war er telefonisch zu einem Haus in der Rue Erlanger im vornehmen Wohnviertel Passy, nicht weit vom Bois de Boulogne gerufen worden, und von dort, vom Haus Nr. 10, hatte er einen kleinen Asiaten mit zwei riesigen Koffern zum Bois de Boulogne gefahren und dann, ohne Koffer, wieder zurück.

Im Haus Nr. 10 war nur ein einziger Asiate gemeldet, der 33 Jahre alte Student der Literaturwissenschaften an der Sorbonne, Issei Sagawa. Er hatte ein Studio im zweiten Stock gemietet. Sechs Polizisten, entsprechend ausgerüstet und bewaffnet, wurden Montag früh ausgeschickt, das Schlächtermonster aufzuspüren und zu fangen, aber man hätte sich die Armada ersparen können. Sie wurde von einem kleinen, zierlichen Mann begrüßt und freundlich in sein Atelier gebeten. Ebenso freundlich gab er sofort zu, der Student Issei Sagawa zu sein und das Mädchen, seine Kommilitonin, die Holländerin Renee Hartevelt, 26 Jahre alt, ermordet, zerstückelt und in Teilen in den Bois de Boulogne gebracht zu haben. Aber nicht alle Teile. Einige davon habe er schon gegessen, andere für später aufgehoben. Er öffnete den Kühlschrank und in ihm lagen, ordentlich in Klarsicht-Frischhaltefolien verpackt, die Brüste, die Gesäßbacken, Stücke aus der Hüfte und eine Lippe.

Auch erfahrene, altgediente Polizisten waren entsetzt. So ein offenkundig Irrer war ihnen noch nie untergekommen. Obwohl er sich nicht wehrte, wurde Sagawa in eine Zwangsjacke gesteckt, die ihm viel zu groß war, und in Untersuchungshaft abgeführt.

Dort sollte er lange Gelegenheit bekommen, Richtern und Psychiatern, immer freundlich, von seiner Tat und seinen Erfahrungen zu erzählen. Erst nach zwei Jahren konnte sich ein Richter zu dem Urteil hinreißen lassen, Sagawa sei zum Zeitpunkt der Tat wahrscheinlich »nicht ganz bei sich« gewesen. Die Unterbringung auf unbestimmte Zeit in einer Sicherheitsanstalt für geistig abnorme Rechtsbrecher, in das Paul-Guirard-Asylum bei Paris, wurde angeordnet. Die Ärzte diagnostizierten eine unheilbare, schwere psychotische Störung.

Idol Grace Kelly

Issei Sagawa stammte aus guter, wohlhabender und entschieden westlich orientierter Familie. Sein Vater war Direktor der renommierten

Kurita Water Industries in Tokio. Als Folge eines Unfalls seiner Mutter war Issei um einige Zeit zu früh auf die Welt gekommen. Er war so klein, dass er auf dem Handteller seines Vaters Platz hatte und im Brutkasten aufgezogen werden musste. Klein blieb er sein Leben lang, kaum 1,50 Meter groß, zierlich und mit den Händen und Füßen eines kleinen Kindes. Dementsprechend verwöhnten ihn seine Eltern, kein Wunsch wurde ihm abgeschlagen. Er war gewöhnt, immer alles zu bekommen, was er wollte.

Seiner körperlichen Konstitution wegen war er von vielen Unternehmungen seiner Altersgenossen ausgeschlossen. Statt dessen las er viel, vor allem westliche Literatur, hörte Musik, besonders liebte er Händel und Beethoven, und sah westliche Filme im Fernsehen. Er war ein sensibles und sehr fantasiebegabtes Kind, allerdings nahmen seine Fantasievorstellungen schon bald eine seltsame, bizarre Richtung an. Er selber erzählte von einem Spiel, das ihn sehr beeindruckt hatte. Zu Neujahr spielten er, sein Bruder, sein Vater und ein Onkel ein altes japanisches Märchen nach, als dessen Pointe er und sein Bruder vom Onkel in einem großen Kochtopf zum Fressen vorbereitet wurden. Das sei einer der auslösenden Faktoren gewesen, dass sich seine Fantasievorstellungen immer mehr um Fressen und Gefressenwerden drehten. In der Pubertät konzentrierten sich diese Vorstellungen in erster Linie auf das weibliche Geschlecht, aber nur auf weiße, westliche, große Frauen, wie er sie in den Filmen gesehen hatte. Sein Idol war Grace Kelly, die kühle Blonde mit dem verborgenen sinnlichen Feuer. Besonders ihre runden, weißen Schultern hatten es ihm angetan.

Als er im dritten Semester an der Wako-University in Tokio eine Deutschlehrerin bekam, die in etwa seinem Idol glich, konnte er es nicht mehr bei Vorstellungen und Fantasien allein belassen. Er stieg in einer Sommernacht durch das Fenster in ihre Parterrewohnung. Aber sein präsumtives Opfer erwachte und schrie um Hilfe. Nur auf Betreiben seines einflussreichen Vaters kam Issei straflos davon. Er hatte aber keineswegs, wie alle annahmen, die Frau vergewaltigen wollen. Dass es ihm nur darum gegangen war, sie zu essen, sagte er niemandem.

Mit 27 beschloss er seine Studien in Paris fortzusetzen. Waren in Tokio Frauen seines Ideals eher selten gewesen, so sah er sich jetzt plötzlich von ihnen umringt. Sie standen neben ihm in der Metro, saßen in den Cafés und studierten mit ihm auf der Uni. Seine Gier nach dem Genuss weißer Frauenschultern war so groß, dass er sich kaum beherrschen konnte. Er besorgte sich ein Jagdgewehr, das einzige, das er ohne Waffenschein bekommen konnte. Zwei Versuche mit Prostituierten blieben erfolglos, da er im entscheidenden Moment den Mut, sie niederzuschießen, nicht aufbrachte. Nach der Rückkehr von einem Kurzaufenthalt in der Heimat wurde ihm klar, dass die Zeit für sein Vorhaben knapp zu werden begann. Er hatte bereits einen Vertrag für eine Lehrerstelle angenommen und seine Dissertation über Shakespeares *Sturm* stand kurz vor dem Abschluss. Da lernte er auf der Universität im April 1981 genau das Urbild all seiner Träume kennen, die 26-jährige holländische Studentin Renee Hartevelt, groß, blond, mit üppiger Figur und runden, weißen Schultern.

Er lud sie zum Essen ein, servierte Tee und Whisky. Sie war bereit, ihm Deutschstunden zu geben. Als sie ihm zur Übung laut Gedichte vorlas, trat er mit dem Jagdgewehr hinter sie. Aber die Flinte ging nicht los. Renee hatte nichts bemerkt. Erst bei der zweiten Stunde, am 18. Juni 1981, funktionierte die Waffe. Renee sank, tödlich getroffen, auf den Teppich. Issei selbst fiel in Ohnmacht, und als er erwachte, lag sein Opfer regungslos in einer sich ausbreitenden Blutlache.

»Ihr schöner, weißer Körper liegt vor mir. Ich berühre ihren Hintern, er ist so schön und zart. Wo soll ich zuerst hineinbeißen? Ich entscheide mich für eine Hinterbacke. Meine Nase versinkt in ihrer kühlen, weißen Haut. Ich versuche fest zuzubeißen, aber es gelingt mir nicht. Ich bekomme fürchterliche Kopfschmerzen. Ich hole dann ein Messer aus der Küche und stoße es tief in ihre Haut. Gelbliches Fett strömt aus der Wunde. Es erinnert mich an Maiskörner. Dann finde ich das rote Fleisch unter dem Fett. Ich schneide ein Stück heraus und stecke es in den Mund. Ich kaue. Es hat keinen Geruch und keinen Geschmack. Es schmilzt in meinem Mund wie ein perfektes Stück Thunfisch. Ich schaue der Toten in die Augen und sage ihr: Du bist wundervoll.

Ich zerschneide ihren Körper und führe, wieder und wieder, ihr Fleisch in meinen Mund. Dann mache ich ein Foto ihrer weißen Leiche mit den tiefen Wunden. Ich habe Sex mit dem Körper. Als ich sie umarme, seufzt sie tief. Ich bin erschrocken, sie scheint zu leben. Ich küsse sie und sage ihr, wie sehr ich sie liebe. Dann ziehe ich den Körper in das Badezimmer. Ich bin erschöpft, aber ich schneide in ihre Hüfte und lege ein Stück ihres Fleisches in die Bratpfanne. Als es fertig ist, setze ich mich zu Tisch und benutze ihre Unterwäsche als Serviette. Sie riecht noch immer nach ihrem Körper. Dann schalte ich das Tonband an, mit der Aufnahme ihrer Stimme, wie sie mir Gedichte vorgelesen hat, und esse weiter, aber das Fleisch ist zu geschmacklos. Ich würze mit Salz und Senf nach. Jetzt ist es wunderbar. Fleisch von hoher Qualität. Dann gehe ich in das Badezimmer zurück und schneide ihr eine Brust ab und backe sie. Sie schwillt beim Garen auf. Ich stelle sie auf den Tisch und esse sie mit Messer und Gabel. Aber sie schmeckt nicht besonders, sie ist zu fettig. Ich versuche andere Teile ihres Körpers. Ihre Hüften waren großartig. Endlich ist sie in meinem Magen. Endlich ist sie ganz mein. Das beste Essen, das ich je hatte … Ich esse weiter an ihr, bis ich gefangen werde. Jeden Tag wird das Fleisch zarter, mit jedem Tag ist der Geschmack süßer und wundervoller.« Die nächsten zwei Tage nährte sich Issei Sagawa ausschließlich von Renees Fleisch. Den Rest Frau, der ihn nicht interessierte, musste er, bevor sich die Verwesung allzu deutlich bemerkbar machen würde, aus der Badewanne bringen. Er besorgte sich zwei große Koffer und packte Kleider und Schuhe dazu. Nur ihren Slip behielt er.

Bei dem Versuch, sich der Gepäckstücke zu entledigen, wurde er, wie man weiß, beobachtet, daraufhin ausgeforscht und festgenommen.

Bestseller

Im Irrenhaus fand sich Issei allerdings völlig fehl am Platz. Was hatte er auch mit Typen, die sich für Napoleon oder Charles de Gaulle hielten, gemeinsam? Sein Vater im fernen Japan setzte alle seine Beziehungen ein, mit dem Erfolg, dass sich zuerst die Presse des Falles annahm. In ausführlichen, sensationell aufgemachten Berichten wurde der kleine Kannibale zu einer Kultfigur stilisiert, zu einem nationalen Helden, der im großen Paris eine westliche schöne blonde Frau nicht nur besessen, sondern auch gegessen hatte. Eine Filmfirma entschloss sich den Stoff aufzugreifen. Der Dramatiker Juro Kara sollte das Drehbuch liefern. Er schrieb an Sagawa, war sogar in Paris, wo er die Erlaubnis erhielt, ihn in der Heilanstalt zu besuchen. Drei Monate führten beide einen intensiven Briefwechsel, dann hörte Sagawa plötzlich nichts mehr von den Filmplänen. Karo hatte in der Zwischenzeit den Briefwechsel unter dem Titel »Korrespondenzen mit dem kleinen Sagawa« veröffentlicht und einen Bestseller gelandet. 320.000 Exemplare waren in wenigen Wochen verkauft. Sagawa wollte dieser Veröffentlichung sein eigenes Buch, an dem er im Asyl geschrieben hatte, entgegensetzen, hatte aber damit ähnliches Missgeschick. Der Psychiater, Inuhiko Yomoto, dem er das unfertige Manuskript zur Prüfung übergeben hatte, veröffentlichte es und verkaufte 200.000 Stück, bevor Isseis Vater die Auslieferung stoppen konnte. Alle kulinarischen Nachrichten stammen aus diesem Text.

Den französischen Strafvollzugsbehörden war der überseeische, unverständliche und unverdiente Wirbel natürlich äußerst unangenehm. Immerhin hatte der Held einen Mord begangen und sich der Leiche seines Opfers gegenüber keineswegs comme il faut betragen. Besonders aufgebracht über die japanischen Bizarrerien war verständlicherweise die holländische Öffentlichkeit, aber auch in Frankreich verstand man nicht, warum der Kannibale weiterhin auf Staatskosten ausgehalten werden sollte. Im Mai 1985 wurde Issei Sagawa entlassen und in seine Heimat zurückgeschickt. Dort wurde er wie ein Weltstar empfangen und im Triumpf zum Mazuzawa-Spital geleitet, in das er sich freiwillig begeben wollte. Nach knapp einem Jahr hatten auch dort die Ärzte genug von dem andauernden Medienrummel und setzten ihn frei, obwohl sie ihn für schuldig hielten. Sagawa sei, so stellte Chefärztin Tsuguo Kaneko fest, ein einfacher Lustmörder, der die kannibalischen Details nur so in den Vordergrund gespielt hatte, um als unzurechnungsfähig freizukommen. Eine Wiederaufnahme des Prozesses verhinderte aber die französische Justiz.

Issei Sagawa nahm einen anderen Namen an und musste versuchen, sich seinen Lebensunterhalt selbst zu verdienen, stieß aber überall auf Ablehnung. Sein Vater konnte ihn nicht mehr unterstützen, er hatte seine Stellung verloren und sein gesamtes Vermögen für Anwälte ausgegeben. Es blieb Sagawa nichts anderes mehr übrig, als weiterhin von seinem Ruhm zu leben. Er etablierte sich als Freischaffender, malte Bilder, wie sie von ihm erwartet wurden, meist Akte von großen blonden Frauen mit schwingenden Brüsten und üppiger Kehrseite, schrieb Artikel zu einschlägigen Themen und veröffentlichte fünf Bücher, darunter eine Neuausgabe des Titels, den er in der Haft in Paris geschrieben hatte und der ihm vom Psychiater gestohlen worden war. *Krino Naka, im Nebel*, Kurzgeschichten, *Phantasien eines Kannibalen* (1991) und *Ich möchte gegessen werden* (1993). Als zehn Jahre nach der Tat das Medieninteresse in Japan allmählich zu schwinden begann, sprang die internationale Unterhaltungsindustrie ein. Die Rolling Stones schrieben ein Lied für ihn mit dem Titel *Too much blood*, das im Album *Under Cover* veröffentlicht wurde. 1992 war er in Hamburg in der Roger Willemsen

Talkshow zu sehen und tourte anschließend, trotz vehementer Proteste Hollands, durch die Länder, war in Heidelberg und in Berlin. Für das französische Magazin VDS posierte er als Maler. In England produzierte Channel Four eine Dokumentation unter dem Titel *Entschuldigt mich für mein Leben*, das Colin Wilson einleitete und kommentierte. Er hatte Sagawa 1991 in Tokio kennen gelernt. »Ein sanfter und liebenswerter Mann«, fand auch seine Frau, als sie zusammen in einem Restaurant zu Abend aßen. Auf die entscheidende Frage, ob er Kannibalismus immer noch faszinierend fände, antwortete er aber ganz offen: »Natürlich ja.«

Respektable englische Blätter druckten Interviews. Der *Times*-Korrespondentin Joanna Pitman – ihr Bericht erschien am 25. Januar 1992 – war allerdings nicht wirklich wohl in ihrer Haut, als sie den Kannibalen in seiner kleinen Wohnung besuchte und er sie mit genau demselben Tee-Whisky-Gemisch bewirtete, das er seinem Opfer in Paris vor der Schlachtung serviert hatte, und sie in seinen Augen immer noch die unverhohlene Gier nach weißen, großen Frauen lesen konnte.

Sicher aber ist Wilsons kritische Bemerkung richtig, dass der Menschenfresser Issei Sagawa nach der Tat seinerseits von den nationalen und internationalen Medien gefressen wurde. Wieweit sein Aufenthalt in Deutschland Beispiel- und Vorbildwirkung auf Taten hatte, die noch kommen würden, wurde nie erörtert.

Junggesellen kochen:

Armin Meiwes

Deutschland im Jahr 2002. Die Promotion-Tour des kleinen japanischen Anthropophagen Sagawa vom Sommer 1992 war längst vergessen. Hannibal Lecter hatte als Thema für Party-Gespräche und anderen Small Talk längst zugunsten Wirtschaftskrise und Pisa-Studie abgedankt, als eine Nachricht aus Kassel vom 11. Dezember plötzlich eine erschreckte, schockierte und verängstigte Öffentlichkeit wieder mit dem Phänomen Kannibalismus, mit Menschenfressern und Gefressenwerden konfrontierte. Hier und heute, jetzt, direkt vor der eigenen Haustür.

Am späten Nachmittag des 11. Dezember, so die Kriminalpolizei, war in Rotenburg an der Fulda der 41 Jahre alte Techniker Armin M. festgenommen worden. Er hatte gestanden, seinen »Freund«, den um zwei Jahre älteren Computerspezialisten Bernd Jürgen B., den er über das Internet kennen gelernt hatte, getötet und auf dessen eigenen Wunsch auch verzehrt zu haben.

Wie bitte? Auch verzehrt? Ein Menschenfresser, nicht im Film, nicht im fernen Amerika der Serienkiller, nein, in Deutschland, mitten unter uns. Auch nicht bei den Wilden, in ferner Vergangenheit, sondern jetzt, am Beginn des 21. Jahrhunderts.

Und kein drogenvoller Gruftie, kein Verrückter, sondern ein Mensch mit geordnetem Einkommen aus einem modernen, trendigen Beruf. Angesehen und, bisher zumindest, unauffällig.

Was, um Himmels willen, war denn in diesem Land noch alles möglich, welche Abgründe taten sich da auf?

Der Sensationswert der Nachricht war verständlich. Trotz Advent und Weihnachtsstimmung beherrschten Armin M. und Bernd B. in den nächsten Wochen die Medien und nicht nur die Boulevardzeitungen oder das Privatfernsehen.

190

Aus kriminalistischer Sicht hatte der Fall zunächst nichts Bemerkenswertes. Er war gelöst, noch bevor er vor die Presse gekommen war. Der Täter hatte gestanden, er war durchaus kooperativ. Mehr noch: Zum Entsetzen der verhörenden Polizei zuerst und später dann der oft bleichen Richter und Geschworenen erzählte er ruhig und emotionslos, wie selbstverständlich, auch von den kleinsten Details seines Tuns, was durch die Medien, dank bereitwilliger Zulassung seitens der Behörden, direkt an das entsetzte und schockierte Publikum weitergegeben werden konnte.

Neulich im Chatforum

Der erste Hinweis auf den Fall war von einem Innsbrucker Medizinstudenten gekommen, der am 9. Juli 2001 in einem Chatforum im Internet auf Beiträge eines gewissen Franky gestoßen war. Der hatte wiederholt und nachdrücklich behauptet, seine kannibalistischen Vorstellungen nicht, wie die vielen seiner Chatfreunde, nur in der Fantasie, sondern in der Realität umgesetzt zu haben. Er habe tatsächlich einen Menschen getötet und gegessen. Die Meldung muss so glaubhaft gewesen sein, dass der Student das Bundeskriminalamt in Kenntnis setzte und dieses den Hinweis aufnahm und verfolgte. Die Identifizierung des »Franky« allerdings forderte seine Zeit.

Am 10. Dezember 2002, einem trüben Wintermorgen, stehen um 9 Uhr früh Beamte der Kriminalpolizei Bad Hersfeld vor einem großen Fachwerkhaus im Rotenburg-Ortsteil Wüstefeld mit einem Durchsuchungsbefehl. Vorwurf: Gewaltverherrlichung.

Franky alias Armin Meiwes öffnet, ein größerer, schlanker Mann, Kurzhaarschnitt, eloquent und entgegenkommend. Die Beamten beschlagnahmen – es ging ja um Computer – den Laptop und einige Cds und bitten Herrn Meiwes zu einer kurzen Einvernahme. Gegen Mittag kann Meiwes wieder nach Rotenburg zurück, fährt aber nicht nach Hause, sondern zu seinem Anwalt. Dem erst gesteht er, dass seine Behauptungen im Internet real wären, der Wahrheit entsprächen. Er habe tatsächlich einen Menschen getötet und zum Teil verzehrt. Die Polizei wird gerufen und Meiwes noch in der Kanzlei verhaftet.

Die Kriminalpolizei hat wenig Mühe, das Geständnis zu verifizieren. In der Kühltruhe des Hauses liegen, unter Fertigpizzen versteckt, säuberlich in blaue Frischhaltebeutel verpackt, Fleischstücke, die im Labor sofort als Menschenfleisch bestimmt werden können. An der vom Täter angegebenen Stelle im Garten, wo er die ungenießbaren Reste seines Opfers entsorgt hatte, finden sich Menschenknochen. Eindeutiges Beweismittel aber sind die Videobänder, auf denen der Tötungsvorgang in allen Details festgehalten ist.

Franky trifft Cator

Meiwes gesteht, immer distanziert, aber freundlich und entgegenkommend. Seit dem Winter 1999, nach dem Tod seiner Mutter, mit der er allein in dem weitläufigen ehemaligen Gutshof gelebt hatte, besaß er Internetzugang. In einer der vielen kannibalistischen Newsgroups fand er am 5. Februar 2001 die Meldung eines gewissen Cator: »Ich biete an, mich von Euch bei lebendigem Leib verspeisen zu lassen. Keine Schlachtung, sondern Verspeisung! Also, wer es wirklich tun will, braucht ein echtes Opfer!!«

Mit seinem Tarnnamen Franky schreibt er sofort zurück, Cator antwortet mit einer Selbstbeschreibung. Er sei 38 Jahre alt, 175 cm groß und 72 Kilo schwer. Franky schickt das eingescannte Foto seiner Zähne, mit denen er Cator zerbeißen will. Cator antwortet, das werde für ihn nicht die Hölle, sondern der Himmel auf Erden sein. Vor Freude könne er es kaum mehr aushalten, endlich würde er sein Lebensziel erreichen. Am 9. März werde er nach Rotenburg kommen um sofort gegessen zu werden.

Meiwes holt sein Opfer vom Bahnhof in Kassel ab. Cator ist der 43 Jahre alte Bernd Jürgen Brandes, Diplomingenieur und Computerspezialist aus Berlin.

Franky-Meiwes ist zuerst zwar enttäuscht, Brandes hatte sich ja als fünf Jahre jünger ausgegeben, aber beide sind sich auf Anhieb sympathisch. Auf der einstündigen Autofahrt nach Rotenburg besprechen sie ihr Vorgehen. Brandes will Vollzug sofort, in der von ihm vorgegebenen Reihenfolge, beginnend mit den Geschlechtsteilen. Er hat sich vorbereitet und gefastet, um mit leerem Darm bereit zu sein. Im Gutshof angekommen führt Franky seinen ebenfalls schon vorsorglich eingerichteten Schlachtraum vor, der seinem Opfer gefällt, aber dem kommen im letzten Moment doch Zweifel. Beim Sex beißt Franky, trotz Aufforderung, nicht fest genug zu. Wird er wirklich brutal genug sein?

Franky holt eine Flasche Hustensaft, die sedierende Wirkung haben soll. Mit einem schlafenden Opfer würde er es leichter haben, aber das Präparat wirkt nicht. Enttäuscht will Cator wieder nach Hause, beide

Armin Meiwes

fahren nach Kassel zurück. Aber am Bahnhof überlegen sie es sich wieder. Cator lässt Franky noch eine Flasche Hustensaft und Schlaftabletten besorgen. Während der Rückfahrt trinkt dieser die Flasche aus und nimmt zehn Tabletten, zu Hause den Rest und eine ganze Flasche Korn, wird aber nicht müde. Beide legen sich auf die vorbereitete Pritsche, rauchen, hören Musik. Trotz aller Bemühungen schläft Cator nicht ein.

»Fang trotzdem an!«

Franky schaltet die Videokamera ein.

Der erste Versuch, Cator den Penis abzuschneiden, scheitert an einer zu stumpfen Schneide. Es klappt erst mit dem 38 cm langen Schlachtermesser aus der Küche. Cator schreit auf und blutet stark, aber die sedierenden Medikamente und der Schnaps wirken doch und machen ihn unempfindlich. Franky stillt, so gut wie möglich, die Blutung, damit Cators großer Wunsch, die eigenen Genitalien zu essen, erfüllt werden kann. Er geht in die Küche und teilt den Penis in zwei Portionen, für jeden eine, blanchiert sie, würzt sie mit Pfeffer, Salz und Knoblauch in der Pfanne, aber das Gericht misslingt. Die Stücke schrumpfen ein und sind zu zäh. Ungenießbar. »Das schmeckt nicht.« Cator ist nicht enttäuscht. Jetzt könne man sich ja noch seine Hoden teilen. Die wären sicher genießbarer. Er redet weiter begeistert von den noch kommenden Verstümmelungen und vom völligen Verzehrtwerden. Nichts von ihm soll übrig bleiben, auch seine Knochen und Zähne soll Franky zermahlen. Erschöpft und vom Blutverlust geschwächt legt er sich in die Badewanne. Franky liest in einem *Star Treck*-Roman. Erst gegen 4 Uhr früh verliert Cator das Bewusstsein. Jetzt ist Franky am Zug. Er wollte ja keine sadistischen Verstümmelungen, sondern einen Freund, den er ganz verzehren und ganz in sich aufnehmen kann.

Gesäß-Steak an Pfeffersauce

Den Bewusstlosen hebt er auf den vorbereiteten Schlachttisch und schaltet die Videokamera wieder ein. Cator lebt aber noch, atmet flach. Franky hatte sich alles anders vorgestellt, er möchte absolut nicht töten, muss es aber jetzt tun, um ans Ziel seiner eigenen Wünsche kommen zu können. Er habe alles in einer eigenartigen Mischung aus Hass und Glücksgefühl getan, sagt er, Hass gegen sich selber und gegen Cator, Glück, weil es wie eine Heirat gewesen sei, mehr noch, wie ein übernatürliches Einswerden. Mit dem langen Küchenmesser sticht er Cator in die Brust. Will aber, dass auch sein Opfer an dem Tun teilhat. Er trennt den Kopf ab und legt ihn so auf den Tisch, dass er zuschauen kann. Während der ganzen folgenden Tätigkeit spricht er mit ihm. Etwa 30 Kilo Fleisch löst er von den Knochen und schneidet es so, dass er es in Frischhaltepackungen in die Tiefkühltruhe geben kann. Die ungenießbaren Reste, Knochen, Innereien und die Haut, trägt er in den Garten und bestattet sie, ordnungsgemäß, indem er dazu den 23. Psalm und ein Vaterunser betet. Einen Oberarmknochen hat er aufgehoben, um ihn nach Wunsch seines Opfers nach dem Trocknen im Backofen zu zermahlen. »Ich wollte nur wissen, ob das geht.« Einen Fuß behält er als Dekorationsstück.

Zwei Tage später isst er zum ersten Mal von Cators Fleisch. Aus dem Gesäß hat er eine Art Steak geschnitten, das er, gewürzt mit Salz, Knoblauch, Pfeffer und Muskatnuss in Olivenöl brät. Dazu wird eine Pfeffersauce gereicht, Prinzess-Kartoffelkroketten und Rosenkohl. Am Tisch stehen Kerzenleuchter, serviert wird auf dem modischen schwarzen Feiertagsgeschirr. Dazu südafrikanischer Rotwein. Wie Schweinefleisch habe es geschmeckt, gibt er der Polizei zu wissen, nur etwas strenger.

Gut zehn Kilo Cator wird er bis zu seiner Festnahme zu sich genommen haben.

Vielleicht aber wäre doch ein jüngeres, zarteres Fleisch besser gewesen? Trotz der in der Kühltruhe lagernden Cator-Vorräte sucht Franky weiter im Internet und findet: drei junge Männer aus Deutschland, einen aus London. Er trifft sich mit allen, zu Hause oder in Hotels, bezeichnet an ihren nackten Körpern genau die genießbaren Teile mit Etiketten, auf die er »Schinken« oder »Filet« geschrieben hat, aber nur einer will sich wirklich töten lassen. Doch der ist zu fett und zu dumm.

Was war das nur für ein Mensch, der derartige, abartige Fantasien nicht nur pflegte – davon gab es, wie man erfahren musste, im Internet mehr als genug –, sondern sie auch in blutige Wirklichkeit umsetzen und dann noch so völlig ungerührt erzählen konnte? Wie konnte man so sein, so werden?

Armin gibt Auskunft

Auch zu seiner Person, zu seiner Biografie und möglichen Motivation gab Armin Meiwes ausführlich und detailliert Auskunft:

Als jüngstes von drei Kindern stammte er aus gutbürgerlicher Familie. Seine Mutter war allerdings 19 Jahre älter als der Vater, ihr dritter Ehemann. Drei große Zäsuren, sagte Meiwes, habe es in seinem Leben gegeben. Die erste war, als sein ältester Bruder zum Studium nach Berlin ging, dann verließ der Vater die Familie. Schließlich ging auch der zweite Bruder weg und Armin blieb, acht Jahre alt, allein mit der Mutter zurück, die ihr »Minchen« sofort und völlig an sich band. Schon der Kosename verrät, dass sie lieber eine Tochter als einen Sohn gehabt hätte. Wie eine gute Tochter arbeitet Minchen zu Hause, putzt, spült und wäscht; wenn nicht, gibt es Hausarrest. Minchen ist gut in der Schule, aber die Mutter, die an Männern nicht mehr viel Gutes findet, verhindert jede Möglichkeit, dass ihr Sohn sich eine eigene, männliche Identität bilden kann. Ihm fehlt vor allem der zweite Bruder. Für ihn erfindet er sich einen virtuellen Partner, nennt ihn, wie seinen späteren Decknamen im Internet, Frank. Mit ihm spricht er, mit ihm schläft er. Damit, und in Verbindung mit den in der Nachbarschaft oft beobachteten Schlachtungen von Haustieren, tauchen zum ersten Mal kannibalistische Vorstellungen auf. Würde er jemanden essen, einen Klassenkameraden zum Beispiel, hätte er ihn ganz für sich, mit Haut und Haar, und könne niemals mehr verlassen werden.

Mit 18 Jahren zieht er mit seiner Mutter um, in das alte, der Familie gehörende Gutshaus in Wüstefeld am Ortsrand von Rotenburg an der Fulda. Ein großes Fachwerkhaus mit 44 Zimmern, weitläufig, muffig und etwas desolat, das die Mutter mit alten und antiken Möbeln dekoriert. Am Dachboden richten sie eine große Modellbahnanlage ein.

1981 verpflichtet sich Armin als Zeitsoldat zur Bundeswehr, möglicherweise ein Fluchtversuch aus der allzu engen Umklammerung der possesiven Mutter. Am Schluss seiner Dienstzeit ist er Oberfeldwebel bei einer Versorgungseinheit der Panzergrenadierdivision in Rotenburg. Er muss ein guter Soldat gewesen sein. Gewohnt zu gehorchen war er ja. Nach dem Bund und einer Schulung nimmt er eine Stelle als Servicetechniker am Kasseler Rechenzentrum an und gilt auch dort als verlässlich, fähig und besonders fleißig, lebt aber wieder und weiterhin bei seiner Mutter in dem großen, alten Haus. Nach Dienstschluss und seinem »Tageshobby«, dem Oldtimersammeln, baut er sich hier eine eigene, von der normalen Alltagsexistenz streng geschiedene, finstere Fantasiewelt auf, ausgehend von der Vorstellung seiner Kindheit. Er liest Bücher über Kannibalen, liebt besonders Grimms Märchen von *Hänsel und Gretel* oder Defoes *Robinson* und studiert historische Vorbilder wie Jeffrey Dahmer, den Kannibalen von Milwaukee, oder den Landsmann und Schabefleischerzeuger Fritz Haarmann. Den Film mit Götz George hat er auf Video aufgenommen. Videofilme dreht er auch mit sich selbst in Doppelrollen als Kannibale und Kannibalenopfer, um sie später als Vorlagen zur Selbstbefriedigung zu verwenden.

Zu Frauen hat er kaum Kontakte, vor allem der Mutter wegen. Ihr Tod am 2. September 1999 ist zuerst für ihn ein fürchterlicher Schock, die dritte wesentliche Zäsur in seinem Leben. Er hätte auch das Tor zu einem neuen Leben werden können, was er aber nicht mehr nützen kann. Er vergräbt sich nur noch tiefer in seine sinistren Gegenwelten. Im Internet, das er sich sofort einrichtet, sucht er nach Bildern und Berichten von Unfällen und Morden und speichert sie unter »Grausam« auf der Festplatte. Unter »Fleisch« hat er Bilder aus Lebensmittelprospekten eingescannt. Im Internet, in Chatforen wie *Cannibal Café* oder *Gourmet*, findet er auch Kontakte zu Gleichgesinnten. Über 800 Kontakte sollen es gewesen sein.

In seinem eigenen Chatforum veröffentlicht er einschlägige, selbst verfasste Kurzgeschichten unter dem Namen seines fiktiven, verlorenen Gefährten Franky, Vorschläge, wie man etwa mittels Kannibalismus der drohenden Überbevölkerung der Erde Herr werden könne, oder einschlägige Rezepte. »Panierte Knabenleber« zum Beispiel oder »Penis in Rotwein«.

Jahrelang schreibt und sammelt Franky, die Kontakte zu den Nachbarn werden dadurch immer spärlicher, nächtelang aber können sie Licht in seinem Arbeitszimmer sehen. Aus den Chatforen kommen mittlerweile durchaus auch konkrete Angebote. Auf sein Suchinserat »Suche jungen, gut gebauten Mann, der sich gerne von mir fressen lassen möchte«, meldet sich im Frühjahr 2000 ein gewisser »Matteo«. Für ihn richtet Franky im Keller, in der ehemaligen Selchkammer, einen eigenen Schlachtraum ein, mit Eisenbett, Tisch und Utensilien, Käfig, Schlachterbeil und Geißel aus dem Sexshop. Die Wände sind mit alten Matratzen und Spanplatten schalldicht isoliert. Matteo will gegrillt werden, also schafft Franky noch zwei Heizstrahler an, aber Matteo meldet sich nicht wieder. Für ihn springen eine Reihe anderer Interessenten ein, Franky fährt zu insgesamt 30 Treffen nach Holland, Dresden oder Hamburg und zum Kasseler Bahnhof. Am zielführendsten scheint das Angebot eines 31-jährigen Hotelkochs zu sein, der von »Jungenmagen mit Hackfleisch gefüllt« schwärmt, aber auch der kneift, nachdem er Frankys Schlachtkeller gesehen hat.

Am 5. Februar 2001 meldet sich dann Cator, der Meiwes' großen Lebenstraum, sich jemanden völlig einzuverleiben, wahr machen wird. Für die vom Gericht bestellten Psychiater waren Meiwes' kannibalische Motive aus seiner Biografie zu erklären, die überstarke Mutterbindung, die Unmöglichkeit, eine eigene, männliche Identität zu finden, und übermächtige Verlustängste entstanden durch den Werdegang des Vaters und der zwei Brüder. Dafür aber sei er, wie auch der Augenschein zeigte, einsichtig und daher schuldfähig.

Ein Spezialist für Telefonanlagen

Ebenso großes Interesse wie an der Person des Täters musste im konkreten Fall auch der des Opfers zukommen. Wie konnte jemand sich selbst als Schlachtopfer anbieten, seine Geschlechtsteile zum Verzehr anpreisen und sein höchstes Lebensziel im Gefressenwerden sehen? Nicht nur, dass er sich freiwillig gemeldet hatte, drängte er sich dafür geradezu auf und ermunterte den Täter, wenn dieser nachzulassen drohte. Das Opfer war tot, Medien und Gerichtssachverständige recherchierten.

Bernd Jürgen B. stammte, wie sein Koch, aus gutem bürgerlichen Milieu. Er hatte das Elektrotechnik-Studium mit dem Diplom abgeschlossen und bei Siemens als Abteilungsleiter gearbeitet; durchaus erfolgreich. In der Entwicklung von Software für Telefonanlagen galt er europaweit als anerkannter Spezialist. Aber auch in seinem Leben spielte die Beziehung zur Mutter eine zentrale Rolle, in negativem Sinn allerdings. B. war fünf Jahre alt, als sie durch einen Unfall, der wahrscheinlich ein getarnter Selbstmord war, ums Leben kam. Die Psychiater meinten, er hätte sich und, in vorpubertärer Verbindung, vor allem sein Geschlecht dafür verantwortlich gemacht. Nur eine Vernichtung dessen könne ihn von der Schuld befreien. Zu Meiwes sagte er später, er hätte schon als Kind davon geträumt, gebraten und gegessen zu werden. Fantasien dieser Art lässt er aber nicht nach außen kommen, sein Leben scheint geordnet und in sicheren Bahnen. Er rühmt sich bei Freunden und Kollegen seines muskulösen Körpers und seiner bisexuellen Veranlagung, hat sieben Jahre eine stabile Beziehung zu einer Frau, danach zu einem dunkelhäutigen Stricher, von dem er allerdings »scharfe« Sexpraktiken fordert. Er lässt sich in Penis und Hoden beißen, bis der Schmerz unerträglich wird. Die Kastration mit dem Küchenmesser verweigert ihm sein Partner aber. Ähnliche sadistische Wünsche äußert er in seiner nächsten Beziehung, wieder zu einem Mann, nicht mehr, sondern bedient sich ab jetzt der einschlägigen Chatforen im Internet; unter »Cator geboren als Fleisch«. Am 5. Februar meldet sich Franky auf sein Angebot.

Ein juristisches Problem

Im ersten Schock auf die Nachricht aus Rotenburg hatten Presse und Medien ebenso wie die eilig hinzubeorderten Sachverständigen von einem, auch hinsichtlich seiner kannibalischen Aspekte, einzigartigen Fall gesprochen. Dass er das nicht war, hätte ein Blick in die Archive beweisen können, aber einmalig war der Fall doch – in einer anderen, folgenschweren Hinsicht. Die Tötung war nämlich mit völligem Einverständnis, ja sogar auf ausdrücklichen Wunsch des Opfers erfolgt, konnte daher nicht als Mord, sondern bestenfalls als Tötung auf Verlangen qualifiziert werden, was eine entsprechend geringe Strafe zur Folge haben musste. Juristen hatten schon wenige Tage nach Bekanntwerden der Umstände darauf hingewiesen. Die Befürchtungen, der schreckliche Kannibale könne für seine einmalige, grauenhafte Tat nur mit einer kurzen Gefängnisstrafe davonkommen, beschäftigte die Öffentlichkeit in der Folge oft mehr als der Fall selbst.

Die Strategie des Verteidigers Harald Ermel war vorgegeben, aber die Staatsanwaltschaft sah die Tat natürlich anders. Am 18. Juli erhob sie Anklage wegen Mordes – Meiwes habe die krankhafte Neigung seines Opfers bewusst benutzt, um die eigenen verbrecherischen Ziele zu erreichen und außerdem durch seine kannibalische Tätigkeit die »Totenruhe« des Ermordeten gestört. Anlass für die Medien, sich erneut des Falles zu widmen. Für ihre ausführlich und eingehend recherchierte Titelgeschichte *Der Kannibale* musste die Illustrierte *Stern* allerdings die Klage eines erschreckten Lesers wegen »Gewaltverherrlichung« entgegennehmen.

Der Prozess begann vor dem Schwurgericht in Kassel am 3. Dezember 2003. Der Angeklagte, wie bisher seriös auftretend, in dunkelgrauem Anzug und passendem Binder, bekam ausführlich Gelegenheit, sich, seine Persönlichkeit und seine Tat vorzuführen, Auskünfte über die kulinarische Wertigkeit menschlicher Körperteile zu geben und, wie es Zeitungen formulierten, der erstaunten und erschreckten Öffentlichkeit Einblick in seine anderen unzugänglichen Abgründe zu gewähren. Die Staatsanwaltschaft ließ u. a. die Videos vorführen, die von der Schlachtung angefertigt worden waren, um zu beweisen, dass Meiwes allein aus niedrigen Beweggründen, um seine abartigen sexuellen Gelüste zu befriedigen, die ihm bekannte abnorme Veranlagung seines Opfers ausgenützt habe. Die Öffentlichkeit war dabei natürlich ausgeschlossen. Zeugen, Psychiater und Sachverständige waren geladen. Reinhard Häubner, Pfarrer und Chefredakteur des *Kasseler Sonntagsblattes*, hatte den Angeklagten im Gefängnis besucht und ihn als durchaus gläubigen Menschen kennen gelernt, der regelmäßig den Sonntagsgottesdienst besuche, nichts anderes im Sinn gehabt hätte, als einmal einen Menschen ganz in sich aufnehmen zu können, und der das sicherlich nicht wieder tun würde. Das stand zwar im Gegensatz zu Meiwes' nachgewiesenen Versuchen, während dem Verzehr seines Opfers nach jüngerem, zarterem Fleisch zu fahnden, aber die Geschworenen dürften eher dieser Auffassung als der des Staatsanwalts gefolgt sein. Am 30. Januar 2004, der Prozess hatte sich über fast zwei Monate hingezogen, verkündeten sie ihr Urteil: wegen Totschlags acht Jahre Haft. Offenbar hatte man einen Kompromiss gesucht, um eine längere Haftstrafe beantragen zu können, als wegen »Tötung auf Verlangen« möglich gewesen wäre. Aber ein

Totschlag – Tötung eines anderen im Affekt – war Meiwes' Tat sicher nicht. Die Staatsanwaltschaft erhob daher sofort Berufung.

Wie auch immer, ob die Berufung Erfolg haben wird oder nicht, der Fall Meiwes ist sicher noch lange nicht abgeschlossen. Es scheint durchaus, als würde auch er von der globalen Vergnügungsindustrie vereinnahmt werden, die ihren kommerziellen Erfolg nur durch immer weiter fortschreitende Ausweitung ihrer Inhalte über alle Grenzen hinaus erzielen kann. Rufe nach einer Kontrollinstanz im Internet werden wohl ungehört verhallen. Meiwes jedenfalls hat seine Memoiren angekündigt, für die, wie zu erwarten, eine Reihe von Verlagen Interesse angemeldet haben. Auch Hollywood hat versprochen, die Geschichte des Kannibalen von Rotenburg mit prominentem Regisseur und prominent besetzt verfilmen zu wollen.

Immerhin dürften die bei Verbrechen mit einem derart großen, detailreichen Echo in der Öffentlichkeit zu Recht so gefürchteten Nachahmungstaten nur auf sensationell aufgemachte Pressemeldungen angeblich ähnlicher Taten beschränkt geblieben sein. Am 15. Januar 2004 – der Prozess in Kassel war noch nicht abgeschlossen – berichtete Reporter Rainer Fromm im ZDF-Magazin *Reporter* von einer satanistischen Sekte mit hochrangigen Mitgliedern in der Bundesrepublik, die mit »kaum vorstellbarem Gewaltpotenzial« Ritualakte mit »Mord, Vergewaltigung und Kannibalismus« praktiziere. Sogar Zeugen wurden vorgeführt und die Staatsanwaltschaft Trier gab Ermittlungen zu, wollte sich aber zu den 15 Jahre zurückliegenden Fällen nicht näher äußern. Das zuständige Landeskriminalamt hingegen meldete »Bedenken und erhebliche Zweifel« an der Geschichte an.

Der nächste von der Presse gemeldete Kannibalen-Fall kam, Gott sei Dank, wieder aus gewohnter Ferne, aus Kanada. Der 53-jährige Schweinefarmer Robert Pickton soll Fleisch der von ihm ermordeten 22 Frauen unter seine Schweinefleischprodukte gemischt und an Bekannte verkauft haben. »Wir haben noch keine Beweise dafür, können es aber nicht ausschließen«, sagte am 12. März 2004 der zuständige Amtsarzt der Provinz Vancouver, Perry Kendall.

Dank

Die Autoren sind vielen Personen und Institutionen für Hinweise und Hilfe bei der Beschaffung von Quellen zu Dank verpflichtet; besonders Herrn Dr. Klaus Ferentschik/Berlin, Herrn OSR Franz F. Seidel/Kindberg, Herrn Franz Zorkoczy/Wien und Frau Rosemarie Lauckner von der Deutschen Bücherei/Leipzig, der Österreichischen Nationalbibliothek/Wien, den Bibliotheken des Institutes für Kriminalistik und des Institutes für Geschichte der Medizin/Wien, der Bibliotheque National/Paris und der kriminalistischen Abteilung der Pariser Stadtbibliothek Biblipo.

Herrn Peter Hiess für Umschlag und Titel, den Herren Lutz Hesse und Alexander Grunow für personelle Zusammenführung, Frau Judith Schoßböck und Frau Verena Weigl für ihre Hilfe bei der Erstellung des Manuskripts.

201

Literatur / Quellen

Abrahamsen, David: The Murdering Mind. NY, Harper & Row, 1973.

Bächthold-Stäubli, Hans (Hg.): Handwörterbuch des deutschen Aberglaubens. 10 Bde. Berlin, NY, 1987.

Bataille, Georges: Das obszöne Werk. Reinbek, Rowohlt, 1972.

Beer, Joh. Ch.: Neu eröffnete Trauerbühne. 3.Tl. Nürnberg, Buggl u. Seitz, 1726.

Bernheim, Pierre A. u. Guy Stanrivés: Folies Cannibales. Paris, Plon, 1994.

Blackden, Partic: Danger Down Under. The Dark Side of the Australian Dream. London, Virgin, 2002.

Bourgoine, Stephane: Serial Killers. Enquete sur les tuers en série. Ed.Nouvelle et aug. Paris, Grasset, 1999.

Bourke, John Gregory: Der Unrat. Reprint von 1913. Frankfurt/M., Eichborn, 1996.

Boyle, James J.: Killer Cults. NY, St. Martins P., 1996.

Buchner, Eberhard: Das Neueste von Gestern. 3 Bde. München, A. Langen, 1911.

Cahill, Tim: Buried Dreams. Inside the Mind of a Serial Killer. NY, Bantham, 1989.

Clarksen, Wesely: Hell has no Fury. True Strories of Women Who Kill. London, Blake, 1991.

Douglas, John u. Mark Olshaker: The Anatomy of Motiv. NY, Scribner, 1999.

Doyle, R. A. (Ed.): Serial Killers. London, Time-Life, 2003.

Duerr, Hans Peter: Der Mythos vom Zivilisationsprozeß. 3 Bde. Frankfurt/M., Suhrkamp, 1983.

Dunning, John: Carnal Crimes. London, Arrow, 1988.

Falk-Ronne, Arne: Meine Freunde – die Kannibalen. Graz, Stocker, 1974.

Feuerbach, Anselm R. v.: Aktenmäßige Darstellung merkwürdiger Verbrechen. 2 Bde. Gießen, Hegner, 1828.

Fido, Martin: The Chronicle of Crime. NY, Carroll & Graf, 1993.

Fischer, J. H.: Das kuriose Buch der Natur. o.O., 1798.

Frey, Erich: Ich beantrage Freispruch. Die Erinnerungen des berühmten deutschen Strafverteidigers. Hamburg, Blüchert, 1964.

Friedländer, Hugo: Interessante Kriminal-Prozesse. Berlin, Digitale Bibliothek, 2000.

Gaute, J. H. H. a. Robin Odell: Ladykillers. London, Granada, 1980.

Gaute, J. H. H. a. Robin Odell: The Murders Who's Who. 150 Years of Notorious Murder Cases. London, Harrap, 1979.

Gerald, Marc (Ed.): Murder Plus. NY, Pharos, 1982.

Gross, Otto: Handbuch der Kriminalistik. 8. Auflage d. Handbuchs für Untersuchungsrichter. Hg. V. Ernst Seelig. 2 Bde. Berlin, J. Schweitzer, 1942.

Gundolf, Hubert: Verbrecher von A – Z. Hamburg, Verlag f. Kriminalistik, 1966.

Handwörterbuch der Kriminologie. 2 Bde. Berlin, 1932–1936.

Harris, Marvin: Wohlgeschmack und Widerwillen. Das Rätsel des Nahrungstabus. Stuttgart, Klett-Cotta, 1991.

Hellwig, Albert: Verbrechen und Aberglaube. Leipzig, Teubner, 1908.

Hellwig, Albert: Okkultismus und Strafrechtspflege. Bern, Bircher, 1924.

Hentig, Hans v.: Zwei Morde auf kannibalistischer Grundlage. In: Kriminalistik, Januar/1957.

Hiess, Peter u. Christian Lunzer: Die zarte Hand des Todes. Wenn Frauen morden. Wien, Ueberreuter, 2001.

Hirschfeld, Magnus: Geschlechtskunde. 3 Bde. Stuttgart, Pütmann, 1925.

Hirschfeld, Magnus u. R. J. Spinner: Geschlecht und Verbrechen. Leipzig/Wien, Schneider, 1930.

Homes, R. M. u. J. DeBurger: Serial Murder. Newbury, Sage, 1988.

Hofmann, E.: Lehrbuch der gerichtlichen Medizin. 4. Aufl. Wien, Braumüller, 1904.

Krafft-Ebing, Richard v.: Psychopathia Sexualis. Leipzig, 1908.

Lane, Brian: The Encyclopedia of Occult und Supernatural Murder. London, Brockhamptin, 1995.

Kirchschlager, Michael (Hg.): Mörder / Räuber / Menschenfresser. Arnstadt, Kirchschlager, 2002.

Levin, Jack u. J. A. Fox: Mass Murder. Americas Growing Menance. NY, Plenum, 1985.

Linedecker, Clifford: Night Stalker. NY, St. Martins, 1991.

Lombroso, Cesare: L'huomo delinpuente. o.O., o.J.

London, Sondra: True Vampires. Blood-Sucking Killers Past and Present. Los Angeles, Feral House, 2004.

Lunde, Donald T.: Murder and Madness. San Francisco, Book Companie, 1976.

MacCormick, Alex: The Mammoth Book of Maneaters. London, Robinson, 2003.

Mandelsberg, Rose G. (Ed.): Bizarre Murders. 2 Vol. NY, Pinnacle B., 1993.

Marneros, Andreas: Sexualmörder. Bonn, Psychiatrie Verlag, 1997.

Marriner, Brian: A New Century of Sex Killers. London, True Crime Lib., 1995.

Martingal, Moira: Cannibal Killers. The History of Impossible Murder. 2nd Ed. NY, Carroll a. Graf, 2002.

Martinez, Lionel: Murder in North America. Syracus, Wellfleet P., 1991.

Mendheim, Max: Berühmte Kriminalfälle. 12 Bde. Leipzig, Reclam, o.J.

Mendoza, Antonio: Killers on the Loose. Unsolved Cases of Serial Murders. London, Virgin, 2002.

Mitchell, E.V. (Ed.): The Newgate Calendar. NY, Garden City, 1926.

Newton, Michael: Still at Large. A Casebook of 20th Century Serial Killers Who Eluded Justice. Port Townsend, Loompanics Unlimited, 1999.

Pfeiffer, Hans: Der Zwang zur Serie, Leipzig, Militzke, 1996.

Ressler, Robert K. u. Tom Schachtmann: Ich jagte Hannibal Lector. 2. Aufl. München, Heyne, 1994.

Ressler, Robert K. u. Tom Schachtmann: I Have Lived in the Monster. NY, St. Martins P., 1997.

Ressler, Robert K. u. Tom Schachtmann: Whoever Fights Monsters. My 20 Years Taking Serial Killers for the FBI. NY, St. Martins P., 1992.

Robbins, R. H.: The Encyclopedia of Witchcraft and Demonology. NY, Bonanza, 1981.

Sargent, Jack (Ed.): Death Cults. London, Virgin, 2002.

Siegert, Michael: De Sade und wir. Frankfurt/M., Makol, 1972.

Sifakis, Carl: The Encyclopedia of American Crime. NY, Facts on File, 1982.

Soldan, W. G. u. H. Heppe: Geschichte der Hexenprozesse. Neubearbeitet v. Max Bauer. 2 Bde. München, G. Müller, 1911.

Sper, Alexander: Lustmörder der Neuzeit. Berlin, Zeitschriften-Vertrieb, o.J.

Stack, Andy (Ann Rule): Lust Killers. NY, New American Library, 1988.

Sturm, Dieter und Klaus Völker: Von denen Vampiren. München, Hanser, 1968.

Terry, Maury: The Ultimate Evil. NY, Bantam, 1989.

Thomsen, Christian: Menschenfresser. Wien, Ed. Brandstätter, 1983.

Thorwald, Jürgen: Das Jahrhundert der Detektive. Zürich, Droemer, 1964.

Thorwald, Jürgen: Die Stunde der Detektive. Zürich, Droemer, 1966.

Volta, Ornella: Le Vampire. Paris, Pauvert, 1962.

Wiegler, Paul: Schicksale und Verbrechen. Die großen Prozesse der letzten hundert Jahre. Berlin, Ullstein, 1935.

Wilson, Colin: The Mamoth Book of Murder. London, Robinson, 2002.

Wilson, Colin: A Plague of Murder. The Rise of Serial Killing in the Modern Age. London, Robinson, 1995.

Wilson, Colin a. B. Pitman: Encyclopedia of Murder. London, Pan 1961, 1984.

Wulffen, Erich: Irrwege des Eros. Leipzig, Avalun, 1929.

Wulffen, Erich: Der Sexualverbrecher. Graz, Stocker, 1974.

www.crimelibrary.com

Zusätzliche Quellen einzelner Fälle

Peter Kürten
Die Düsseldorfer Sexualverbrechen von 1929. Deutsches Kriminalpolizeiblatt. Sonderausgabe.

Steiner, Otto und Willy Gay: Der Fall Kürten. Sachdarstellung und Betrachtungen. Hamburg, Verlag für Kriminalistik, 1957.

Lenk, Elisabeth und Katharina Kaever (Hg.): Peter Kürten, genannt der Vampir von Düsseldorf. München, Roger und Bernhard, 1977. 2. gekürzte Auflage, Frankfurt/M., Eichborn, 1997.

Joachim Kroll
Der Mädchenmörder Joachim Kroll (43). Die aktuelle Kriminalserie
Praline 22. 7. 1976–16. 9. 1976.
Meiser, Thomas: J. Kroll, Internet.

Andrej Tschikatilo
Conradi, Peter: Der Todesengel von Rostow. Bergisch Gladbach, Bas-
tei-Lübbe, 1992.
Haberland, Jens: Serienmörder. Berlin, Eisbär, o. J.

Fritz Haarmann
Hirschfeld, Magnus: Haarmann und Grams. In: Gerichtssaal, 7. 12.
1924.
Lessing, Theodor: Haarmann. Geschichte eines Werwolfs. München,
dtv, 1995.
Poszár, Christine und Michael Farin (Hg.): Die Haarmann-Protokolle.
Reinbek, Rowohlt, 1995.
Werremeier, Friedhelm: Haarmann. München, Heyne, 1992.

Jeffrey Dahmer
Davies, Don: The Milwaukee Murders. NY, smp, 1991.
Dvorchak, Robert J. a. Lisa Holewa: Milwaukee Massacre. NY, Dell,
1991.
Dahmer, Lionel: A Father's Story. NY, William Morrow & Co., 1994.
Masters, Brian: Leblose Liebhaber. Reinbek, Rowohlt, 1992.
Masters, Brian: Todeskult. Reinbek, Rowohlt, 1995.
Farin, Michael (Hg.): A Quiet Man. München, Belleville, 1996.
Oates, Joyce Carol: Zombie. München, btb, 2002.

Karl Denke
Pietrusky, Friedrich: Über kriminelle Leichenzerstückelung. Der Fall
Denke. In: Deutsche Zeitschrift für die gesamte Gerichtsmedizin.
Bd. 8, 1926.
Polke, N.: Der Massenmörder Denke und der Fall Trautmann. Ein
Justizirrtum. In: Archiv für Kriminologie. Bd. 95, 1934.
Benecke, Mark: Mordmethoden. Enthüllungen des bekanntesten Kri-
minalbiologen der Welt. Bergisch Gladbach, 2002 (Abdruck von
Pietruskys Aufsatz).

Karl Grossmann
Kronfeld, S.: Bemerkungen zum Prozeß gegen Karl Grossmann. In:
Zeitschrift für Sexualwissenschaft. Bd. 9 (1922), Heft 5.
Archiv der polizeihistorischen Sammlung Berlin Tempelhof.

Bernhard Oehme
Akten der LdVP Chemnitz im Sächsischen Hauptstaatsarchiv Dresden.
Chemnitzer Volksstimme: 6. 1. / 22. 1. 1948.
Girod, Hans: Der Kannibale. Berlin, Das Neue Berlin, 2000.

Sascha Spesiwtsew
Buval, Jaques: Der Kannibalen-Clan. Augsburg, Weltbild, 2001.
www.encyclopedia4u.com
www.worldhistory.com

Albert H. Fish
Wertham, Frederic: The Show of Violence. New York, 1936.
Bourgoin, Stéphane: Serial Killers. Enquete sur les tuers en série. Nou-
velle édition, revue et augmentée. Paris, 1999.
Dickson, Grierson: Murder by Numbers. 1958.
Mel, Heimer: The Cannibal. The Case of Albert Fish. 1971.
Schechter, Harold: Deranged – The Shocking True Story of Americas
Most Friendish Killer. 1990.

Edward Gein
Marc, Gerald (Hg.): Mörder. True Crime Stories. Reinbek, Rowohlt, 1993.
Schechter, Harold: Deviant. NY, Pocket Books, 1989
Farin, Michael (Hg.): »A Quiet Man«. München, Belleville, 1996; darin: Franz Rodenkirchen: »Die Fülle und die Leere«, Werner Herzog: »Plainfield/Wisconsin«, Robert Bloch: »Das Schlachthaus des
Ed Gein«, D. L. Champion: »The House of Horror«, Jörg Buttge-
reit: »Ed Gein« und Franziska Meifert »Wahnsinn in Wisconsin«.
www.ed-gein.de

Armin Meiwes
Tageszeitungen Dez. 2002, 18. 7. 2003, Dez. 2003–31. 1. 2004.
Vor allem: *Bild, Süddeutsche Zeitung* (Hans Holzhaider), *Frankfurter
Allgemeine Zeitung* (Claus Peter Müller), *Die Welt* (Michael Mielke).

Kasseler Sonntagsblatt (Reinhard Heubner) in: *Weltwoche* 51-52/2003.
Der Spiegel 52/2003, Sven Röbel, Thomas Heise
Der Stern 31/2003, Martin Knobbe, Detlev Schmalenberg
ZDF Magazin *Reporter*, 15. 1. 2004
Neue Revue 5/2004
Reuters 12. 3. 2004
Benecke, Mark: »Schlachtungs«-Handlungen in sado-masochistischem
   Umfeld. In: Kriminalistik. 5, 2004